LA SCIENCE-FICTION INSTITUTIONNELLE

Collection « L'esprit économique »

fondée par Sophie Boutillier et Dimitri Uzunidis en 1996
dirigée par Sophie Boutillier, Blandine Laperche, Dimitri Uzunidis

Si l'apparence des choses se confondait avec leur réalité, toute réflexion, toute Science, toute recherche serait superflue. La collection « L'esprit économique » soulève le débat, textes et images à l'appui, sur la face cachée économique des faits sociaux : rapports de pouvoir, de production et d'échange, innovations organisationnelles, technologiques et financières, espaces globaux et microéconomiques de valorisation et de profit, pensées critiques et novatrices sur le monde en mouvement...
Ces ouvrages s'adressent aux étudiants, aux enseignants, aux chercheurs en sciences économiques, politiques, sociales, juridiques et de gestion, ainsi qu'aux experts d'entreprise et d'administration des institutions.

La collection est divisée en six séries :

Dans la série *Economie et Innovation* sont publiés des ouvrages d'économie industrielle, financière et du travail et de sociologie économique qui mettent l'accent sur les transformations économiques et sociales suite à l'introduction de nouvelles techniques et méthodes de production. L'innovation se confond avec la nouveauté marchande et touche le cœur même des rapports sociaux et de leurs représentations institutionnelles.

La série *Economie formelle* a pour objectif de promouvoir l'analyse des faits économiques contemporains en s'appuyant sur les approches critiques de l'économie telle qu'elle est enseignée et normalisée mondialement. Elle comprend des livres qui s'interrogent sur les choix des acteurs économiques dans une perspective macroéconomique, historique et prospective.

Dans la série *Le Monde en Question* sont publiés des ouvrages d'économie politique traitant des problèmes internationaux. Les économies nationales, le développement, les espaces élargis, ainsi que l'étude des ressorts fondamentaux de l'économie mondiale sont les sujets de prédilection dans le choix des publications.

La série *Krisis* a été créée pour faciliter la lecture historique des problèmes économiques et sociaux d'aujourd'hui liés aux métamorphoses de l'organisation industrielle et du travail. Elle comprend la réédition d'ouvrages anciens, de compilations de textes autour des mêmes questions et des ouvrages d'histoire de la pensée et des faits économiques.

La série *Clichés* a été créée pour fixer les impressions du monde économique. Les ouvrages contiennent photos et texte pour faire ressortir les caractéristiques d'une situation donnée. Le premier thème directeur est : mémoire et actualité du travail et de l'industrie ; le second : histoire et impacts économiques et sociaux des innovations.

La série *Cours Principaux* comprend des ouvrages simples, fondamentaux et/ou spécialisés qui s'adressent aux étudiants en licence et en master en économie, sociologie, droit, et gestion. Son principe de base est l'application du vieil adage chinois : « le plus long voyage commence par le premier pas ».

Thomas Michaud

La science-fiction institutionnelle

L'Harmattan

5-7, rue de l'École-Polytechnique, 75005 Paris

http://www.editions-harmattan.fr

ISBN : 978-2-14-031887-0
EAN : 9782140318870

Introduction

Le management de l'innovation passe par la stimulation de la créativité, en amont d'un processus complexe vital pour la dynamique du capitalisme. À l'origine des principales découvertes scientifiques et inventions technologiques, se trouve souvent un archétype technologique, ou technotype, et plus généralement l'imaginaire d'un chercheur visionnaire en quête de la réalisation d'un rêve. Les discours, imaginaires, fictions et utopies sont dotés d'une fonction de plus en plus centrale dans l'activation des phénomènes économiques. Cette intuition, au cœur de l'économie narrative de Robert Shiller[1], nous mène à nous interroger sur les fictions dominantes régissant l'ordre économique global. Plusieurs études m'ont déjà mené[2][3] à considérer que la science-fiction était devenue en environ 150 ans un imaginaire dense en technologies utopiques, ces machines fictionnelles devenues réalités sous l'impulsion de quelques ingénieurs et entrepreneurs particulièrement inspirés.

Gomez affirme que « l'esprit malin du capitalisme répond méthodiquement par un mélange de réalisme, d'enthousiasme [pour le numérique], de recours à l'optimisme et à la science-fiction [via le discours sur l'homme « augmenté » et le transhumanisme], pour fonder

---

[1] Shiller Robert, *Narrative Economics. How Stories Go Viral and Drive Major Economic Events*, Princeton University Press, 2019.

[2] Michaud Thomas, *L'innovation, entre science et science-fiction*, ISTE Editions, London, 2017.

[3] Michaud Thomas, *De la fiction à l'innovation, ces visionnaires qui ont changé le monde*, Éditions Le Manuscrit, Paris, 2022.

la confiance souveraine en l'Avenir comme l'unique voie de salut »[4]. Ainsi, le récit produit par le capitalisme spéculatif est une fiction collective qui contribue à la dynamique de ce système productif. La science-fiction constitue l'imaginaire spéculatif d'un système reposant sur la nécessaire réactivation permanente d'une forme de délire logique. Elle fixe les finalités technologiques du système, et quand elles sont atteintes grâce à l'innovation, elle en élabore de nouvelles. Toutefois, cette organisation ne peut-elle pas s'enrayer, quand la spéculation devient critique du système, au lieu de proposer des perspectives positives ? Il semblerait que ce soit le cas avec la mode des dystopies qui inquiète les spécialistes, en tête desquels l'auteur Neal Stephenson, qui appelle régulièrement les écrivains à retrouver leur inspiration pour l'utopisme technologique qui fit d'antan leur réputation[5]. Il a notamment lancé le projet Hiéroglyph, et édité une anthologie[6] pour montrer l'exemple.

Face à ce que Nicolas Nova qualifiait de « panne des imaginaires »[7], survint à la fin des années 2000 une nouvelle approche de la créativité et de la conception des innovations. Le design fiction, apparu sous la plume du designer et créateur du Near Future Laboratory Julian Bleecker[8], venait concrétiser une intuition géniale de Bruce Sterling. Dans un texte publié en 2005[9], l'auteur

---

[4] Gomez Pierre-Yves, *L'esprit malin du capitalisme. Comprendre la crise qui vient*, Desclée de Brouwer, 2019, p. 257-258.
[5] Stephenson Neal, « Innovation Starvation », *Wired*, 27 oct. 2011.
[6] Finn Ed, Cramer Kathryn, *Hieroglyph : Stories and Visions for a Better Future*, William Morrow, 2014.
[7] Nova Nicolas, *Futurs ? La panne des imaginaires technologiques*, Les Moutons électriques, Paris, 2014.
[8] Bleecker Julian, *Design Fiction ? A Short Essay on Design, Science, Fact and Fiction*, Near Future Laboratory, March 2009.
[9] Sterling Bruce, *Shaping Things*, MIT Press, 2005.

cyberpunk inventait le terme « design fiction » et soulignait que le design et la science-fiction américains sont apparus simultanément dans les années 1920, notamment à travers les travaux de Norman Bel Geddes. Les deux disciplines reposaient sur un amour des gadgets. Il considère ainsi qu'il écrit depuis des années du design fiction, parsemant ses récits de technologies utopiques dont certaines sont amenées à devenir réalité. Toutefois, le design fiction est plus terre à terre que la science-fiction, selon Sterling. Par la suite, d'autres auteurs dont le futurologue d'Intel Brian David Johnson, ont proposé des méthodes cherchant à utiliser cet imaginaire pour prototyper de nouveaux objets afin de stimuler le processus d'innovation des entreprises.

Nous avons pu noter que plusieurs spécialistes de design fiction à la tête desquels Minvielle et Wathelet[10], et les inventeurs du design spéculatif Dunne et Raby, défendaient la nécessité d'utiliser les dystopies pour mieux penser le futur, et la fiction comme un outil de critique sociale permettant notamment de remettre en question le bien fondé du capitalisme. Une telle tendance peut être utile pour critiquer des dysfonctionnements et des menaces, et pour penser des solutions et des alternatives. Mais l'imaginaire technique peut aussi être positif, prendre le relai du *technological utopianism* à l'origine du capitalisme américain de la fin du dix-neuvième et du début du vingtième siècle et théorisé par Howard Segal[11].

---

[10] Minvielle Nicolas, Wathelet Olivier, Lauquin Martin, Audinet Pauline, *Making Tomorrow, Un manuel pour apprivoiser le futur avec l'aide du design fiction*, Hold Up Éditions, 2022.

[11] Segal Howard, *Technological Utopianism in American Culture*, Syracuse University Press, 2005.

Le renouveau d'un imaginaire gadgetoïde, à la recherche de technologies à présenter aux ingénieurs pour qu'ils les réalisent et alimentent de la sorte le capitalisme en innovations, est une perspective de la science-fiction institutionnelle. Que ce soit pour l'armée ou pour les entreprises, les écrivains se sont mis au service d'institutions pour concevoir des technologies imaginaires. Certaines demeureront éternellement irréalisables ou mises au rebut en raison de leur inutilité ou de potentielles résistances culturelles à leur insertion sur les marchés. Mais d'autres inspireront des ingénieurs, qui sauront mettre leurs compétences et leurs connaissances techniques et scientifiques au service de la réalisation de ces fictions.

Il est ainsi préférable dans certains cas de créer des *future visions*, ces courts-métrages produits par les multinationales pour médiatiser leurs innovations ou pour en tester l'impact sur un public de spectateurs avertis, de leaders d'opinion chargés par la suite de diffuser la bonne parole, d'évangéliser le grand public de l'arrivée prochaine de nouvelles technologies à l'impact retentissant sur les modes de vie. Le premier film de prospective fut produit par General Motors en 1940 et s'intitulait « To New Horizons ». Il reflétait la vision du futur des transports et de l'automobile aux États-Unis. Puis, l'entreprise Monsanto présentait en 1957 un court-métrage nommé « The Monsanto House of the future », mentionnant la vision du futur de la domotique de l'entreprise. Par la suite, un grand nombre de multinationales choisirent de tester leurs concepts technologiques dans des fictions technophiles, résolument positives, et présentant sous un jour favorable une société du futur au confort optimisé par la commercialisation d'innovations. Notons par exemple en 1987 le film « The

Knowledge Navigator », d'Apple, présentant un ordinateur parlant préfigurant Internet. France Télécom R&D produisit aussi environ 250 de ces films entre 1997 et 2003, s'en servant pour réfléchir aux futurs usages des TIC (Technologies de l'Information et de la Communication) et pour illustrer des concepts techniques un peu abstraits afin de faciliter la réflexion stratégique des décideurs, designers et autres membres du processus d'innovation. Depuis, la création des *future visions* est devenue très fréquente et on peut en trouver pléthore sur Internet. Cette science-fiction d'entreprise a anticipé le design fiction. Il est ainsi probable que dans un avenir proche, cette pratique ne soit plus l'apanage des seules multinationales, mais qu'un grand nombre d'institutions aient recours à cette méthode pour produire un imaginaire d'entreprise susceptible de véhiculer une vision futuriste de leur rôle dans la société auprès d'investisseurs et de clients potentiels.

Ainsi, les grandes entreprises, qui insufflent les grandes visions du futur technologique dans la société, ont depuis longtemps recours à des récits fictionnels. Les différents gadgets présents dans les *future visions* sont les descendants d'un imaginaire remontant aux magazines d'Hugo Gernsback, cet Américain d'origine luxembourgeoise inventeur du terme « scientifiction », qui donna le mot science-fiction dans les années 1920. Dans ces publications, ont trouvait en effet de nombreuses inventions fictionnelles, qui furent la marque de fabrique de multiples récits publiés dans les *pulps* et romans de l'âge d'or. De nombreuses inventions imaginaires se réalisèrent par la suite. Dans plusieurs livres, nous avons établi les rapports entre imaginaire et innovation[12][13]. Le

---

[12] Michaud Thomas, *Science Fiction and Innovation*, Editions Memoriae, Paris, 2008.

constat d'un lien historique de cause à effet entre cet imaginaire et la diffusion d'innovations sur les marchés, dans de nombreux secteurs, dont les télécommunications, a mené à la prise de conscience d'un grand nombre d'acteurs de l'intérêt de cet imaginaire pour concevoir des prototypes.

Un article de la *Harvard Business Review*[14] rappelait l'intérêt du genre pour les innovateurs en 2019, légitimant une approche devenue de plus en plus courante dans les centres de R&D des entreprises, des universités et des armées. Les auteurs indiquaient notamment que : « Pour Phil Libin, ex-PDG d'Evernote (qui souligne que le concept de ce logiciel de prise de notes était directement issu de l'intelligence augmentée dans le roman « Dune ») : « La science-fiction peut apporter une sorte d'optimisme rigoureux… Il n'y a pas de formule magique. La science-fiction fournit simplement l'inspiration. Ensuite, c'est à vous d'élaborer un plan rigoureux et de l'exécuter » »[15]. Les institutions les plus éminentes ont recours à l'imaginaire depuis des années, conscientes de l'intérêt des représentations du futur pour alimenter leur discours stratégique dans une culture très influencée et imprégnée par la science-fiction. Il n'est en effet pas usurpé d'affirmer que les grands technotypes sont révélés par cet imaginaire et que les visions du futur dominantes en sont issues, notamment sous l'impulsion d'Hollywood, principal producteur de blockbusters assurant le bon fonctionnement du *soft power* américain. Avec la science-

---

[13] Michaud Thomas, *Télécommunications et science-fiction*, Éditions Memoriae, Paris, 2008.

[14] Furr Nathan, Dyer Jeffrey H., Nel Kyle, « Quand vous visez la lune… mais que vos idées ne décollent pas. Comment la science-fiction et d'autres outils peu conventionnels peuvent stimuler l'imagination et générer une croissance innovante », *Harvard Business Review France*, Hors Série, Mai-Juin 2022.

[15] *Ibid*, p. 51.

fiction institutionnelle, on assiste à la production de bandes dessinées, de nouvelles, de courts-métrages propres à des entreprises par exemple.

Ce livre s'intéressera à ces productions et aux différentes pratiques artistiques générées par quelques textes fondateurs dont nous avons déjà évoqué quelques cas en début d'introduction. Que signifie l'incursion de la science-fiction dans le processus d'innovation des entreprises ? Est-ce un phénomène récent ? Faut-il craindre une dénaturation de cet imaginaire par son instrumentalisation par les acteurs du système militaro-industriel ? La science-fiction ne risque-t-elle pas de perdre sa vocation de critique de la technoscience en étant utilisée par les multinationales et les armées dans un but de conquête des marchés et de domination des relations internationales ? En imaginant de nouvelles armes, de nouvelles technologies, doit-on craindre l'avènement de nouvelles dominations, voire de nouveaux totalitarismes, à l'image des nombreuses dystopies ? Au niveau systémique, comment fonctionne la mythologie rationnelle émanant de cette production institutionnelle ?

Tous ces récits visent à légitimer la culture de l'innovation des institutions qui les produisent. Après avoir présenté la science-fiction dans les entreprises, puis dans les institutions publiques, universitaires et les think tanks, nous porterons une attention particulière aux fictions institutionnelles militaires. Nous verrons que ce courant est particulièrement important et que de nombreuses armées, notamment anglo-saxonnes, ont recours depuis longtemps aux comics pour diffuser leurs messages stratégiques à leurs soldats. Ce mode de communication vise aussi à effectuer de la prospective, comme dans le cas de la Red Team française. Ces récits deviennent ainsi un moyen de toucher l'imaginaire d'un grand nombre d'acteurs et d'accéder à une forme d'inconscient technologique dans lequel on trouve les technotypes, si recherchés par les innovateurs pour détecter les technologies utopiques potentiellement source d'innovation.

Par la suite, nous nous interrogerons sur l'influence de cet imaginaire sur la société. À travers différentes études et sondages, nous verrons qu'il mobilise de plus en plus de croyances dans un futur technoscientifique. Enfin, nous envisagerons les rapports entre science-fiction institutionnelle, utopie et protopie, afin de questionner dans quelles conditions ce nouveau courant interne au système productif assurera la pérennité et l'optimisation du capitalisme. En effet, devant la surabondance de récits dystopiques ces dernières années, nous ne pouvons que nous interroger sur l'éventualité d'un imaginaire devenu pathologique et incapable de concevoir un avenir positif et optimiste. Ainsi, ne risque-t-on pas de voir les entreprises et les armées contaminées par une conception dystopique du futur qui pourrait se révéler problématique si elle s'avérait performative ? Au contraire, n'assistons-nous pas à un renouveau de ce que Lucien Sfez nommait la « science-fiction utopiste » (SFU)[16] ?

Avant d'aborder cette enquête au cœur des théories et des pratiques de la science-fiction institutionnelle, il convient de définir cette expression, et notamment ce que nous entendons par une institution. Virginie Tournay rappelle que « l'institution est un terme polysémique qui désigne communément les structures organisées ayant pour

---

[16] Sfez Lucien, *La Santé parfaite, critique d'une nouvelle utopie*, Le Seuil, Paris, 1995.

fonction de maintenir un état social »[17]. Elle explique que le mot vient du latin *instituo*, *instituere*, contraction d'*in statuo* signifiant « placer dedans », « installer », « établir ». Emile Durkheim a fait des institutions le sujet central de la sociologie. Il les définit de cette manière :

« On peut (…) appeler institutions toutes les croyances et tous les modes de conduite institués par la collectivité. La sociologie peut alors être définie comme la science des institutions, de leur genèse et de leur fonctionnement »[18].

Si nous retrouvons fréquemment dans les définitions des institutions des références aux institutions étatiques, il convient de considérer aussi les entreprises comme telles. La plupart des groupes génèrent des croyances, des actions individuelles et collectives et peuvent être assimilés à des institutions dans la mesure où elles sont organisées autour de représentations collectivement partagées de leurs origines et de leur devenir. Nous opterons donc pour une approche fictionnaliste de l'institution, considérée comme un groupe d'acteurs organisés autour de fictions et de visions communes, contribuant à son efficacité en interaction avec les autres membres de la société. Ainsi, une entreprise peut-elle être considérée comme une institution ? Lallement répond que :

« Parce qu'elle s'affirme comme un foyer de socialisation à part entière et que, de surcroît, elle s'impose au rang d'instance autonome à même de peser sur les grandes orientations de société, l'entreprise serait devenue une institution (…) En contrepoint, je propose d'entendre par institution le résultat d'un quadruple processus : la construction

---

[17] Tournay Virginie, *Sociologie des institutions*, PUF, Paris, 2011, p. 3.

[18] Durkheim Émile, *Les Règles de la méthode sociologique*, F. Alcan, Paris, 1919, p. 45.

de représentations communes du monde à l'aide de catégories savantes ou non, la production de formes identitaires typiques, l'intégration à un collectif porteur de valeurs et, enfin, la régulation, entendue comme activité collective de négociation sur les règles »[19].

L'imaginaire joue donc un rôle important dans l'élaboration des représentations communes du monde d'une entreprise ou d'une institution publique. Cornelius Castoriadis a même parlé d'une institution imaginaire de la société[20], affirmant la puissance créatrice de l'imaginaire collectif. Ainsi, l'imaginaire est perçu comme la matrice des actions des institutions. Il préexiste à l'acte institutionnel, ce qui implique sa dimension performative. Les institutions, qu'elles soient privées ou publiques, sont régies par un imaginaire structurant leur manière de percevoir leur environnement et leur devenir. Les discours qu'elles produisent en sont issus et jouent un rôle décisif dans le fonctionnement de l'économie, si l'on en croit les principes de l'économie narrative. Ainsi, étudier le processus de création interne de cet imaginaire institutionnel apparait comme nécessaire à la compréhension ultérieure des phénomènes économiques. En effet, le discours institutionnel performatif fait de plus en plus l'objet d'une rationalisation, et de la volonté des décideurs de créer des discours originaux, révélant une identité particulière et distinguable dans une économie où le storytelling est devenu une nécessité pour manager les équipes et pour médiatiser les politiques commerciales et les stratégies des institutions. Ainsi, la science-fiction institutionnelle désigne l'imaginaire produit par les

[19] Lallement Michel, « L'entreprise est-elle une institution ? Le cas du Familistère de Guise », *Revue française de Socio-Économie*, 2008/1 (n° 1), p. 67-87.
[20] Castoriadis Cornelius, *L'institution imaginaire de la société*, Seuil, Paris, 1975.

institutions dans une perspective de storytelling, et d'institutionnalisation ultérieure de phénomènes commerciaux (pour les entreprises), sociopolitiques (pour les institutions publiques), ou militaires (pour les armées).

Elle s'approprie les codes de la science-fiction *mainstream*, mais les transforme pour correspondre à l'orthodoxie discursive institutionnelle. Nous assistons donc à l'émergence d'un nouveau courant, révélateur des aspirations et du fonctionnement du système militaro-industriel. Les œuvres étudiées dans ce livre dévoilent les rêves et les ressorts de la fiction technopolitique organisant le capitalisme hyperréel. Ce dernier se caractérise par la fusion du réel et de l'imaginaire. Il faut créer de l'imaginaire pour concevoir un nouveau produit ou une nouvelle stratégie. Ainsi, ce nouveau courant des cultures de l'imaginaire pourrait bien réactiver l'utopisme technologique du capitalisme, et l'aider à concevoir des solutions aux nombreux problèmes qui le rongent et qui risquent de le mener à sa perte. Pensons aux nombreuses critiques, écologistes, marxistes par exemple, qui contestent la tendance de ce système à produire des technologies trop polluantes, aliénantes, et menant l'être humain à sa perdition. Le courant collapsologiste incarne une des critiques les plus virulentes de la civilisation thermo-industrielle, envisageant la disparition de l'humanité dans les décennies à venir en raison de son incapacité à réguler le capitalisme. La science-fiction institutionnelle pourrait mettre l'imaginaire au service de la créativité capitaliste, pour lui permettre de se réinventer, et de créer les cadres fictionnels nécessaires à une action plus durable des institutions sur le monde.

Ce livre est donc la suite de l'ouvrage *L'innovation, entre science et science-fiction* (2017), dans lequel nous nous intéressions déjà à différentes anthologies. Nous avions débuté la cartographie de ce courant dès 2014 dans le livre *L'imaginaire et l'organisation. La stimulation de l'innovation technoscientifique par la science-fiction*. Le lecteur s'y reportera pour avoir accès à différentes études de cas renforçant les théories développées dans cet opus.

Chapitre I

Les théoriciens de la science-fiction institutionnelle

Ces dernières années, plusieurs approches et méthodes de créativité sont apparues et avaient pour objet l'utilisation de la science-fiction pour étudier et créer le futur. Si un auteur comme Gérard Klein avait dès les années 1960 théorisé l'apport de cet imaginaire à la prospective[21], les pratiques d'exploitation du genre par les entreprises et les organisations demeurèrent marginales jusque dans les années 2000. Le design fiction fut conçu, entre autres, par l'auteur Bruce Sterling et par le designer Julian Bleecker, et rencontra un écho important dans les universités et les centres de R&D. Les entreprises trouvent un intérêt croissant à créer ce que David A. Kirby[22] nomme des prototypes diégétiques dans le but d'alimenter un processus d'innovation en quête perpétuelle de fictions alimentant les réflexions des chercheurs, mais aussi des investisseurs et des managers.

Cette partie s'interrogera sur les fondements théoriques de cette nouvelle pratique visant à instrumentaliser la science-fiction pour créer des prototypes utilisables par les institutions (entreprises, armées, gouvernements, etc.) pour penser le futur d'une technologie ou d'un secteur économique. En effet, certains auteurs voient dans cette conception une dénaturation de la fonction initiale de l'imaginaire, qui, par exemple, serait avant tout une description du réel, une métaphore, plus qu'une

---

[21] Il est revenu sur cette approche dans un article plus récent : Klein Gérard, « L'invention de l'avenir : prospective et science-fiction », *Futuribles*, n°413, juin 2016.

[22] Kirby David, « The Future is Now: Diegetic Prototypes and the Role of Popular Films in Generating Real-world Technological Development », *Social Studies of Science*, 2010, Vol.40, n°1, p.41-70.

anticipation. William Gibson défend notamment cette approche. Nous nous demanderons si l'appropriation de la science-fiction par les organisations capitalistes ou militaires, pour créer ou anticiper le futur, ne constitue pas une transgression des codes primordiaux du genre. Le texte fondateur de Julian Bleecker[23] permet d'évaluer dans quelle mesure le design fiction propose son instrumentalisation vertueuse ou néfaste. Ce manifeste de 2009 est de plus en plus cité dans les publications et sites Internet analysant et décrivant les pratiques de design fiction par les experts en management de la créativité. Un parallèle peut être établi avec le science fiction prototyping de l'ancien futurologue de l'entreprise Intel, Brian Johnson, à travers lequel il explique de quelle manière utiliser ces histoires pour concevoir les technologies du futur. D'autres auteurs, notamment Dunne et Raby, Musso et le collectif Making Tomorrow, ont contribué à proposer des variantes de cette approche visant à utiliser l'imaginaire pour innover.
Nous proposons de regrouper ces pratiques sous le terme de *science-fiction institutionnelle*, la somme des récits créés dans ce cadre constituant un courant émergent à part entière.

Julian Bleecker et le design fiction

Julian Bleecker est un designer américain à l'origine du design fiction, courant principal de la science-fiction institutionnelle. Il a publié en 2009 un texte fondateur sur le site Internet du Near Future Laboratory, son agence de

---

[23] Bleecker Julian, *Design Fiction. A Short Essay on Design, Science, Fact and Fiction*, Near Future Laboratory, Mars 2009.

design. En 2022, il publia un manuel du design fiction, synthèse de ses travaux menés depuis plus d'une décennie avec ses collaborateurs. Inspiré par des récits d'informaticiens rapportant les relations entre science-fiction et faits scientifiques dans le cadre de leur activité professionnelle, il définissait la problématique de son essai de cette manière : « Comment la science-fiction peut-elle participer délibérément et directement à la pratique du fait scientifique ? »[24]. Bleecker tenait à conserver une pratique du design artistique, expliquant que « le design fiction est un mélange de faits scientifiques, de design et de science-fiction. C'est une sorte de pratique d'auteur qui recombine les traditions de l'écriture et du storytelling avec la fabrication matérielle d'objets. Grâce à cette combinaison, le design fiction crée des objets socialisés qui racontent des histoires »[25]. Le design fiction permet une approche critique de la réalité, notamment économique et technologique. Le but est de réfléchir au futur en concevant des objets chargés d'une dimension fictionnelle.

Le texte cité ici est inspiré par un article de Paul Dourish (Xerox Parc) et Genevieve Bell (Intel), auteurs d'un article intitulé « « Resistance is Futile : Reading Science Fiction Alongside Ubiquitous Computing », qui étudiait l'influence de la science-fiction britannique des années 1970 sur le champ de l'informatique ubiquitaire quelques années plus tard. Le design fiction allie design et narration pour concevoir de nouveaux objets donnant l'occasion de

---

[24] Traduction de : « How can science fiction be a purposeful, deliberate, direct participant in the practices of science fact? », *Ibid*, p. 6.

[25] Traduction de : « Design fiction is a mix of science fact, design and science fiction. It is a kind of authoring practice that recombines the traditions of writing and story telling with the material crafting of objects. Through this combination, design fiction creates socialized objects that tell stories », *Ibid*, p. 7.

penser l'avenir. L'idée est de concevoir de cette manière de nouveaux modes de vie et de nouvelles organisations sociales. Le créateur du Near Future Laboratory faisait reposer son approche du design sur une interaction permanente entre faits et fictions, donnant naissance à des artefacts originaux. Ainsi, la science-fiction est dans un premier temps liée à une extrapolation du fait scientifique. Le concept de prototype diégétique de David A. Kirby est utilisé dans la démonstration pour expliquer que la science-fiction et les faits scientifiques sont interdépendants. Les faits suivent la fiction et la fiction suit les faits. Sans pour autant résoudre la question de la primauté de l'un sur l'autre, Bleecker constate leur complémentarité dans le processus d'innovation technologique. Il affirme que « le design fiction se produit lorsque vous associez réalité et fiction et jouez confortablement et heureusement entre les deux »[26]. De la sorte, le design fiction est une forme de spéculation, à l'interface entre fiction et réalité. Il invite les futurs praticiens à créer des objets inspirés à la fois par la fiction et par la réalité scientifique. De la sorte, sa vision est équilibrée. Il ne met pas trop en avant la science-fiction ni la science, affirmant la nécessité d'un dialogue permanent entre les deux modes de pensée. Bleecker décrit le design fiction comme une incapacité à distinguer le réel de la fiction. S'agirait-il d'un symptôme d'une pratique schizophrénique ? Pas du tout. La pratique n'est en rien pathologique. C'est une forme d'art concevant le réel d'une manière constructive. L'innovation se produit grâce à la fiction et dans une visée prospective. Bleecker suggère que la découverte du futur se trouve à l'interface entre la

[26] Traduction de : « Design fiction happens when you tie together fact and fiction and play comfortably and happily in the between », *Ibid*, p. 25.

fiction et la réalité, entre la science-fiction et les faits scientifiques.

Il est intéressant de noter que de nombreux adeptes du design fiction ont appliqué la définition initiale à d'autres disciplines que le design. L'expérience intellectuelle proposée par Bleecker exige toutefois un certain sens artistique. Ainsi, les créatifs et les artistes sont indispensables dans ce processus créatif, rappelant les pratiques de nombreux centres de recherche et développement, utilisant l'art comme un moyen de développer de nouveaux concepts et des innovations commercialisables[27].

Dans le chapitre 4 de son essai, Julian Bleecker analyse l'interface révolutionnaire du film *Minority Report* grâce à laquelle Tom Cruise trie ses souvenirs. Il s'agit en fait d'une représentation d'un projet technologique déjà développé par le Tangible Media Group du MIT (Massachusetts Insitute of Technology), The Luminous Room. Dans ce cas, la fiction seconde les faits et permet d'accompagner les innovations en insérant les artefacts dans les scénarios des blockbusters. Le réalisateur insère la technologie dans une histoire dramatique, et permet de cette manière d'expérimenter les artefacts grâce à la fiction. Le prototype diégétique constitue l'originalité technologique du récit, qui contribue à l'imaginaire des applications futures des innovations. David Kirby insiste aussi sur l'influence des fictions sur le public. Les prototypes diégétiques suscitent le désir de réalisation des technologies dans la population. Ils s'inspirent dans un premier temps du réel, avant de provoquer un désir chez

---

[27] Voir à ce sujet la thèse de Mahé Emmanuel, *Pour une esthétique informationnelle : la création artistique comme anticipation des usages sociaux des technologies de l'information et de la communication ?*, Université Rennes 2, 2006.

les spectateurs de voir les spéculations artistiques se systématiser et devenir des innovations massivement commercialisées. De la sorte, la science-fiction permet de populariser de nouveaux concepts, de provoquer une attente dans le grand public. Bleecker affirme que « cela ne veut pas dire que *Minority Report* sert d'histoire d'origine canonique pour l'interaction gestuelle, mais c'est certainement une force puissante, semblable à la gravité, fournissant un point de référence à travers lequel les faits scientifiques et la science-fiction échangent des propriétés et deviennent partenaires dans leur propre exploration des futurs possibles »[28]. Il ne définit pas *Minority Report* comme un mythe sectoriel de l'interaction gestuelle, au sens où nous l'utilisons[29], mais estime toutefois que le film a une influence sur les consommateurs et que ces récits orientent bien souvent les attentes de technologies. Les fictions télévisuelles ou cinématographiques jouent ainsi un rôle central dans l'activation du désir de nouvelles technologies et dans la diffusion des images des innovations en développement dans les centres de R&D. Bleecker prolonge son analyse en se demandant si les faits scientifiques s'inspirent de la fiction et si la science est une forme de science-fiction. Il suppose de cette manière que la fiction précède les faits, dans une optique fictionnaliste. Prenant l'exemple de l'influence de cet imaginaire sur l'informatique ubiquitaire, il se demande si la fusion de la connaissance scientifique et de la science-fiction est le seul moyen de procéder à des découvertes importantes et de sortir des innovations incrémentales. La

---

[28]Traduction de : « This isn't to say that *Minority Report* serves as the canonical origin story for gesture interaction, but it certainly is a powerful, gravity-like force providing a reference point through which science fact and science fiction swap properties and become partners in their own exploration of possible futures », Bleecker, *Ibid*, p. 41

[29] Voir par exemple Michaud Thomas, *La réalité virtuelle, de la science-fiction à l'innovation*, Paris, L'Harmattan, 2018.

fiction est même un moyen d'accélérer la R&D et de connaissance de la réalité. La science-fiction servirait de mode de prototypage pour l'informatique ubiquitaire. La fiction cinématographique participe dans une certaine mesure au prototypage de nouveaux objets et à leur insertion dans l'imaginaire collectif, ce qui contribue à leur institutionnalisation ultérieure. Ainsi, « Ubicomp est une sorte de fiction, travaillant avec et à travers la science pour projeter de possibles mondes futurs proches. Ce n'est pas un futur matérialisé. En fait, c'est un avenir qui ne peut être efficacement représenté comme de la science-fiction »[30]. Cette dernière construit les représentations des futures technologies de l'informatique ubiquitaire. Les chercheurs de Xerox Parc ou d'Intel développaient déjà dans les années 80 et 90 des visions de l'avenir de l'informatique post PC qui étaient influencées par la science-fiction. Bleecker estime même qu'il est plus utile de lire des livres ou de voir des films de ce genre pour se forger une idée du futur d'un secteur technoscientifique, plutôt que de consulter des publications académiques d'experts.

La science-fiction à moyen terme (*near future science fiction*) permet d'extrapoler des scénarios d'une façon crédible à partir de données concrètes. La communication entre la science factuelle et la science-fiction doit permettre de sortir la science des laboratoires et de penser son futur avec l'aide des citoyens et des consommateurs. Bleecker termine son essai en citant Kirby :

> « Faire des prototypes ne suffit pas. Les prototypes sont des fonctionnalités cohérentes, mais ils manquent d'une histoire

---

30 Traduction de : « Ubicomp is a kind of fiction, working with and through science to project possible near future worlds. It is not a materially substantiated future. In fact, it is a future that can only be effectively represented as science fiction », Bleecker, *Ibid*, p. 75.

visionnaire sur ce qui les lie aux sujets de préoccupation importants. Les accessoires aident à faire avancer les histoires, il y a donc quelque chose de prometteur à leur sujet. Mon collègue David A. Kirby est sur quelque chose quand il approfondit cette idée du « prototype diégétique » :

« ... les représentations cinématographiques des technologies futures sont en fait des « prototypes diégétiques » qui démontrent à un large public le besoin, la négligence et la viabilité d'une technologie. Les prototypes diégétiques ont même un avantage rhétorique majeur sur les vrais prototypes : dans [l'histoire], ces technologies existent en tant qu'objets « réels » qui fonctionnent correctement et que les gens utilisent réellement ». »[31].

Le design fiction est donc une discipline nouvelle qui cherche à utiliser la science-fiction pour créer des prototypes. Ses applications sont nombreuses, surtout à une époque où la pop culture est devenue un imaginaire massivement répandu dans les secteurs scientifiques. L'art est utilisé par les services de R&D des grandes entreprises depuis déjà de nombreuses années, comme le montrent les travaux de Musso, Ponthou et Seulliet étudiés plus loin dans ce livre. Ainsi, le design fiction est le résultat d'un lent processus de maturation visant à faire de l'imaginaire la matrice de l'innovation technoscientifique. Cette

---

[31] Traduction de « Making prototypes by themselves is not enough. Prototypes are coherent functionality, but they lack a visionary story about what makes them conversant on important matters-of-concern. Props help move stories along, so there's something promising about them.
My colleague David A. Kirby is onto something when he digs deep into this idea of the "diegetic prototype":
...cinematic depictions of future technologies are actually "diegetic prototypes" that demonstrate to large public audiences a technology's need, benevolence, and viability. Diegetic prototypes have a major rhetorical advantage even over true prototypes: in the [story] these technologies exist as "real" objects that function properly and which people actually use », *Ibid*, p.85.

pratique apparait dans des territoires déjà très imprégnés par la culture de l'imaginaire et pourrait bien connaitre une croissance exponentielle dans les années à venir. Le terme « design fiction » fut adopté par un grand nombre d'acteurs pour désigner l'utilisation de la science-fiction par les entreprises, non seulement dans les pratiques de design, mais aussi de prospective. Les productions du Near Future Laboratory sont majoritairement destinées à ses clients, qui ne souhaitent pas forcément les rendre publiques. Rares sont donc les travaux de design fiction accessibles de l'organisme fondateur. Le laboratoire crée toutefois ponctuellement des exemples de design fictions qu'il présente comme des œuvres d'art, à la frontière de la science-fiction et de l'art spéculatif.

Le science fiction prototyping selon Brian David Johnson

Brian David Johnson, alors futurologue de l'entreprise d'informatique Intel, a publié un ouvrage de référence[32] théorisant le science fiction prototyping. Cette approche est devenue depuis très populaire dans les séances de créativité de nombreux secteurs économiques. Un prototype SF peut être une nouvelle, un film, une bande dessinée, basés spécifiquement sur un fait scientifique dans le but d'explorer les implications de cette science ou technologie. Il ne considère pas les récits comme l'origine de la science, mais comme une interface entre deux niveaux de connaissance technoscientifique. Le but est d'extrapoler des fictions et des scénarios à partir de

[32] Johnson Brian David, *Science Fiction for Prototyping : Designing the Future with Science Fiction*, Morgan & Claypool Publishers, 2011.

publications scientifiques. L'objectif de l'auteur, en 2011, était de définir une méthode pour développer une vision de l'informatique et des gadgets des années 2020 et au-delà. Les prototypes SF sont créés par des chercheurs, des scientifiques, des ingénieurs et des designers, mais aussi des professeurs, des politiciens, des philosophes et par toute personne s'intéressant à la science. Le but est de créer des visions du futur et de réfléchir à l'éthique de l'innovation.

Le science fiction prototyping peut être assimilé à une dimension du *future casting* (autre nom du *scenario planning*), car les prototypes cherchent à anticiper l'influence des technologies sur la vie quotidienne des utilisateurs. L'anthologie *The Tomorrow Project* est une des utilisations de cette méthodologie par l'entreprise Intel, qui cherchait à anticiper les applications de ses recherches à moyen terme. Des auteurs de science-fiction furent sollicités et mis en relation avec des ingénieurs des Intel's labs développant de nouveaux projets. La technologie n'est pas au cœur du récit. L'humain est plutôt placé au centre de l'intrigue pour envisager les effets des innovations sur la vie quotidienne des utilisateurs. Ainsi, des experts de sciences humaines et sociales sont associés à des spécialistes des technologies pour concevoir ces scénarios futuristes qui sont des expériences de pensée concevant les conséquences positives et négatives des innovations pour les individus et la société.

Le manuel de science fiction prototyping de Johnson préconise de respecter cinq étapes pour créer un prototype pertinent :

1) Choisis ta science et construis ton monde : il faut déterminer l'élément scientifique que l'on souhaite aborder dans le prototype, et y associer des personnages et un univers. Johnson conseille

de se poser plusieurs questions comme : quelles sont les implications d'une adoption de masse de cette technologie ? Quelles pourraient être les pires et meilleures conséquences de son adoption sur les protagonistes ? Comment fonctionnerait-elle si elle était utilisée dans une maison moyenne ?

2) Le point d'inflexion scientifique : Il s'agit d'introduire l'élément scientifique dans le prototype.
3) Ramifications de la science sur les gens : Il s'agit de décrire l'influence de la science sur le monde décrit dans le point 1 afin d'établir l'impact de la technologie et en quoi elle change la vie des protagonistes.
4) Le point d'inflexion humain : Il s'agit de tirer des leçons de l'introduction de la technologie dans des conditions de vie réalistes afin d'envisager s'il faut la modifier.
5) Qu'avons-nous appris ? : Il s'agit d'explorer les implications, solutions et leçons à partir du point 4.

Johnson affirme que « le but ultime du processus de prototype SF est la collaboration, l'itération et l'alimentation de votre imagination pour regarder la science et la technologie de manière nouvelle et passionnante »[33]. Il donne l'exemple de son prototype SF *Nebulous Mechanisms* qui s'inspire de travaux de chercheurs en intelligence artificielle envisageant l'intérêt d'intégrer de l'irrationalité dans les robots domestiques. À l'origine, Johnson a donc lu un article scientifique et a appliqué sa méthode de création de prototypes. L'auteur affirme que « Les prototypes SF commencent avec

[33] Traduction de : « The ultimate goal of the SF prototype process is collaboration, iteration and fueling your imagination to look at science and technology in new and exciting ways », *Ibid*, p. 29.

l'intention d'utiliser la science et la recherche émergentes pour inspirer des fictions de science-fiction qui exploreront les implications de la technologie. Le prototypage SF est un outil pour le développement de la science, car son intention est d'explorer ces domaines. Il est conçu pour offrir une nouvelle perspective et de nouveaux moyens d'innovation »[34].

L'auteur Cory Doctorow, longuement interviewé dans l'ouvrage, estime que l'imaginaire n'a pas une fonction de prédiction, mais de critique. Johnson s'intéresse à l'histoire des films et des bandes dessinées de science-fiction, et définit pour chacun de ces supports les modalités de créations de prototypes SF. Rappelons que les agences qui se développent actuellement autour de cette méthode utilisent bien souvent plusieurs approches du SF prototyping, aussi bien la nouvelle ou le roman, que le court-métrage ou la bande dessinée. Cette pratique artistique mobilise de multiples compétences et les agences spécialisées emploient des auteurs s'exprimant sur ces différents supports. Les clients ont en effet des désirs différents, et il est nécessaire de pouvoir s'adapter à des requêtes variant en fonction des budgets et des objectifs visés par la campagne de SF prototyping. Les prototypes SF *Nebulous Mechanisms* et *Brain Machines* présentés dans le livre ont été utilisés spécifiquement dans le développement d'intelligences artificielles et de robots. Ils s'inspirent de théories scientifiques réelles et envisagent leurs conséquences à plus ou moins long terme sur la vie quotidienne des utilisateurs potentiels. Le but de ces

---

[34] Traduction de : « SF prototypes begin with the intent of using emerging science and research to inspire science fictions that will explore the implications of the technology. SF prototyping is a tool for the development of science because its intent is to explore these areas. It is designed to provide a new perspective and means to innovation », *Ibid*, p. 37.

prototypes est de donner des perspectives nouvelles aux équipes chargées du développement des technologies. Parfois, ces fictions ne servent pas seulement à envisager des scénarios de diffusion d'une innovation dans la société, ce qui peut être utile notamment aux études de marché. Elles peuvent permettre de découvrir de nouveaux modèles et comportements d'une technologie.
Johnson conclut son ouvrage par l'évocation de la théorie des expériences de pensée d'Albert Einstein. Ce dernier a en effet conçu ses théories de la lumière et de la gravité simplement en y pensant alors qu'il travaillait au bureau des brevets de Berne. Les prototypes SF s'inspirent de cette approche dans la mesure où elles permettent un nouveau mode de communication entre les membres de la communauté scientifique. Il cite Stephen Hawking qui affirme qu'« il y a un échange à double sens entre la science-fiction et la science. La science-fiction suggère des idées que les scientifiques incorporent dans leurs théories, mais parfois la science révèle des notions plus étranges que la science-fiction »[35]. Ainsi, Johnson ne souhaite pas considérer le SF prototyping comme un moyen de prédiction, soulignant le nombre incalculable d'approximations présentes dans l'histoire de la science-fiction, comme les singes superintelligents, ou l'envoi d'hommes sur la Lune avec un gros canon. Il considère plutôt qu' « en fin de compte, le prototypage SF est un processus d'itération, un moyen d'utiliser la créativité pour explorer et améliorer le développement scientifique et technologique »[36].

---

[35] Traduction de : « There is a two-way trade betweenn science fiction and science. Science fiction suggests ideas that scientists incorporate into their theories, but sometimes science turns up notions that are stranger than science fiction », *Ibid*, p. 121.

[36] Traduction de « Ultimately, SF prototyping is a process of itération a way to use creativity to explore and enhance scientific and technological development », *Ibid*, p. 121.

Le design spéculatif de Dunne et Raby

Les designers britanniques Anthony Dunne et Fiona Raby ont publié en 2013 un livre[37] qui est depuis devenu une référence dans la mesure où il se distinguait du design fiction et du science fiction prototyping en théorisant le design spéculatif. Les auteurs estiment qu'il faut créer de nouveaux rêves au vingt-et-unième siècle, car ceux du vingtième se sont rapidement « fanés », posant la question du rôle du design dans cette ambition. Ils conçoivent le design spéculatif comme un moyen de spéculer comment les choses pourraient être, en créant des débats et des discussions sur des mondes alternatifs. Ils conçoivent le design conceptuel idéal comme une « fiction pratique ». Les designers proposent une approche critique du design, visant à remettre en question le capitalisme et une approche purement consumériste de leur discipline :

« Nous avons inventé le terme de design critique au milieu des années 90 lorsque nous étions chercheurs au Computer Related Design Research Studio du Royal College of Art. Il est né de nos inquiétudes quant à la motivation non critique derrière le progrès technologique, alors que la technologie est toujours supposée bonne et capable de résoudre n'importe quel problème. Notre définition était alors que "le design critique utilise des propositions du design spéculatif pour remettre en question des hypothèses étroites, des idées préconçues et des données sur le rôle que jouent les produits dans la vie quotidienne" »[38].

---

[37] Dunne Anthony, Raby Fiona, *Speculative Everything, Design, Fiction, and Social Dreaming*, The MIT Press, 2013.

[38] Traduction de : « We coined the term critical design in the mid-nineties when we were researchers in the Computer Related Design Research Studio at the Royal College of Art. It grew out of our concerns with the uncritical drive behind technological progress, when technology is always assumed to be good and capable of solving any

C'est ainsi que les auteurs appellent à développer un design spéculatif, visant à créer de nouveaux concepts censés questionner et remettre en question le système productif et la manière même de produire les innovations. Si les designers sont le plus souvent utilisés par les entreprises pour prototyper et concevoir des technologies ou des objets dans une perspective de conquérir des marchés et de générer du profit, le design voulu par Dunne et Raby est proche d'un art critique. Ils souhaitent mettre en avant la spéculation :

« Le problème avec la spéculation, du moins pour les designers, c'est qu'elle est fictive, ce qui est encore considéré comme une mauvaise chose. L'idée que quelque chose n'est pas "réel", alors que réel signifie qu'il est disponible dans les magasins, n'est pas bonne. Pourtant, les designers participent à la génération et à la maintenance de toutes sortes de fictions, des appareils électroniques riches en fonctionnalités répondant aux besoins imaginaires d'utilisateurs imaginaires, à la création de mondes de marques imaginaires référencés à travers les produits, leur contenu et leur utilisation. Les créateurs d'aujourd'hui sont des experts de la fiction dans le déni. Bien qu'il y ait toujours eu des spéculations sur le design (par exemple, les salons de l'automobile, les visions futures, les défilés de mode haute couture), le design est devenu tellement absorbé par l'industrie, tellement familier avec les rêves de l'industrie, qu'il est presque impossible de rêver ses propres rêves. Ce qui nous intéresse, c'est de libérer ce potentiel de story making (et non de storytelling), cette capacité de matérialisation du rêve, des applications purement commerciales et de le

---

problem. Our definition then was that "critical design uses speculative design proposals to challenge narrow assumptions, preconceptions, and givens about the role products play in everyday life." », *Ibid*, p. 34.

rediriger vers des fins plus sociales qui s'adressent au citoyen plutôt qu'au consommateur ou peut-être aux deux à la fois »[39].

Le livre de Dunne et Raby est parsemé d'exemples d'œuvres de design et d'art et très richement illustré de photographies permettant d'apporter des exemples à leur démonstration. Ils se distinguent du design fiction et du science fiction prototyping, pourtant tout juste apparus lorsqu'ils affirment que leur pratique se rapproche davantage de l'art que du marketing :

« Le design fiction est un genre plus étroit (que le design spéculatif). Il est issu de l'industrie technologique et, comme la partie « fiction » du label fait référence à la science-fiction, plutôt qu'à la fiction générale, il met fortement l'accent sur l'avenir technologique. Pour cette raison, le design fiction est de plus en plus compris comme un genre de vision vidéo du futur (parfois des photos, mais rarement des objets autonomes) conçu spécifiquement pour être diffusé sur Internet plutôt que dans des expositions »[40].

---

[39] Traduction de : The problem with speculation, for designers at least, is that it is fictional, which is still seen as a bad thing. The idea that something is not "real," when real means it is available in shops, is not good. Yet designers participate in the generation and maintenance of all sorts of fictions, from feature-heavy electronic devices meeting the imaginary needs of imaginary users, to the creation of fantasy brand worlds referenced through products, their content, and their use. Designers today are expert fictioneers in denial. Although there have always been design speculations (e.g., car shows, future visions, haute couture fashions shows), design has become so absorbed in industry, so familiar with the dreams of industry, that it is almost impossible to dream its own dreams, let alone social ones. We are interested in liberating this story making (not storytelling) potential, this dreammaterializing ability, from purely commercial applications and redirecting it toward more social ends that address the citizen rather than the consumer or perhaps both at the same time ». *Ibid*, p. 88.

[40] Traduction de : « Design fiction is a narrower genre. It has grown out of the technology industry, and as the "fiction" part of the label references science fiction rather than general fiction, it places a strong

Le design est parcouru de courants et le design fiction et le design spéculatif semblent traiter d'une même ambition, mais en abordant le problème différemment. En effet, le design spéculatif est davantage artistique et critique que le design fiction, plus orienté vers la production de nouveaux objets commercialisables. Pourtant, le manifeste de Bleecker exposait déjà cette idée de réflexion critique nécessaire au design et nous verrons que le collectif Making Tomorrow insiste aussi sur l'importance de la critique sociale sous-jacente à cette pratique. Ce type de réflexion, même s'il peut s'avérer utile, en imposant un questionnement éthique aux pratiques, peut aussi nuire à l'expansion d'un certain utopisme technologique pourtant particulièrement intéressant pour les processus d'innovation, comme le montrent les exemples de *future visions* développées dans de nombreuses entreprises.

.

Créativité et imaginaire selon la Chaire MODIM

Pierre Musso, Stéphanie Coiffier et Jean-François Lucas ont publié un livre intitulé *Innover avec et par les imaginaires* en 2014[41]. Ils y décrivaient leurs activités de recherche au sein de la Chaire MODIM de Télécom ParisTech et de l'université Rennes 2, visant à modeler et à modéliser les imaginaires. Ils affirmaient en introduction que « le pari heuristique pour appréhender cette démarche est d'admettre que les imaginaires sont la matière première

---

emphasis on technological futures. Because of this, design fiction is increasingly being understood as a genre of future vision video (sometimes photos but rarely stand-alone objects) designed specifically for circulation on the Internet rather than in exhibitions », *Ibid*, p.100.

[41] Musso Pierre, Coiffier Stéphanie, Lucas Jean-François, *Innover avec et par les imaginaires*, Éditions Manucius, Paris, 2014.

du processus d'innovation et qu'ils se réalisent dans des objets, des œuvres et des technologies. Dans un prototype, une maquette, un *concept-car*, se cristallisent déjà des imaginaires propres à des concepteurs, qui sont eux-mêmes imprégnés par des visions du monde collectivement partagées »[42]. Les auteurs s'appuient notamment sur la théorie de la quatrième génération de R&D développée par Miller et Morris[43] reposant sur l'économie immatérielle, l'imaginaire et le *knowledge management*, mais aussi sur les méthodes TRIZ d'Altshuller, la théorie C-K de l'école des Mines, la prospective ou la méthode CAUTIC (conception assistée par l'usage pour les technologies, l'innovation et le changement) développée par le sociologue Philippe Mallein.

L'approche privilégiée visait à appréhender les imaginaires dans leur dimension collective et sociale : « Le travail exploratoire de la Chaire MODIM est singulier du fait qu'il réunit une approche rationnelle, fondée sur les concepts et les connaissances des représentations sociales (textes et images), et une approche sensible, fondée sur les expériences sensorielles »[44]. Le projet de modéliser les imaginaires s'inscrit dans une démarche structuraliste préfigurée par Gaston Bachelard et Claude Lévi-Strauss. Pour cela, il faut passer par une cartographie d'un thème de recherche, organisant les représentations en strates propres à des aires et des ères culturelles. Le but est de mettre en évidence des structures et des mécanismes. Ils développent aussi les concepts d'expérience vécue, point de départ du modelage et d'univers d'expériences (UNEX) visant à créer un

---

[42] *Ibid*, p. 7-8.
[43] Miller William L., Langdon Morris, *Fouth Generation R&D : Managing Knowledge, Technology, and Innovation*, Wiley, 1999.
[44] Musso et al., *Ibid*, p. 33.

contexte propice à l'émergence d'imaginaires. La construction d'objets-concepts est la finalité de cette approche se situant en amont du processus d'innovation, au niveau de l'amorce du prototypage et de la génération d'idées nouvelles.

Ainsi, les participants aux ateliers viennent d'univers différents. Il peut s'agir de chercheurs en sciences humaines, en informatique, en sciences cognitives, etc., d'industriels de la R&D, d'un animateur référent, d'intervenants et d'experts extérieurs reconnus, des graphistes et d'illustrateurs professionnels, d'artistes comme une troupe de théâtre, des musiciens, des plasticiens ou des chorégraphes, et d'étudiants issus d'écoles de design ou d'art.

L'analyse des cartographies d'imaginaires est réalisée par des académiques. Puis, leur exploration est assurée par des académiques et des artistes, dans le but de les faire varier. Les différentes phases de modélisation et de modelage doivent mener à la création d'un objet-concept, c'est-à-dire « un objet générique qui porte diverses possibilités de réalisation. C'est un condensé d'imaginaires réalisables, plutôt qu'un objet concret ; il peut se décliner dans différents domaines ou secteurs d'activité »[45].

La Chaire MODIM a travaillé pendant cinq ans, de 2010 à 2015 sur les thèmes du corps augmenté et des mobilités dans la ville contemporaine. Elle était notamment soutenue par les entreprises Orange, Ubisoft, Dassault Systèmes, et PSA Peugeot Citroën. Cette initiative n'aborde pas spécifiquement le thème de la science-fiction, même si certaines références sont citées lorsque l'exemple de la cartographie du mythe du Golem est abordé. Notons aussi que les auteurs utilisent déjà le terme

---

[45] *Ibid*, p. 99.

de constellations d'imaginaires, alors que Shiller parlera de constellations narratives en 2019 sur son livre de référence sur l'économie narrative[46]. Ainsi, cette Chaire développa une méthodologie originale visant à insérer davantage les imaginaires dans les processus d'innovation. Elle ouvrit la voie au développement du design fiction dans les entreprises et organisations françaises en expérimentant plusieurs concepts novateurs à l'époque.

L'approche du collectif Making Tomorrow

Le livre du collectif Making Tomorrow, constitué de Nicolas Minvielle, Olivier Wathelet, Martin Lauquin et Pauline Audinet[47] est une contribution importante à la diffusion et à la théorisation du design fiction en France. L'ouvrage, se situant entre la prospective et les théories du design, propose une méthode originale de cette pratique provenant des États-Unis. Les auteurs s'appuient sur une pratique fréquente de cette technique de créativité. Leurs différents ateliers, effectués dans des entreprises ou des universités, leur ont permis d'acquérir une expertise et de développer leur propre méthodologie.

L'avant-propos résume la vocation du design fiction, c'est-à-dire aborder un futur souhaitable. Cette approche s'inscrit dans la continuité du design thinking, en y insufflant plus d'imaginaire et de créativité. L'introduction rappelle différentes théories de prospective, établissant une filiation du design fiction avec le *scenario planning*,

---

[46] Shiller Robert, *Narrative Economics, How Stories Go Viral and Drive Major Economic Events*, Princeton University Press, 2019.

[47] Minvielle Nicolas, Wathelet Olivier, Lauquin Martin, Audinet Pauline, *Making Tomorrow, Un manuel pour apprivoiser le futur avec l'aide du design fiction*, Hold Up Éditions, 2022.

une méthode permettant de concevoir des plans à long terme utiles pour les entreprises à la recherche de stratégies. Selon les auteurs, la notion de scénario est apparue dans le livre *On Thermonuclear War* (1960) d'Herman Kahn, qui travailla par la suite à la RAND Corporation.

La première étape de la méthode de Making Tomorrow est la mise en imaginaire. Il s'agit de récolter un certain nombre de fictions et de les mettre en perspective par rapport à un thème. Elles peuvent appartenir au cinéma, à la littérature ou à l'art. Elles sont génératrices d'hypothèses et servent de point de départ à la réflexion prospective. Ainsi, les œuvres de science-fiction en particulier sont tellement innovantes qu'elles peuvent développer l'imaginaire des innovateurs et spécialistes d'un secteur. On assiste par exemple au passage de l'imaginaire vers l'industrie dans certains cas, comme le Star Tac de Motorola, commercialisé en 1996 et rappelant le communicator de la série *Star Trek* dans les années 1960. Dans leurs travaux, les auteurs ont défini des « lignées d'imaginaires » qui sont des récurrences durables. Il faut toutefois éviter les lieux communs comme les voitures volantes ou les robots anthropomorphes qui peuvent induire la réflexion en erreur. L'analyse de ces récits permet de comprendre les peurs et fantasmes de chaque époque. Par exemple, il s'agit de réunir vingt à trente séquences vidéo relatives à une problématique comme l'intelligence artificielle, les smart cities, les mobilités autonomes, de préserver les plus originales en isolant les situations les plus insolites afin de déterminer si elles préfigurent les tendances à venir dans cinq ou dix ans.

La mise en récit succède à cette étape. Les auteurs partent du principe que les extrapolations prudentes sont incapables de prédire le futur d'une manière pertinente. Le but est de générer des scénarios qui soient plausibles et qui interpellent « tout en s'extrayant de la dimension probabiliste offerte par la prospective classique »[48]. La méthode envisagée est d'ouvrir le cône du futur, puis de travailler la mise en récit sous la forme d'un cadavre exquis. Le cône du futur est présenté dans le livre de Dunne et Raby et permet de distinguer les futurs possibles, plausibles, probables ou préférables, ainsi que leur dimension utopique ou dystopique. Les auteurs proposent de créer un cône du futur géant au mur afin d'y coller les imaginaires cartographiés. Le but est d'envisager les étapes pour les mettre en place. Les membres de Making Tomorrow affirment que :

> « Les imaginaires sont ainsi une superbe source d'inspiration pour identifier les enjeux sociétaux. Mais ce sont aussi des laboratoires d'idées pour le développement de produits et de services réels. Au moment de scénariser une fiction, on peut s'inspirer de certains détails à forte valeur d'usage représentés dans nos imaginaires pour concrétiser ces idées en innovations pour demain. Pour autant, la démarche de design fiction que nous essayons de suivre nous impose de manipuler ces extrapolations avec précaution. En effet, la complexité de l'exercice réside dans la capacité à ne pas créer un scénario trop lisse, trop positif, trop parfait (…) De ce point de vue, le design fiction se différencie un peu des vision designs dégagées par de grandes entreprises, car ces dernières sont forcément positives et ne représentent pas de friction dans leurs usages. Leur valeur d'image prime sur leur valeur d'usage »[49].

L'approche du collectif est donc originale et se distingue des films de propagande industrielle et de prospective diffusés par les multinationales. Cette méthodologie vise à provoquer des réactions contradictoires et à stimuler un certain esprit critique vis-à-vis du futur d'un secteur

---

[48] *Ibid*, p. 77.
[49] *Ibid*, p. 95.

économique ou d'une situation sociale ou politique. Les auteurs notent toutefois que la capacité à concevoir des mondes dystopiques est conservatrice. Il faut choisir des représentations du futur susceptibles de générer une tension dans le public, sélectionner des cas extrêmes. Cette méthode renvoie aux approches en termes de wild cards (« évolution future dont la probabilité de concrétisation est relativement faible, mais dont l'impact business est très important »[50], et de cygnes noirs, d'après le livre de N. Taleb, *Le Cygne noir, La puissance de l'imprévisible* (Ed. Random House, 2007).

La troisième étape est la mise en forme : « Les artefacts obtenus jouent le rôle de « conversation starters » »[51]. Les participants discutent et proposent des alternatives. Les auteurs optent pour une approche qui semble différencier leur méthode des autres techniques de créativité utilisant l'imaginaire comme support de réflexion : « Dans la pratique et afin de se différencier des visions idéalisées habituelles sur des lendemains « enchantés », peu créatives, car trop banales, il conviendra de privilégier une approche dystopique »[52].

La mise en forme doit être crédible afin de permettre un fort engagement émotionnel. Les auteurs constatent que plus la fiction est réaliste, plus les spectateurs en discutent. Les auteurs assument qu'en design fiction, l'objet maquetté a pour fonction de créer de la polémique et ne doit pas être neutre. Ainsi, Making Tomorrow propose une approche issue du design thinking, le maquettage rapide d'objets volontairement provocateurs. Il peut s'agir de la Une d'un journal, d'un post Instagram ou d'un prospectus publicitaire. L'approche du collectif peut se résumer de la

---

[50] *Ibid*, p. 103.
[51] *Ibid*, p. 42
[52] *Ibid*, p. 42.

sorte : « L'idée est de mettre en scène une technologie subversive aujourd'hui pour la présenter comme étant banale demain »[53].

Enfin, la mise en tension teste les différents scénarios en analysant leurs conditions de réalisation. Le but est de créer une discussion et un débat autour d'objets provocateurs et parfois dystopiques. Ces échanges sont censés contribuer à l'innovation. Le design fiction peut produire des *bright futures* proches des stratégies des entreprises, soit des *dark futures*, davantage utilisés par les activistes pour sensibiliser aux risques et limites d'un système. Les auteurs insistent sur la nécessaire dimension éthique de leur activité de design fiction. Il faut s'appuyer sur des valeurs pour orienter l'action vers le champ du préférable. C'est ce qui mène au backcasting, un terme inventé en 1982 par John B. Robinson pour désigner une technique permettant d'imaginer des futurs préférables puis de revenir dans le présent pour définir les actions à mettre en place pour y parvenir.

Le collectif Making Tomorrow note une tendance des acteurs développant le design fiction à éviter une « design thinkisation », c'est-à-dire une vulgarisation rapide de la notion. En effet, les paradigmes tendent à se décliner sous des formes de moins en moins expertes et de plus en plus grand public, et le design fiction pourrait à l'avenir devenir une simple pratique visant à faire réfléchir le personnel des entreprises au futur grâce à la science-fiction, sous un mode plus récréatif que réellement prospectif.

De plus, une autre limite de l'approche présentée est, selon les designers à l'origine du livre, la réticence de certaines grandes entreprises à provoquer la création de fictions

---

[53] *Ibid*, p. 126.

ouvertement polémiques, pouvant aller à l'encontre du processus de décision. L'approche critique et artistique semble ainsi rencontrer des limites quand elle s'oppose à l'avis des décideurs de l'avenir d'un projet.

Ce livre est le fruit d'une réflexion de plusieurs années et précise les réflexions menées en 2016 par Nicolas Minvielle et Olivier Wathelet dans le livre *Jouer avec lez futurs. Utilisez le design fiction pour faire pivoter votre entreprise* (Pearson). Le collectif Making Tomorrow se présente comme un des acteurs précurseurs du design fiction en France et pourrait susciter des vocations grâce à sa méthodologie. L'ouvrage est court et synthétique et il sera utile de se référer aux nombreux livres et articles cités en références afin d'approfondir ses connaissances sur un sujet à la fois passionnant et important dans la manière d'appréhender l'avenir et la prospective dans les prochaines années. Le design fiction, et l'utilisation de la science-fiction pour innover, pourraient en effet devenir des techniques de créativité centrales dans l'approche des processus d'innovation, se situant en amont de la conception de nouveaux produits et de nouvelles technologies.

La science-fiction institutionnelle, un courant émergent

Le design fiction et le science fiction prototyping sont de plus en plus utilisés par les institutions comme les entreprises, les universités ou les think tanks, pour développer leur créativité prospective, et, ponctuellement, médiatiser leurs stratégies d'innovation. Si Microsoft a publié une anthologie intitulée *Future Visions* en 2015, constituée de nouvelles rédigées par des auteurs qui avaient eu l'opportunité de fréquenter les chercheurs de Microsoft Research pour s'inspirer de leurs travaux, on trouve un intérêt particulier pour ces approches dans le secteur militaire. L'armée américaine utilise fréquemment des prototypes SF sous la forme de bandes dessinées pour diffuser auprès de ses effectifs les scénarios prospectifs sur le futur des conflits et sur le positionnement du système militaire face à de potentiels dangers pour l'État. La bande dessinée *Invisible Force*, publiée en 2020 par l'université d'Arizona et l'Army Cyber Institute, est emblématique de cet engouement des militaires pour la science-fiction. Traitant de l'impact des fake news et de la manipulation de l'opinion sur les réseaux sociaux et Internet par des ennemis des États-Unis, les auteurs de cette œuvre faisaient œuvre de propagande militaire et contribuaient à diffuser l'image d'une Amérique menacée, légitimant l'intervention de l'armée dans la régulation et la protection d'Internet. La Red Team en France, regroupe une dizaine d'auteurs et spécialistes de pop culture chargés d'anticiper les conflits de demain. Les grandes institutions trouvent dans cet imaginaire le support idéal de leur storytelling, permettant une communication interne et externe de leurs stratégies, avec bien souvent la volonté de s'inscrire dans une temporalité futuriste et prospective. Cette science-fiction institutionnelle nous apprend autant du futur que souhaitent construire ces institutions que de leur réalité présente. Si le cyberpunk et la fiction climatique semblent être les deux courants principaux qui ont marqué l'histoire des littératures de l'imaginaire ces quarante dernières années, ce nouveau courant émerge petit à petit et se caractérise par une production institutionnelle. L'histoire de ces représentations, et leur analyse critique reste à faire. Ce ne sera pas une tâche aisée, dans la mesure où bon nombre de ces œuvres demeurent confidentielles dans les entreprises, classifiées à l'armée. Celles offertes au grand public nous apprennent toutefois beaucoup de l'imaginaire des grandes institutions du système productif global, et du capitalisme en particulier.

Chapitre II

Design Fiction et Management de la créativité

Le design fiction, une utilisation pragmatique de la science-fiction.

Le design fiction est une pratique récente issue du design thinking et insistant sur l'intérêt de l'imaginaire, pour concevoir des prototypes et des fictions utiles à l'innovation[54]. Il s'agit d'une approche se situant en amont du processus d'innovation, et touchant un grand nombre de secteurs, principalement technologiques et scientifiques, mais aussi l'armée ou des organisations étatiques. Les entreprises les plus puissantes comme les GAFAM cultivent leur culture science-fictionnelle et publient fréquemment des discours futuristes et organisent des séances de créativité orientées par ces récits particulièrement fertiles et populaires.
Brian Merchant publiait en novembre 2018 un article sur le site OneZero[55] intitulé « Nike and Boeing are paying Sci-Fi Writers to Predict Their Futures » et sous-titre « Bienvenue dans le complexe sci-fi industriel ». Il rappelait que PricewaterhouseCoopers, la société de services professionnels qui conseille 440 des entreprises du Fortune 500, a publié un plan d'utilisation de la science-fiction pour stimuler l'innovation commerciale. La *Harvard Business Review* a aussi indiqué que « les chefs d'entreprises doivent lire plus de science-fiction ».

---

[54] Minvielle Nicolas, Wathelet Olivier, Masson Antony, *Jouer avec les futurs : utilisez le design fiction pour faire pivoter votre entreprise*, Paris, Pearson, 2016.

[55] https://onezero.medium.com/nike-and-boeing-are-paying-sci-fi-writers-to-predict-their-futures-fdc4b6165fa4

De même, Merchant estime que l'équipe de conception de produits d'Amazon a créé Kindle en s'inspirant du livre de Neal Stephenson *L'âge de diamant*. Il considère que des entreprises comme Nike, Ford, Intel et Hershey sont prêtes à dépenser de fortes sommes d'argent pour créer leurs propres œuvres, luttant pour s'arroger les meilleurs spécialistes de science fiction prototyping, de prospective et de worldbuilding. L'entreprise SciFutures, créée par Ari Popper en 2012, cherche à aider les entreprises à imaginer leur futur en s'appuyant sur cette méthode. Pour 50 000 dollars, l'entreprise soumet la question de prospective de ses clients à une trentaine d'auteurs, payés entre 300 et 500 dollars pour rédiger un récit d'environ 1 000 mots, même si les plus chevronnés peuvent demander davantage. Les cinq meilleurs récits sont ensuite analysés et perfectionnés pour donner lieu à de nouveaux supports, comme des romans graphiques ou des films avant d'être livrés aux clients. SciFutures peut même aller jusqu'à permettre la création de prototypes réels. Elle a notamment travaillé pour Lowe's sur le futur de l'habitat, Visa, sur les transactions de demain, Hershey, sur l'impression 3D comestible, ou Ford, pour l'automobile.

La science-fiction est apparue avec la révolution industrielle au dix-neuvième siècle et a conquis ses lettres de noblesse aux États-Unis au vingtième siècle. Ses auteurs ont créé une culture technique très influente contribuant à motiver la population à innover et à investir dans les secteurs technologiques et scientifiques[56].
La décision de la Chine en 2020 d'investir dans ce secteur correspond à une prise de conscience récente de l'utilité de cet imaginaire pour stimuler la créativité des plus

[56] Michaud Thomas, *L'innovation, entre science et science-fiction*, Londres, ISTE Editions, 2017.

jeunes et des chercheurs. Le Parti communiste a réalisé qu'il était nécessaire de créer une science-fiction nationale afin de capter l'attention des étudiants et de provoquer leur motivation à rédiger des scénarios et des histoires dans lesquels les sciences chinoises seraient glorieuses. Les Chinois tentent par cette politique volontariste d'imiter le *soft power* américain, reposant notamment sur les blockbusters hollywoodiens. Ils ont compris l'importance de cet imaginaire sur la créativité de leurs ingénieurs et de leur population, et décident de ne pas laisser aux Américains le monopole dans ce domaine. L'Europe pourrait opter pour une approche similaire si elle décidait de ne pas se laisser distancer dans la course à l'innovation. Sans imaginaire, peu de nouvelles théories peuvent émerger, comme l'expliquent bon nombre de théoriciens comme Bachelard[57], Holton[58] ou Durand[59]. L'imagination doit être encadrée et catalysée sous la forme d'imaginaires afin de garantir sa communication auprès du plus grand nombre et la construction d'un imaginaire collectif et organisationnel source de lien social et d'une créativité collective optimisée.

Science-fiction et imaginaire organisationnel

L'imaginaire organisationnel doit en effet être géré avec attention, car il est à l'origine de bon nombre de

---

[57] Bachelard Gaston, *La formation de l'esprit scientifique*, Vrin, Paris, 1938.
[58] Holton Gerald J., *L'imagination scientifique*, Gallimard, Paris, 1981.
[59] Durand Gilbert, *Les structures anthropologiques de l'imaginaire : introduction à l'archétypologie générale*, Dunod, Paris, 2016.

phénomènes centraux pour la réussite de l'organisation[60]. Cette dernière doit dans un premier temps assurer l'expression des imaginaires individuels dans une certaine mesure. La réprimer peut s'avérer démotivant et source de pathologies psychiques, d'absentéisme et de baisse de productivité. Un trop grand esprit spéculatif des acteurs peut aussi être source de désordre, voire d'anarchie, et là encore d'une baisse de productivité. Les managers doivent donc trouver le bon équilibre dans l'expression de la créativité des acteurs, afin de servir des objectifs collectifs, et non la seule satisfaction de désirs personnels. Les imaginaires individuels doivent par la suite s'insérer dans un esprit collectif, organisationnel, donnant naissance à des discours stratégiques impactant le positionnement de l'entreprise auprès des marchés et des investisseurs. L'imaginaire est un élément structurant du discours organisationnel, puisqu'il est filtré, formaté, et inséré dans les considérations pragmatiques des décideurs. Sa construction est donc un élément important de l'activité de l'entreprise, qui doit éviter une dérive pathologique pouvant mener à une disqualification, voire un échec de l'activité. De même qu'un individu doit assurer sa santé psychique et donc porter une attention particulière à son imaginaire qui en est l'expression, l'entreprise, doit procéder à un contrôle et à une manifestation positive de sa créativité. Des séances sont organisées régulièrement pour créer de nouveaux concepts, à l'image des fameux brainstormings, mais depuis les années 2010, le design fiction est une nouvelle pratique susceptible de générer un imaginaire inspiré par la science-fiction. Cette approche peut être intéressante, car ce genre est particulièrement apprécié aussi bien dans les cultures populaires que chez

---

[60] Michaud Thomas, *L'imaginaire et l'organisation : la stimulation de l'innovation technoscientifique par la science-fiction*, L'Harmattan, Paris, 2014.

les élites du capitalisme technoscientifique. Un entrepreneur comme Elon Musk est ainsi influencé par la science-fiction pour lancer ses projets, aussi bien dans l'automobile que dans le spatial ou dans les neurotechnologies. Réaliser ces récits est devenu un argument marketing, les marchés étant sensibles à des narrations qui ont souvent marqué l'enfance de leurs membres et qui continuent à se propager massivement à différents âges de leur vie.

Origines et futur du design fiction

Pour produire de nouveaux concepts adaptés à la société technoscientifique, les entreprises doivent s'adapter et produire un imaginaire connecté aux aspirations des consommateurs. Le design fiction remplit cette fonction et fait les beaux jours de cabinets spécialisés et de centres de recherche et développement en quête d'idées susceptibles de renforcer la place de leurs clients ou de leurs entreprises sur les marchés. Le design fiction est en effet un outil de prospective. La science-fiction dont il est issu se déroule fréquemment dans le futur. Cette pratique consiste à étudier les représentations de l'avenir, à établir des typologies et à effectuer une analyse de ces histoires afin de cartographier les idées susceptibles d'être utilisées par la suite dans des projets de R&D. Les anthropologues sont les bienvenus dans ces projets, en amont, dans la phase de préparation qui consiste à évaluer les données existantes avant d'envisager de créer de nouveaux récits. Les spécialistes de l'imaginaire, notamment universitaires, ont donné naissance par exemple aux *science fiction studies* qui, connectées aux *science studies*[61], permettent

---

[61] Pestre Dominique, *Introduction aux Science Studies*, La Découverte, Paris, 2006.

d'envisager l'impact de la science-fiction sur la créativité des scientifiques et des ingénieurs. Ces scientifiques contribuent depuis quelques années à développer une approche théorique de cet imaginaire, ce qui est très utile par la suite au développement de pratiques appliquées aux besoins de l'entreprise comme le design fiction, qui est le résultat de la rencontre entre les *science fiction studies* et le design thinking. Aux États-Unis et dans les pays anglo-saxons, ces disciplines sont déjà bien développées et commencent à s'exporter en Europe et en Chine. Les anthropologues qui ont étudié les mythologies ont fortement contribué à mieux connaitre le fonctionnement de l'imaginaire au vingtième siècle. Joseph Campbell, l'inventeur de la théorie du monomythe[62], qui consiste à établir que tous les mythes reposent sur une structure originelle commune, a largement inspiré les auteurs à succès et les adeptes du storytelling d'entreprise. Le *myth making* est devenu une discipline à la mode, qui consiste à créer des mythologies de groupes ou d'entreprises dans le but de diffuser une image valorisable sur les marchés et dans l'esprit des consommateurs.

Le recours à l'imaginaire est devenu en quelques décennies une nécessité pragmatique pour l'entreprise, qui y voit un moyen de construire son identité et de capter les aspirations individuelles et collectives de ses clients. En France, les recherches dans ce domaine se sont essentiellement focalisées autour de l'anthropologie de Gilbert Durand et du structuralisme, mais aussi autour de théories inspirées par la psychanalyse. Les soixante-huitards avaient entre autres slogans « l'imagination au pouvoir » et ont mis en pratique cette formule pendant un demi-siècle, en étudiant et en encourageant la création de fictions dans les écoles, les universités, et plus récemment

---

[62] Campbell Joseph, *Le héros aux mille et un visages*, OXUS, Paris 2010.

dans les entreprises. La science-fiction y demeure toutefois peu valorisée, concurrencée par une culture nationale qui n'y voit souvent qu'une marque d'infantilisme ou de l'impérialisme américain. Donna Haraway, dans son *Manifeste Cyborg*, opposait le roman bourgeois, caractéristiques d'un ordre moral ancien, à la science-fiction, propre aux cultures postmodernes susceptibles d'êtres plus innovantes[63].

Le genre fut légitimé aux États-Unis pendant la course à l'espace des années 1960, en jouant un rôle fédérateur dans la population. Ses histoires d'empires galactiques, de vaisseaux spatiaux et d'extraterrestres fascinaient les Américains qui en retour développaient une culture technique et de l'innovation foisonnante, susceptible de propulser le pays au sommet de la hiérarchie des nations. Les Chinois ont bien compris ce lien entre l'imaginaire technique et l'innovation en incitant à la création de science-fiction dans les universités et les entreprises. Leur projet vise en effet à devenir un pays leader dans le domaine de l'innovation grâce à un formidable effort de design fiction. Si les Occidentaux cherchent à faire de cette pratique un outil de management de la créativité à l'échelle des entreprises, les Chinois souhaitent en faire un enjeu national et un élément de storytelling, mais aussi de son projet de création de nouvelles idées, de technologies utopiques matrices de l'innovation depuis plus d'un siècle. Avec ce projet, les Chinois copient le processus créatif américain, en espérant le dépasser pour s'arroger cette faculté prodigieuse à l'origine de tellement de découvertes et de prototypes dans l'histoire récente. Créer de la science-fiction, c'est s'assurer un contrôle de l'imaginaire particulièrement utile pour maitriser les tendances technologiques à venir. Ainsi, Liu Cixin est un auteur

---

63 Haraway Donna, *Simians, Cyborgs and Women : The Reinvention of Nature*, Free Association Books, 1991.

particulièrement populaire en Chine. Il a notamment publié *Le problème à trois corps* et a obtenu le prestigieux prix Hugo en 2015. L'État chinois utilise sa réputation pour faire la promotion de la science à travers le pays, où la science-fiction connait un regain d'intérêt depuis quelques années et où certaines sources affirment qu'il pourrait y avoir 80 millions de fans du genre[64].

Les Européens feraient bien de faire de même s'ils ne veulent pas être dépassés inexorablement dans la course à l'innovation, et notamment à l'espace. Malgré quelques approches intéressantes, le vieux continent est en effet en retard dans la création de cultures de l'imaginaire et devra se réveiller s'il ne veut pas se trouver détaché sur des projets aussi importants que la conquête de la Lune, de Mars, ou l'exploitation minière des astéroïdes. L'exploitation de l'espace mobilisera une vaste industrie dans les prochaines décennies, et des entrepreneurs novateurs ont déjà compris l'intérêt d'utiliser la créativité et la culture de leurs collaborateurs pour élaborer des concepts susceptibles de les aider à développer des stratégies et des technologies leur conférant une longueur d'avance sur leurs concurrents. L'Europe devra utiliser le design fiction dans les prochaines années afin d'encourager l'imagination de ses citoyens.

Pour cela, il peut être utile d'avoir recours à des auteurs confirmés, qui orienteront les scénarios et les prototypages des membres des entreprises les plus innovantes. Les écrivains sont ainsi conviés à des séances de créativité, pour aider des groupes à construire des histoires

---

[64] C'est ce qu'affirme Yao Haijun, éditeur en chef du magazine chinois *Science Fiction World* dans l'article « How China is using science fiction to spur innovation in the country », *Business Standard*, 22 septembre 2018.
https://www.business-standard.com/article/international/how-china-is-using-science-fiction-to-spur-innovation-in-the-country-118092200652_1.html

impliquant leur entreprise ou leur projet dans la quête de nouveaux produits ou services. Le marché du design fiction est prometteur dans la mesure où la culture science-fictionnelle est massive et se diffuse sur de multiples supports, romans, films, jeux vidéo, séries TV, etc., constituant une culture répandue à l'échelle globale.

Design fiction et design spéculatif, complémentaires ou opposés ?

Felix Salmon estime qu'Alphabet préfère utiliser le terme *speculative design* de Dunne et Raby[65] plutôt que design fiction inventé par le fondateur du Near Future Laboratary Julian Bleecker. Il pense que la raison est que le design spéculatif est une discipline universitaire respectée avec des codes bien élaborés alors que le design fiction s'est construit sur l'idée que la réalité et la fiction sont en interaction, et qu'en créant de la fiction ou de la fantaisie, nous posons les bases de quelque chose de réel. Il existerait donc une multiplicité de pratiques dans l'utilisation de la fiction et de la spéculation pour innover. Le design spéculatif serait un design fiction académique, privilégié dans certains secteurs, et particulièrement dans les laboratoires de recherche et développement les plus en vue. L'article cite aussi la Microbial Home de Philips, issue du programme Design Probes, lui aussi enraciné dans la discipline du design spéculatif. L'auteur a demandé à Dunne la différence entre les deux disciplines. Il a répondu que :

« Le design fiction a tendance à se concentrer davantage sur des scénarios vidéo basés sur la technologie et

[65] Dunne Anthony et Raby Fiona, *Speculative Everything : Design, Fiction, and Social Dreaming*, The MIT Press, 2013.

reste plus proche de la réalité… Alors que le type de design spéculatif que nous faisons a tendance à se concentrer davantage sur des objets pour des expositions qui tentent rarement de convaincre le spectateur qu'ils sont réels. Ce sont des accessoires pour réfléchir. La fiction spéculative est plus critique vis-à-vis du type de récits technologiques mis en avant par l'industrie technologique »[66].

Le design spéculatif contribue a créer de nouveaux concepts, à proposer une approche artistique, une recherche plus fondamentale alors que le design fiction constitue une pratique plus appliquée, illustrant les intuitions des chercheurs et orientant la construction des discours stratégiques des managers et des leaders. En poussant le raisonnement, design fiction et design spéculatif pourraient être considérés comme des frères ennemis potentiels. En effet, il est à craindre qu'une entreprise comme Google utilise le design fiction pour créer des fictions dystopiques, à l'image de la série *Black Mirror*, et qu'un leader négatif s'emploie à les réaliser. La science-fiction est en effet pleine de dystopies, de futurs sombres dans lesquels la technologie est détournée de ses usages positifs pour privilégier des applications néfastes à l'humanité ou au bien commun. Dunne et Raby estiment que le design spéculatif a justement une fonction de critique du capitalisme technologique, et donc de pratiques telles que le design fiction, qui banalisé dans le

---

[66] Traduction de « Design fiction tends to focus more on technology-based video scenarios and stays closer to reality….Whereas the kind of speculative design we do tends to focus more on objects for exhibitions that rarely attempt to convince the viewer they are real. They are props for thinking with. Speculative fiction is more critical of the kind of technological narratives put forward by the tech industry »Salmon Felix, « The Creepy Rise of Real Companies Spawning Fictional Design », *Wired*, 30/05/2018, https://www.wired.com/story/the-creepy-rise-of-real-companies-spawning-fictional-design/

futur, et utilisé de façon anarchique ou tyrannique, pourrait mener à des situations problématiques. Les entreprises qui utilisent la science-fiction pour concevoir des scénarios originaux pourraient en effet décider de créer des mondes possibles dans lesquels leurs produits serviraient à dominer la population, ou, comme dans le cas de certains romans transhumanistes ou posthumanistes, à transformer l'humanité au niveau physique ou cognitif, pour créer des surhommes technologiques dont Lucien Sfez a montré dans *La Santé parfaite*[67] le potentiel totalitaire. Ce mode de pensée radicalise les tendances technoscientifiques émergentes pour critiquer ou anticiper leurs conséquences éventuelles. Le design fiction, en l'instrumentalisant, en dénature la fonction artistique, critique, dans une perspective souvent capitaliste. Nous avons vu que de plus en plus d'entreprises estiment qu'il s'agit d'un outil permettant d'accéder à un pouvoir supérieur et à un contrôle des imaginaires globaux. La prise de conscience de cette situation pourrait mener à l'élaboration d'une dystopie appliquée impliquant une critique de ce type de pratique. Il est en effet nécessaire d'orienter le design fiction vers une approche positive, visant à créer un monde meilleur, utopique. L'imaginaire du design fiction est performatif et doit faire l'objet d'une approche éthique, au même titre que la recherche scientifique. Le design fiction, contribuant bien souvent à une forme de prospective appliquée, est donc une pratique à la fois managériale et politique, dans la mesure où les visions du futur qu'il propose ont des impacts sur la vie quotidienne de millions de personnes. Les visions du design fiction, dans les entreprises, sont bien souvent gardées secrètes, car elles participent à la construction de la vision

---

[67] Sfez Lucien, *La Santé parfaite, critique d'une nouvelle utopie*, Paris, Seuil, 1995.

stratégique des leaders, comme nous le voyons avec l'exemple de GRDF (Gaz Réseau Distribution France)[68]. Quand un pays comme la Chine décide de faire du design fiction à grande échelle, industrielle, il est légitime de se poser la question de l'utilisation de ses récits à moyen voire long terme. Les visions des entreprises peuvent être contrôlées par les autorités étatiques et par les consommateurs, mais celles d'un État peuvent mener à des conséquences bien plus dramatiques. Le design

---

[68] En 2018, Christine Ribes, la directrice contrôle interne, risques et audit de GRDF, a proposé aux membres du comité exécutif une expérience immersive autour de films de science-fiction dans le but de mieux anticiper les risques et opportunités à horizon 2030-2040. Le recours au design fiction apparaissait comme une approche originale pour préparer les décideurs aux grandes orientations stratégiques à prendre dans les prochaines décennies. La science-fiction était considérée comme un facteur d'anticipation à moyen voire long terme, ce qui s'avérait crucial dans le secteur de la distribution de gaz, dont les perspectives à court terme étaient relativement facilement appréhendables, mais dont les évolutions sur le long terme étaient plus difficilement captables. Des opérationnels et des startups ont été sollicités pour définir les tendances technologiques et les évolutions économiques et sociales possibles à l'avenir. Six thèmes ont été retenus, la fin de la civilisation industrielle, le nouvel ordre mondial, l'explosion démographique et urbaine, la place prépondérante du numérique, la nouvelle organisation du travail, et l'avènement d'une pensée locale sous la forme d'un « citoyen auteur ». Douze films ont été sélectionnés (*Retour vers le futur*, *Le Cinquième élément*, *Le monde ne suffit pas*, *I, Robot*, *Avatar*, *Interstellar*, *Time Out*, *Skyfall*, *Biogaz Backpack*, *Monstres &C Cie*, *La planète au trésor*, *Wall-E*) dans le but d'immerger les membres du Comex dans un univers imaginaire susceptible de les inspirer dans la construction de leurs stratégies. Dans une entreprise constituée de nombreux ingénieurs, le recours à la ces fictions est apparu initialement comme une surprise, avant de rencontrer un franc succès et d'inspirer les axes de réflexion pour d'autres projets. Pour cette approche, GRDF a reçu le Trophée de la meilleure démarche de contrôle interne lors de la cinquième édition des Trophées de la maitrise des risques organisée par Crow Horwath, l'Ifaci et l'Amrae.

fiction est un outil pour innover, mais sert avant tout à médiatiser les découvertes technoscientifiques et à les insérer dans des discours imaginaires et stratégiques. Le design spéculatif pourra en remettre en cause les dérives potentielles, et générer des approches en rupture potentiellement sources d'une innovation encore plus radicale.

Le concept de prototype diégétique

David Kirby fut un des premiers à parler de prototypes diégétiques, concept à l'origine du design fiction. Son article publié dans la revue *Social Studies of Science* de septembre 2009[69] éclaire la notion, et synthétise une pensée qui a inspiré le manifeste de Julian Bleecker[70]. Il explique que les créateurs de films populaires, y compris les consultants scientifiques, construisent des représentations cinématographiques de technologies potentielles dans le but de stimuler le désir du public de les voir se réaliser. L'article montre comment les producteurs de divertissements construisent des scénarios cinématographiques dans le but de générer des opportunités de financements dans le monde réel et de provoquer la construction de prototypes réels. Il introduit le terme « prototype diégétique » pour définir la manière dont les représentations cinématographiques des technologies futures démontrent à un large public le besoin, la viabilité et la bienveillance d'une technologie.

---

[69] Kirby David, « The Future is Now: Diegetic Prototypes and the Role of Popular Films in Generating Real-world Technological Development », *Social Studies of Science*. Vol.40, n°1, 2010, p. 41-70.
[70] Bleecker Julian, *Design Fiction. A short essay on design, science, fact and fiction*, Near Future Laboratory, March 2009.

Il s'intéresse aussi à la notion de prototypes en tant qu' « artefacts performatifs ». La science-fiction est un imaginaire performatif contribuant à l'élaboration de certains projets de recherche et développement. À ce titre, les prototypes diégétiques s'insèrent dans un processus de stimulation de la créativité des chercheurs et des stratèges. Le design fiction est à l'interface entre le design spéculatif et la science-fiction. La technologie utopique est toutefois le point commun entre ces trois manières de concevoir le futur et l'innovation. Elle est une proposition pouvant mener à la création de prototypes. Ainsi, de plus en plus d'élèves en écoles de design ou de commerce, amenés à travailler pour les entreprises les plus innovantes, reçoivent des formations dans cette discipline. Les entreprises ont en effet intérêt à développer la fibre artistique et la créativité de leurs membres, notamment au niveau de la R&D et du marketing stratégique, afin de proposer des concepts innovants et fédérateurs à leurs clients potentiels. Les technologies utopiques au centre du design fiction doivent toutefois être distinguées de technotypes, archétypes technologiques qui en sont les initiateurs et qui sont davantage explorés par une approche plus fondamentale de la recherche, et donc par le design spéculatif.

Technotypes et technologies utopiques

Quelle est la différence entre un technotype et une technologie utopique ? La question nécessite des précisions dans la mesure où l'on considère souvent les deux termes comme des synonymes. La technologie utopique est une représentation positive de technotypes.

Elle doit être distinguée de la technologie dystopique, dont nous pouvons citer comme exemple l'étoile noire de *Star Wars*, c'est-à-dire une technologie utilisée à des fins négatives. La science-fiction produit un grand nombre de technologies fictionnelles, elles-mêmes provenant de technotypes, c'est-à-dire de larges schèmes, des archétypes, à l'origine de ces représentations. Un technotype est un modèle imaginaire fondamental, qui décrit une technologie encore inexistante, mais qui pourrait le devenir si des innovateurs parvenaient à la réaliser. L'archétype technologique est à l'avant-garde du processus d'innovation. Il est la première idée, l'intuition, le modèle de l'objet à réaliser. Bien souvent, dans les mythes, il est l'apanage des dieux ou des démons, renvoie à des forces surnaturelles, car l'humain est considéré comme indigne ou incapable de se l'approprier. Pensons aux lasers que se jetaient les dieux. Ils furent inspirés par la foudre aux humains, qui imaginaient l'origine de ce phénomène naturel comme une technologie contrôlée par les dieux. Le technotype, bien souvent, est lié à l'assimilation d'un phénomène naturel à une technologie divine. Les technologies archétypales trouvent leur origine dans l'imagination de nos ancêtres, et se sont par la suite métamorphosées à mesure que les récits fictionnels se sont complexifiés. Nous apprenons progressivement à décrypter ces technotypes, à les traduire sous la forme de technologies utopiques ou dystopiques, afin d'en extraire le potentiel innovant le plus prometteur.

La base extraterrestre, avant de devenir un projet technologique, est avant tout un technotype, celui de l'habitat des dieux, alimentant de nombreux fantasmes chez les humains des âges anciens, aux religions variées. Les humains ont commencé par se représenter de quelle manière vivaient les dieux dans les cieux, avant d'imaginer pouvoir eux-mêmes y habiter grâce à la technologie. L'aérotechnologie fut imaginée avant de devenir une invention, l'avion, devenu un sous-technotype à l'origine de nouvelles technologies utopiques comme les fusées, et de nombreux engins permettant de voyager dans l'espace. L'imaginaire collectif technoscientifique répond à des schèmes directeurs, des technologies utopiques centrales, en interaction permanente avec le monde des technotypes, plus proche de l'imagination. L'imagination et l'imaginaire se distinguent dans la mesure où le deuxième est une formalisation de la première. L'imaginaire concrétise l'imagination. De la même manière, les technotypes sont davantage le propre de la pure imagination, alors que la technologie utopique appartient au registre de l'imaginaire.

Design Fiction	Speculative design
Imaginaire	Imagination
Technologie utopique	Technotype

Tableau 1. Différences entre le design fiction et le design spéculatif.

La R&D a besoin d'artistes, et d'auteurs de science-fiction pour créer de l'innovation et pour inspirer ses chercheurs. Les concepteurs doivent être spécialistes dans l'histoire des représentations du futur afin d'orienter leurs collègues vers les récits les plus adaptés à leurs problématiques. Il s'agit aussi de stimuler leur créativité pour les inciter à créer leurs propres fictions, véritables valeurs ajoutées pour l'entreprise. Les auteurs sont d'ailleurs souvent des ingénieurs ou des individus ayant une solide formation scientifique. Cette discipline leur permet d'explorer des concepts souvent inédits ou peu étudiés, aux frontières de la connaissance et de l'inconnu.

Le marché du design fiction en pleine expansion

L'industrie du worldbuilding et du design fiction est en pleine expansion et répond à des attentes d'acteurs parfois très puissants du capitalisme global. La science-fiction est aussi un genre de plus en plus populaire, faisant les beaux jours d'Hollywood et de plateformes comme Netflix. Le science fiction prototyping et le design fiction sont même enseignés dans certaines universités. L'imaginaire est devenu un acteur central du capitalisme global et tous les moyens sont bons pour en maitriser l'impact sur les marchés de consommateurs. Toutefois, il demeure soumis à la prééminence des impératifs pragmatiques qui dirigent les investisseurs et les innovateurs. La recherche en design est nécessaire aux entreprises les plus innovantes si elles veulent demeurer compétitives. Le design fiction vise à banaliser l'usage de la pensée science-fictionnelle dans les entreprises et dans le système productif en général. Provenant des États-Unis, il est déjà massivement investi par la Chine et les Européens s'intéressent aussi de plus en plus à cette méthode de créativité. Si Sci-Futures et le Near Future Laboratory sont des exemples d'entreprises de design fiction et de science fiction prototyping à l'avant-garde du mouvement et d'origine américaine, des entreprises comme le Cabinet Roland Berger ou le collectif Making Tomorrow développent en France des méthodologies similaires et sont au service d'entreprises à la recherche de concepts novateurs pour leur stratégie, leur marketing, ou leur R&D. L'entreprise, en ayant recours au design fiction, fait preuve de pragmatisme en sondant un imaginaire accessible à un grand nombre de personnes, et non à seulement quelques artistes comme c'est le cas avec le design spéculatif. L'avantage de la science-fiction est qu'elle est une culture initialement populaire qui fut avec le temps assimilée par les élites du capitalisme technoscientifique. Nous avons parlé d'Elon Musk. Jeff Bezos, patron d'Amazon en est aussi un grand fan, et en particulier de la série *Star Trek*. Il s'est notamment inspiré de ces récits pour lancer son entreprise de fusées Blue Origin. Il est toutefois difficile d'accéder aux productions de design fiction de ces entreprises, qui les gardent bien souvent secrètes, vouées à être utilisées en interne. Nous détaillerons toutefois dans la deuxième partie de l'ouvrage plusieurs exemples de science-fiction institutionnelle. L'imaginaire est un véritable capital dans la société de la connaissance, et il apparait logique de consacrer des investissements à son développement.

L'industrie de la science-fiction et le management de la créativité

Le management de l'innovation passe de plus en plus par le recours à l'imaginaire. Concevoir de nouveaux produits, les médiatiser et construire un discours stratégique fédérateur mobilise des discours et des récits. Bien souvent, les secteurs technoscientifiques ont recours à la science-fiction pour médiatiser leurs marchandises. Il s'agit d'un genre artistique diffusé sur de multiples supports, qu'il s'agisse de livres, de films ou de jeux vidéo. Particulièrement populaire, elle apparut en Europe au dix-neuvième siècle, sous la plume d'auteurs comme Mary Shelley, H.G. Wells, ou Jules Verne, avant de connaitre un formidable essor aux États-Unis au vingtième siècle. Le cinéma hollywoodien et les *pulps* lui donnèrent ses lettres de noblesse. En France, son succès est cyclique et elle connait ces dernières années un succès modéré, en fonction de la sortie de bestsellers aux parutions irrégulières. Le genre est essentiellement anglo-saxon, même si les Japonais et les Chinois tirent leur épingle du jeu, cette culture étant particulièrement appréciée par la population, comme en témoignent par exemple les succès des mangas ou des nouveaux auteurs chinois.

Il est flagrant de constater que les zones les plus prospères et créatives dans le secteur de l'imaginaire sont aussi celles avec les résultats économiques les meilleurs et les plus innovants. Cela s'explique par l'impact des récits sur l'innovation, les chercheurs et scientifiques étant bien souvent inspirés et stimulés par les œuvres qu'ils peuvent consulter pendant leurs loisirs. Si bien que cette industrie est devenue un enjeu de pouvoir important pour les investisseurs et pour les décideurs politiques. La science-fiction est devenue une culture globale constituant un imaginaire performatif pour le capitalisme. Les technologies utopiques qu'elle propose sont des sources d'inspiration quasiment inépuisables pour de nombreuses industries. Les télécommunications ont pu rêver du futur d'Internet avec les écrivains cyberpunks, l'industrie spatiale conçoit par exemple une civilisation martienne avec de nombreux auteurs, l'industrie automobile développe des voitures volantes à partir d'extraits de films. Les exemples d'utilisations de l'imaginaire par l'industrie ne manquent pas, et ce phénomène s'accélère avec l'émergence de nouvelles pratiques de stimulation de la créativité comme le design thinking et le design fiction. Utiliser la science-fiction pour innover est devenu un business qu'il s'agit de manager. C'est une nécessité stratégique qui mobilise des méthodologies et des pratiques spécifiques, susceptibles d'optimiser la créativité dans une société de la connaissance érigeant le savoir et la culture en éléments centraux de son système productif.

Après avoir présenté quelques éléments de management de l'industrie de la science-fiction aux États-Unis et en France, nous envisagerons dans quelle mesure la mise en place d'un système de protection des technologies utopiques pourrait encourager encore davantage l'implication de multiples acteurs dans cette industrie créative. Enfin, le design fiction sera présenté comme un élément de management de la créativité dans les entreprises et les organisations, contribuant à l'augmentation de la production de récits dans des structures pour lesquelles ces derniers sont de plus en plus nécessaires pour innover.

Le business de la science-fiction et le *soft power* américain

La mythopoïétique est une technique de création d'œuvres fictionnelles particulièrement influente aux États-Unis et dans le microcosme hollywoodien. Elle consiste à créer de véritables mythes auxquels peut s'identifier un maximum de personnes provenant de cultures multiples et variées. Le but est de toucher à l'universel, en reprenant la structure fondamentale de tout mythe, selon la méthode de Joseph Campbell. George Lucas, créateur de la célébrissime saga *Star Wars*, avait étudié cet auteur à l'université et s'en était servi pour rédiger son scénario. Depuis, cette approche est devenue la norme pour créer une bonne histoire, qui corresponde aux aspirations de l'imaginaire et de l'inconscient collectif.

Créer des mythes est au fondement du management de l'industrie de la science-fiction. En effet, le genre constitue la mythologie de l'ère industrielle, décrivant l'origine et le devenir d'une société dans laquelle la science occupe une place centrale et où les individus ont massivement déconstruit les grands récits idéologiques et religieux. La mythopoïétique sert à alimenter l'industrie du rêve. Le terme fut inventé par Tolkien dans les années 1930 pour désigner les modalités de création d'une mythologie personnelle.

Gérer l'industrie de la science-fiction américaine, c'est avant tout créer des mythes industriels et participer de cette manière à une culture globale servant à unifier les représentations du futur du capitalisme global[71].

En France, des États généraux et l'observatoire de l'imaginaire

En France, l'industrie de l'imaginaire est nettement moins florissante qu'aux États-Unis, même si quelques auteurs à succès parviennent à assurer son fonctionnement. 55% de la production était par exemple francophone en 2017. Pourtant cette industrie ne rencontre pas le succès qu'elle escompte, ce qui a provoqué en 2017 une petite révolution des éditeurs qui ont publié un manifeste appelant à un renouveau des littératures de l'imaginaire. Des États généraux virent le jour et se tiennent depuis chaque année lors du festival des Utopiales de Nantes, le plus grand d'Europe. Un Observatoire a été créé, permettant de mieux connaitre les modalités de création et de diffusion des

---

[71] Jarnagin, Chip and Slocum, John, « Creating Corporate Cultures Through Mythopoetic Leadership » (January 22, 2007). *SMU Cox School of Business Research Paper Series No. 07-004, Organizational Dynamics*, Vol. 36, n°3, 2007.

œuvres sur le territoire national. Les managers de maisons d'édition ont pris conscience de la nécessité de mobiliser leur personnel et leurs auteurs pour dynamiser un secteur moins actif que d'autres genres, comme le polar.

Les littératures de l'imaginaire ne rencontrent en effet pas le public escompté. De même le cinéma de science-fiction français et européen est d'une grande pauvreté, incapable de produire des superproductions au niveau des films hollywoodiens. L'activité de ce secteur est cyclique en France, et pourrait retrouver son dynamisme dans les prochaines années. Cette situation serait salvatrice et mériterait le soutien des pouvoirs publics, dans la mesure où l'imaginaire est un élément fondamental du succès d'une culture et d'une économie. Indicateur et stimulateur de la créativité, il doit être encouragé, afin de contribuer au *soft power* d'une nation et à son autonomie de conscience. En effet, adhérer systématiquement à des représentations du futur émanant de la culture américaine est dans un sens une forme d'ouverture d'esprit. Mais c'est aussi une forme de passivité qui pourrait nuire à l'autodétermination de son destin par la jeunesse d'un pays comme la France. La science-fiction participe à la prospective et à la culture technique. Il est donc indispensable que l'Europe et la France deviennent plus indépendantes dans ce secteur en dynamisant cette industrie qui doit être la plus créative possible. Stimuler la créativité technoscientifique, c'est par exemple s'assurer une approche originale du futur de l'Europe spatiale. Si le vieux continent est en partie passé à côté de la révolution d'Internet en étant incapable de créer un géant de l'envergure d'un GAFAM, elle ne doit pas faire de même avec la conquête de la Lune, de Mars et des astéroïdes. Or, quelle meilleure source d'inspiration pour trouver des idées originales pour concevoir la place de l'Europe dans l'espace que la science-fiction ? Imaginer le futur n'est pas seulement un loisir, mais est aussi une activité stratégique et imbriquée avec le tissu économique et industriel.

Stimuler l'imaginaire en brevetant les technologies utopiques

Hugo Gernsback fut un des premiers à évoquer la brevetabilité des concepts de science-fiction. Il estimait que ces idées devaient être protégées pendant une trentaine d'années afin d'assurer une rémunération à leurs inventeurs en cas de réalisation des technologies sous la forme d'innovations. Cette approche pourrait certainement motiver les auteurs à décrire des machines imaginaires avec davantage de précision, ce qui serait utile par la suite aux ingénieurs et techniciens en les orientant dans leurs investigations. Pour l'heure cette mesure n'est pas envisagée, seuls les procédés techniques pouvant être brevetés. Les fictions n'ont aucune protection, ce qui peut constituer un frein à leur expression. Pourtant, l'histoire des technosciences est parsemée d'exemples d'idées de science-fiction qui se sont réalisées. Le voyage sur la Lune, le sous-marin, la voiture volante, le téléphone portable et Internet ne sont que quelques cas d'une quantité importante d'inventions préconçues dans des récits avant d'êtres prototypées puis commercialisées. Les managers de l'industrie de la science-fiction ont donc un rôle social important en étant garants de l'incitation et de la motivation des auteurs à produire des récits créatifs et intelligents qui irrigueront par la suite les cerveaux des innovateurs. Leur prise de conscience de la nécessité de redynamiser le secteur en France répond à un impératif économique pour les maisons d'édition qui sont imbriquées dans un tissu économique complexe dans lequel l'imaginaire est parfois étouffé au profit d'une forme de pragmatisme qui prive certains acteurs de leur capacité à produire de nouveaux concepts. Créativité et imaginaire sont intimement liés, et les managers ont pour fonction de mettre en œuvre les conditions de leur épanouissement et de leur développement.

Du design fiction à une augmentation de la production d'imaginaires

La R&D a ainsi tendance à employer des créatifs pour élaborer de nouveaux concepts. Les auteurs sont appelés à contribuer de plus en plus aux projets de recherche à travers le design fiction et le science fiction prototyping. Ces méthodes proposent d'utiliser la science-fiction d'une part pour cartographier l'imaginaire technique d'un secteur, puis pour proposer des récits novateurs, dans lesquels les innovations et prototypes d'un laboratoire sont mis en perspective, contextualisés notamment pour déterminer les conséquences potentielles de leur insertion sur les marchés. Les designers appartiennent à une industrie créative qui utilise donc de plus en plus d'idées de science-fiction pour mettre au point de nouveaux objets.

Le worldbuilding et la mythopoïétique sont deux autres méthodes de créativité qui proposent de créer et de concevoir des mondes. Les entreprises ont intérêt à utiliser ce type d'approches qui correspondent par ailleurs à un imaginaire très répandu dans la génération actuelle d'innovateurs. L'industrie de l'imaginaire ne se contente pas de produire des livres, des films et des jeux vidéo pour le grand public. Elle crée aussi des méthodes de créativité et des contenus pour les entreprises et les organisations qui cherchent à innover ou à créer un discours stratégique original, futuriste, et susceptible de correspondre à un imaginaire collectif largement partagé. Manager cette industrie, c'est donc dans un premier temps avoir une bonne connaissance des marchés et des implications des récits sur la psychologie créative des ingénieurs. C'est aussi avoir conscience de la nécessité de s'adapter à de nouveaux besoins émanant de structures institutionnelles, cherchant à développer leurs propres narrations.

Du design thinking au design fiction

Les théories de la créativité sont multiples et peuvent être convoquées pour aider les managers à stimuler leurs employés. Chaque structure industrielle utilise une méthode spécifique, bien souvent développée par des gourous sectoriels. Une entreprise aura ainsi recours à une approche adaptée à ses processus de décision et d'innovation. Nous avons vu que le design fiction et le science fiction prototyping, mais aussi le worldbuilding et la mythopoïétique sont des méthodes de créativité inspirées par le design thinking qui utilisent la science-fiction. Le design thinking procède en plusieurs étapes selon les auteurs et s'est particulièrement diffusé à partir des années 2000 aux États-Unis puis en Europe. Tim Brown, un des fondateurs de la méthode, la résume donc en cinq phases. La première est celle de l'empathie avec la personne ou l'entité pour laquelle on travaille. Puis vient celle de la définition du problème à travers un prisme original qui permettra de trouver des solutions nouvelles et innovantes. Vient alors la phase d'idéation, permettant une pensée divergente. C'est à ce niveau qu'intervient l'imaginaire, et éventuellement le design fiction si les secteurs intéressés sont concernés par ce type de créativité. La quatrième phase est celle du prototypage, sous la forme de dessins, de maquettes, de jeux vidéo ou autres, qui permettent une concrétisation de l'idée. Le prototype permet un retour au réel après une période consacrée à la fiction, qui multiplie les possibles, et envisage des solutions qui sortent du cadre classique, et qui peuvent être suffisamment surprenantes pour intéresser les clients. Enfin, la phase de test confronte les solutions aux usagers. Une solution trop innovante peut déstabiliser les clients potentiels, et il est nécessaire de proposer des technologies, des services ou des produits adhérant à un imaginaire collectif préexistant. L'industrie de la science-fiction participe à la définition de cet imaginaire. Il est probable que l'on assiste dans les prochaines années à une explosion des l'esprit spéculatif de ces acteurs et à une redéfinition des cadres classiques des représentations des technologies et des sciences, aussi bien présentes qu'à venir. La définition des nouveaux cadres d'élaboration de la créativité dans les entreprises implique donc une évolution des pratiques. Les conséquences sur les résultats des séances de créativité sont difficiles à anticiper, et auront probablement des conséquences importantes sur la construction de la réalité. Certains acteurs développeront une pensée utopique, cherchant à créer un monde meilleur, autour de technologies positives, alors que d'autres préféreront une vision dystopique, souhaitant utiliser le progrès technique à des fins de pure rentabilité et de profit, sans se soucier du développement durable ou du respect de valeurs humanistes. La science-fiction est un art avant d'être un business dont la vocation initiale est de distraire, mais aussi de critiquer la société et ses éventuelles dérives. De nombreux auteurs refusent ainsi la dimension prophétique qui est affublée à leur œuvre, préférant y voir une métaphore critique de la réalité de la société présente.

La tendance de cet art à servir le business peut être considérée comme une dénaturation. Pourtant, les managers de cette industrie doivent assurer la fusion et la collaboration des différentes tendances d'un genre polymorphe, certains auteurs privilégiant la critique sociale alors que d'autres s'orientent vers l'apologie technophile. En tout état de cause, le management de l'imaginaire est au centre de l'économie de la connaissance, un enjeu aussi bien européen que global. Dans son Livre vert publié en 2010, *Libérer le potentiel des industries culturelles et créatives*, la Commission européenne affirme que : « si l'Europe veut rester compétitive dans cet environnement mondial en constante évolution, elle doit mettre en place des conditions permettant à la créativité et à l'innovation de s'épanouir dans une nouvelle culture entrepreneuriale ». De plus, « les industries culturelles et créatives disposent d'un potentiel largement inexploité de création de croissance et d'emplois ». L'industrie de la science-fiction pourrait permettre à l'Europe de mettre en place une économie de la connaissance performante, en alimentant de nombreux secteurs en représentations du futur innovantes et performatives.

Chapitre III

La science-fiction dans les entreprises

En septembre 2019, un numéro spécial de la revue *Entreprises et histoire* fut consacré aux rapports entre la science-fiction et l'entreprise. Si plusieurs auteurs se sont intéressés aux représentations de l'entreprise dans cet imaginaire, le corpus étant très large tant il existe un nombre incalculable d'entreprises, souvent dystopiques, dans les films et romans, un article fut aussi consacré à l'utilisation du genre par la prospective. Il se terminait par le constat suivant : « l'utilisation de la SF en entreprise possède en ce sens une puissance inédite : elle revient à réinjecter une pensée sur les mythes sociaux, « directeurs »[72] et « secondaires » (ainsi que sur leur richesse et leurs variations), qui gouvernent notre imaginaire et, de fait, une pédagogie de la dimension idéologique et éthique dans la réflexion stratégique »[73]. En effet, ces récits constituent bel et bien une mythologie qui doit être étudiée par les entreprises afin de bien comprendre les croyances collectives relatives à la technoscience qui régissent les sociétés dans lesquelles elles agissent et qui structurent plus ou moins consciemment les marchés. Mais les entreprises ne doivent pas se contenter d'étudier leur environnement spirituel et discursif. Elles doivent aussi participer à sa construction, influencer son évolution en proposant leurs propres récits.

---

72 Bouchard Gérard, « Pour une nouvelle sociologie des mythes sociaux », *Revue Européenne des Sciences Sociales*, Vol. 51, n°1, 2013, p. 63-88.

73 Saives Anne-Laure, Le Maréchal Edouard, Brayer Gaëlle, « Science-fiction et prospective stratégique: un détour créatif? », *Entreprises et Histoire*, Septembre 2019, n°96, p. 161.

L'économiste Robert Shiller[74], théoricien de l'économie narrative, insiste d'ailleurs sur l'impact des discours et des récits sur les phénomènes financiers et économiques. Il apparait donc central pour les entreprises de soigner l'imaginaire qu'elles véhiculent et le discours stratégique qu'elles proposent aux investisseurs et aux consommateurs. Elles prennent ainsi de plus en plus souvent la décision de créer leurs propres récits, de participer à la construction de cette mythologie. Si le storytelling est devenu une pratique centrale dans l'élaboration des discours stratégiques et managériaux, le *myth making*, puis le design fiction apparaissent aussi comme des pratiques reconnues comme utiles aux institutions pour s'inscrire dans une économie discursive aux implications pratiques importantes. Les entreprises sont des institutions qui utilisent la science-fiction dans plusieurs buts.

1) Le premier est de médiatiser une technologie ou une innovation dans le cadre d'une campagne publicitaire par exemple, ou dans des films ou fictions futuristes visant à promouvoir une vision prospective.
2) L'entreprise peut aussi décider d'effectuer une recherche futurologique visant à prototyper des inventions qui seront commercialisées par la suite.
3) Un chef d'entreprise peut aussi décider d'y avoir recours pour évangéliser son personnel et le grand public. En utilisant cette culture populaire, il s'approprie ses vertus et se donne toutes les chances de mettre en place une communication efficace.

---

[74] Shiller Robert, *Narrative Economics : How Stories Go Viral & Drive Major Economic Events*, Princeton University Press, 2019.

4) Mais elle peut aussi permettre de tester auprès des acteurs du processus d'innovation les conséquences potentielles de l'insertion d'un nouveau produit sur les marchés. Ainsi, nous avons pu constater que certaines entreprises utilisaient des *Future Visions* en interne afin de présenter à leurs employés les inventions en développement dans leurs centres de R&D. L'objectif d'une telle démarche est de tester leurs réactions, afin de déterminer s'il est souhaitable de continuer à investir dans une technologie ou s'il est au contraire préférable d'interrompre les recherches.

Design fiction et science fiction prototyping sont utilisés par de plus en plus d'entreprises pour créer une mythologie propre à l'organisation. Plus largement, les œuvres de science-fiction d'entreprise, quand elles sont créées dans un but de médiatisation, constituent une mythologie assurant la fusion des visions des acteurs du capitalisme. Si les oeuvres des années 1930-60 étaient majoritairement technophiles, contribuant à diffuser une vision positive du futur du capitalisme, envisageant même son développement dans les espaces interstellaires, il faut constater une tendance de plus en plus critique du genre depuis les années 2000 et la mode des dystopies. Ainsi, la science-fiction aurait perdu progressivement sa vertu d'imaginaire du capitalisme pour devenir celui de la résistance au système. On assisterait à un processus inverse à celui décrit par Boltanski et Chiapello dans *Le Nouvel esprit du capitalisme* (1999). L'imaginaire du capitalisme aurait été récupéré par l'opposition au système pour générer des fictions alimentant la lutte contre les pouvoirs institutionnels et le pouvoir militaro-industriel. Toutefois, la science-fiction institutionnelle analysée dans ce livre semble annoncer un processus de réappropriation des réprésentations science-fictionnelles par le capitalisme. En créant des histoires propres à ses institutions, le système productif assure la génération d'histoires servant ses intérêts. Notons aussi que des think tanks ou des associations anticapitalistes jouent le jeu du storytelling en créant leurs propres anthologies alimentant leur discours critique. Finalement, la science-fiction institutionnelle témoigne d'une prise de conscience du monde économique de l'impact de cet imaginaire sur la création des visions du futur des consommateurs. Ces derniers doivent être sensibilisés le plus en amont possible afin de s'assurer de la correspondance de leurs réprésentations avec les intérêts des institutions à moyen et long terme.

Une entreprise a donc intérêt à créer ses propres récits dans un premier temps pour développer son imaginaire technique, qui pourra initier le processus d'innovation en générant des technologies utopiques. Puis, ces fictions participeront à la création d'une vision du futur potentiellement instituante de la réalité. La performativité des discours, évoquée entre autres par Austin, dans *Quand dire, c'est faire* (1962, trad. 1970), se retrouve dans le processus d'innovation technologique. Il convient toutefois d'assurer la positivité des fictions, et d'éviter qu'elles sombrent dans une dimension schizomorphe, dystopique et critique. En effet, si le simple fait d'énoncer une vision implique sa réalisation ultérieure, il est de la responsabilité des institutions de cultiver une éthique du futur chère à Jonas[75] et Rumpala[76]. Les auteurs de science-fiction d'entreprise viseront à créer des discours responsables en insérant les technologies utopiques dans

[75] Jonas Hans, *Pour une éthique du futur*, Rivages, 1998.

[76] Rumpala Yannick, *Hors des décombres du monde : Écologie, science-fiction et éthique du futur*, Champ Vallon Éditions, 2018.

des scénarios performatifs résolument positifs et humanistes.
Examinons dès lors certains exemples d'entreprises ayant développé leur propre science-fiction institutionnelle. Gardons à l'esprit que ces dernières ont certainement perçu dans le financement de telles œuvres un intérêt potentiel à plus ou moins long terme. Si certaines entreprises financent l'art avec du mécénat, d'autres l'utilisent pour optimiser leur processus d'innovation, stimulant en amont et en aval du prototypage technologique l'imaginaire de multiples acteurs, des ingénieurs-concepteurs aux consommateurs, en passant par les décideurs, stratèges et managers.

L'anthologie *Future Visions* de Microsoft

Harry Shum, vice-président exécutif de la technologie et de la recherche de Microsoft introduit l'anthologie *Future Visions* en rappelant qu'il a grandi dans les années 1960, bercé par la série *Star Trek* et les blockbusters comme *La planète des singes*. À l'époque, les premiers bestsellers du genre apparaissaient, ce qui inspira les personnes de sa génération, qui créèrent de nombreuses innovations pour réaliser les fictions de leur enfance. Il rappelle qu'il y a vingt ans, Microsoft a commencé à investir dans la recherche sur le langage naturel pour réaliser des technologies vues dans *Star Trek*. Désormais, Skype propose une traduction en temps réel en six langues. Il affirme qu'« aujourd'hui, j'ai le privilège de diriger les efforts de recherche de Microsoft, où je suis entouré de personnes qui ont été influencées par la science et la science-fiction, comme moi. Nous interagissons avec et publions nos travaux de recherche dans une communauté mondiale de leaders d'opinion et d'innovateurs, y compris des écrivains de science-fiction. Nous les invitons sur notre campus pour partager leurs histoires avec nous et pour que nous puissions partager notre travail avec eux ». Il rappelle que les auteurs de l'anthologie ont eu l'occasion de visiter les laboratoires de R&D de Microsoft afin de côtoyer les chercheurs, de s'imprégner de la réalité technologique du centre. Les auteurs ont en effet la réputation de décrire sous une forme métaphorique la réalité du monde contemporain dans lequel ils évoluent. Plus leur connaissance de la réalité est fine, plus leurs métaphores sont percutantes et susceptibles d'inspirer un grand nombre de personnes pour créer le monde du futur. Telle est en tout cas l'ambition des leaders de Microsoft, qui souhaitent créer de la science-fiction, pour prolonger l'élan créatif qui leur donnait envie d'innover dans leur jeunesse. La série *Star Trek* peut être conçue comme une métaphore du formidable effort collectif du complexe industriel américain pendant les années 1960 qui donna naissance au programme Apollo. En donnant l'occasion à des auteurs de fréquenter les ingénieurs de la R&D de Microsoft, Harry Shum était conscient de l'intérêt de cette démarche visant à permettre à des créatifs de se mettre au service de l'extrapolation de données concrètes.

Rick Rashid vice-président et directeur de la technologie de Microsoft, confirme les propos de son collègue Harry Shum en rappelant à quel point l'imaginaire a depuis son plus jeune âge orienté sa créativité et son goût pour la science. Il affirme que « la science-fiction m'a inspiré en tant que scientifique. Cela a relancé mon imagination et m'a donné de l'énergie et un sentiment d'optimisme que je pourrais faire n'importe quoi avec mon esprit. Sans cet optimisme et cette croyance dans le possible, je ne pense pas que j'aurais réussi à créer un système d'exploitation (Mach) qui a eu un impact sur des centaines de millions d'appareils Apple ou à assumer la tâche de construire

Microsoft Research, l'une des meilleures organisations de recherche fondamentale au monde ». Les histoires produites par l'anthologie sont censées extrapoler à partir des projets présentés par les scientifiques du centre. Ainsi, Seanan McGuire remet en question les limites de la traduction automatique dans son histoire «Hello, Hello». Dans «The Machine Starts», Greg Bear examine les conséquences de l'informatique quantique. «Skin in the Game» d'Elizabeth Bear conçoit un monde dans lequel la technologie peut être utilisée pour partager des émotions. Nancy Kress explore les frontières de l'intelligence artificielle dans la nouvelle «Machine Learning». Dans « Riding with the Duke », Jack McDevitt étudie les implications sociales et émotionnelles des technologies immersives. Dans « A Cop's Eye», Blue Delliquanti et Michele Rosenthal, créent un monde futur dans lequel l'acolyte d'une policière est une intelligence artificielle. Robert J. Sawyer explore les possibilités offertes par l'informatique pour chercher des civilisations extraterrestres dans «Looking for Gordo». David Brin aborde le sujet de la science de la prédiction dans «The Tell». Dans «Another Word for World», Ann Leckie explore le pouvoir des outils qui facilitent la communication entre les cultures. Ainsi, l'entreprise, et plus particulièrement le centre de recherche, sont dirigés par des fans de science-fiction qui cherchent à reproduire dans leur monde d'innovation les sources d'inspiration qui les ont motivés depuis leur plus tendre enfance. Rashid décrit bien le processus d'optimisme et de croyance généré par l'imagination, notamment chez les enfants, leur permettant de donner un sens au monde qui les entoure, les aidant à se projeter et à construire leur identité. La science-fiction participe à la construction de l'habitus scientifique. Il s'agit bien souvent d'histoires constituant une métaphore de la recherche contemporaine, relatant les débats et comportements agitant la communauté scientifique. Ainsi, les histoires de *Future Visions* métaphorisent les projets de traduction automatique, de technologies immersives, d'intelligence artificielle, d'informatique quantique, etc.

L'anthologie *Future Visions* est la confirmation que les visions du futur sont avant tout des métaphores du présent. D'ailleurs, la métaphore est une façon de décrire un réel objectif que même la science n'a que l'illusion de décrypter. La science elle-même ne serait qu'une fiction selon les fictionnalistes. Dans ce cas, le langage est parsemé de métaphores. La science-fiction est un type de métaphorisation des technosciences bien particulier, se situant bien souvent dans le futur et décrivant la réalité à travers des machines extraordinaires en devenir qui ne font finalement que parler des technologies en développement à un moment précis dans les laboratoires. D'ailleurs, serait-il possible d'imaginer une technologie utopique *ex nihilo*, sans se préoccuper des connaissances disponibles à un moment précis ? La science-fiction extrapole à partir du présent. Microsoft l'utilise comme un instrument de sa rhétorique auprès du grand public, mais aussi en direction de la communauté scientifique. Sa manière de décrire et de présenter sa R&D en dit long sur sa conception de son activité.

Examinons quelques nouvelles afin de déterminer dans quelle mesure elles décrivent la réalité de l'innovation chez Microsoft. De même, nous nous demanderons systématiquement dans quelle mesure ces récits peuvent être intégrés dans une réflexion futuriste, afin de considérer ces fictions comme des métaphores utiles à la prospective[77]. Carbonell et al.[78] considèrent que la

---

[77] Inayatullah Sohail et al., « Metaphors in futures research », *Futures*, Vol. 84, part B, 2016, p. 109-114.

technologie a une influence primordiale sur la formation des visions du monde et des métaphores. En retour, les métaphores construisent les représentations de la réalité et de la technologie qui conditionnent l'évolution de la recherche et donc de l'innovation. La science-fiction métaphorise la technologie et cette approche du réel oriente en retour l'élaboration des innovations.

« Hello, Hello », de Seanan Mc Guire, rapporte l'histoire de scientifiques étonnés de recevoir des messages sur leur ordinateur indiquant seulement « Bonjour, j'ai faim ». Pensant avoir affaire à quelqu'un en détresse, peut-être la sœur sourde d'un personnage, ils se mettent en quête de la solution à l'énigme. Ils se rendent compte que le logiciel de traduction automatique a analysé et traduit le chant des oiseaux présents au domicile d'où venaient les mystérieux messages. Dans cette fiction, les individus communiquent par avatars interposés, et la traduction a fait des progrès considérables. Presque tous les langages peuvent être traduits instantanément, et l'informatique neurolinguistique est au centre d'innovations majeures permettant des interactions optimales entre personnes de langues différentes. Même le langage des sourds-muets est évoqué comme pouvant faire l'objet d'une traduction par les ordinateurs. Cette description rappelle que Microsoft Translator Live pourrait aider les sourds et malentendants dans des situations de la vie quotidienne où aucun interprète n'est disponible. Grâce à cette innovation, ces personnes en situation de handicap verraient leur existence considérablement améliorée, pouvant communiquer facilement avec tout le monde. Déjà en 2013, une équipe de Microsoft Research Asia travaillait avec l'Institut de Technologie de l'Informatique de l'Académie chinoise des

---

[78] Carbonell Javier, Sánchez-Esguevillas Antonio, Belén Carro, « The role of metaphors in the development of technologies. The case of the artificial intelligence », *Futures*, Vol. 84, Part B, 2016, p. 145-153.

Sciences sur la conception d'un système capable de traduire le langage des signes en écriture. En 2019, l'entreprise de téléphonie chinoise Huawei a sorti une application appelée StorySign, permettant de traduire des paragraphes écrits en langue des signes. Le traducteur automatique de la langue des signes n'existe pas encore, mais Microsoft y travaille. La nouvelle « Hello, hello », est une représentation métaphorique des débats qui agitent les équipes de R&D depuis 2013, année de l'utilisation de Kinect pour parvenir à cet objectif. Cette fiction va même plus loin en imaginant que la traduction automatique puisse réaliser des avancées considérables en « xenolinguistique », en permettant de parler avec des oiseaux grâce à un logiciel. Bing traduction a été lancée en juin 2009, n'a cessé de s'améliorer, et était capable de traduire près de soixante langues en 2017. Michaël Oustinoff[79] rappelle que l'idée de traduction automatique date du 17e siècle dans l'ouvrage *Epigone. Histoire du siècle futur* de l'abbé Michel de Pure (1659) et commença à être mise en œuvre en 1954 par IBM, dans le but de traduire des textes russes pendant la guerre froide. Les traducteurs universels furent popularisés par la série *Star Trek* dans les années 1960, ces appareils devant permettre de communiquer avec des extraterrestres rencontrés au

[79] Oustinoff Michaël, « Les machines remplaceront-elles les traducteurs ? », *Hermès, La Revue*, 2019/3 (n° 85), p. 49-54. Il cite même le site Internet de Microsoft affirmant réaliser la science-fiction : « Le traducteur universel personnel a longtemps été un rêve de science-fiction, mais aujourd'hui ce rêve devient réalité : Microsoft Translator traduit maintenant les conversations des personnes en temps réel avec jusqu'à 100 locuteurs utilisant leur propre smartphone, tablette ou PC. Cette nouvelle fonctionnalité permet aux gens de communiquer dans différentes langues en face à face en utilisant leur propre langue sur leur propre appareil. Cette caractéristique ouvre la porte à un tout nouveau monde de communication entre les gens, quelle que soit leur langue ».

cours des aventures. Déjà, Robby, le robot du film *Planète interdite* (1956) parlait 188 langues. Il est probable que l'imaginaire ait inspiré les ingénieurs d'IBM dans les années 1950, puis de grandes entreprises citées, et notamment Microsoft, qui a même été tentée d'évoquer ses recherches dans le domaine à travers cette nouvelle de l'anthologie.

Dans la nouvelle « The Machine Stops », Greg Bear, un des auteurs de hard science-fiction les plus réputés, aborde le sujet de l'informatique quantique et des multivers. Il évoque la création de fantômes, de doubles des personnages dans la réalité, suite à l'utilisation de 8 Ball, un nouvel ordinateur quantique expérimenté dans un laboratoire. La nouvelle fait référence aux recherches menées par Microsoft dans ce secteur, posant de nombreuses questions métaphysiques sur les conséquences de l'utilisation de cette technologie sur le réel. Microsoft Quantum est ainsi le « premier écosystème d'informatique quantique cloud, open source et complet du monde », selon le site Microsoft Azure. Le développement de qubits topologiques est au centre de la stratégie de Microsoft, ce qui est évoqué dans la nouvelle comme des « topopotent recidivist codes, or TRC ». L'histoire renvoie aussi à la théorie du multivers, relayant la croyance que l'ordinateur quantique fonctionnerait en activant des réalités alternatives, qui pourraient donc avoir un impact dans la réalité, causant potentiellement des distorsions. Un personnage affirme toutefois que la notion de multivers n'est qu'une métaphore. Elle est prise au sérieux à la suite de la découverte d'un fantôme, ou double du personnage principal, en Chine. La création d'une nouvelle technologie s'accompagne bien souvent de récits fabuleux, de croyances dans les conséquences potentiellement extraordinaires de ces innovations. Toutefois, ces récits doivent avant tout être compris comme des métaphores de

la réalité technologique, c'est-à-dire des équipes de chercheurs en informatique quantique phosphorant sur des théories potentiellement révolutionnaires liées à des découvertes majeures dans ce secteur technologique. Cette nouvelle est un récit métaphorique des réflexions actuelles sur les implications cosmologiques de la théorie des multivers et de l'informatique quantique.
Dans « Machine Learning », Nancy Kress met en scène un ordinateur doté d'intelligence artificielle émotionnelle, MAIP. La machine apprend notamment au contact d'enfants qui sont équipés de capteurs visant à déterminer leur sincérité. Le centre de recherche dans lequel le projet est développé s'appelle MultiFuture Research, qui pourrait être comparé au centre de recherche de Microsoft dans lequel les auteurs de l'anthologie ont été conviés pour étudier les différents projets en développement. L'intelligence artificielle émotionnelle est une sorte de Graal pour les informaticiens et les roboticiens, qui cherchent à créer des agents ressemblant le plus possible aux humains. Les intelligences artificielles sont désormais capables d'apprendre par elles-mêmes et le but dans la nouvelle est de créer une machine ayant l'aptitude d'orienter ses investigations en fonction de ses nouvelles découvertes, en quelque sorte par intelligence intuitive. En 2016, Microsoft avait proposé son chatbot Tay, une application de conversation basée sur des algorithmes d'intelligence artificielle, mais ce fut un fiasco aux États-Unis, le chatbot diffusant des messages violents, racistes et offensants. En revanche, en Asie, Xiaoice rencontre un succès important. Il s'agit d'un assistant numérique présenté comme une adolescente de dix-huit ans. Ce type de programme pose la question d'un éventuel remplacement de l'humain dans les discussions. Il est envisageable de préférer communiquer avec des machines émotionnelles, plutôt qu'avec de véritables humains dans

le futur. Le récit de Nancy Kress rappelle que Microsoft effectue des recherches sur de nombreux secteurs, de l'IA à la réalité virtuelle, en passant par l'informatique, applicable notamment à des recherches en biologie et en médecine. Si certaines innovations sont déjà intégrées dans la vie quotidienne de millions d'utilisateurs, l'intelligence artificielle émotionnelle et apprenante dispose encore d'un fort potentiel d'évolution, mais constitue un des secteurs importants de la R&D de Microsoft. MAIP est un exemple d'IA apprenante qui sert de récit métaphorisant l'activité de recherche de l'entreprise américaine. L'intelligence artificielle est un thème récurrent de la science-fiction, popularisé dans le film de Stanley Kubrick *2001, l'Odyssée de l'espace* sous un côté négatif. Le récit de Kress montre plutôt l'IA sous un angle positif, l'objectif de l'anthologie n'étant pas de proposer des métaphores critiques, mais plutôt apologétiques de la technologie.

Dans « Riding with the Duke », Jack McDevitt met en scène un personnage introverti qui devient professeur de physique et éprouve des difficultés à s'exprimer en public. Sa petite amie lui offre une Quark-box, un système de réalité virtuelle, qui permet d'expérimenter le rôle des personnages qui sont dans les films. À force de jouer des rôles de superhéros, il finit par prendre confiance en lui et par se découvrir des talents d'orateur. La Quark-box est la technologie utopique du récit. Elle complète la mythologie du secteur de la réalité virtuelle décrite au début de l'article et montre l'intérêt de Microsoft pour cette technologie en pleine expansion. Sa description est très succincte dans la nouvelle, mais en proposant de jouer des rôles d'acteurs de fictions, cette innovation se révèle particulièrement attractive pour le monde du divertissement. Mieux, cette technologie permettrait de développer des qualités d'expression et aurait des vertus psychologiques non négligeables chez les utilisateurs. Microsoft est un des acteurs majeurs du secteur de la réalité virtuelle, et ce récit révèle les recherches en cours dans le centre de R&D pour proposer dans le futur des applications attractives de cette technologie. La Quark-box est à l'interface entre le présent et le futur. Elle désigne une technologie en développement dans le centre de R&D. Cette technologie utopique fonctionne comme une métaphore, c'est-à-dire un élément fictionnel, permettant de décrire d'une manière imagée une réalité, en l'occurrence un projet de R&D et une technologie en gestation. Entre métaphore et prophétie, la technologie utopique participe à la construction des représentations des innovations des concepteurs et des consommateurs.

Dans « The Tell », David Brin s'interroge sur la prospective et la pertinence des logiciels prédictifs. Il se demande notamment si un tel programme est possible, et s'il ne risque pas de mener à un État orwellien, dans lequel tous les comportements seraient anticipables et préconçus. De même, les logiciels prédictifs pourraient être victimes d'un paradoxe, dans la mesure où leur utilisation concurrentielle pourrait neutraliser leur efficacité. Si les logiciels prédictifs peuvent susciter la convoitise de la part des parieurs, par exemple, ils peuvent aussi faire l'objet d'un intérêt de la part des gouvernants d'États ou d'entreprises cherchant à anticiper les comportements des citoyens et des consommateurs. Les ordinateurs quantiques pourraient permettre de traiter le big data et ainsi de rendre prédictibles les comportements des foules. Brin semble douter de la possibilité de prédire l'avenir, faisant toutefois référence aux grands noms de la prospective comme la Rand Corporation et la Méthode Delphi ou la psychohistoire d'Isaac Asimov. Le logiciel prédictif est une forme de Graal pour les informaticiens du monde entier, dont ceux de Microsoft. L'anthologie ne dit pas si l'entreprise finance des recherches dans ce secteur, mais il est probable que la quête de l'ordinateur quantique inclue des investigations dans ce domaine. En 2014, Microsoft intégrait déjà l'analyse prédictive dans ses logiciels de *business intelligence*. Cette fiction renvoie implicitement à ce type de recherches. Brin propose une fiction qui témoigne de débats plus sérieux sur les logiciels prédictifs dans la communauté des ingénieurs et des informaticiens. La science-fiction propose un miroir des réflexions à un moment donné, illustrant les questionnements d'une époque à travers un prisme souvent futuriste. La fiction pose la question de l'intérêt d'une telle technologie, cette dernière pouvant se révéler néfaste si elle tombait entre de mauvaises mains avides d'instrumentaliser l'avenir à des fins dystopiques.

Nous avons présenté l'anthologie *Future Visions* comme une métaphore du processus de recherche et développement de Microsoft. Les auteurs sont partis de projets concrets, dont ils ont décrit les implications à travers le style science-fictionnel, qui peut être conçu comme une poétique du système technoscientifique, ce qui justifie son interprétation en termes métaphoriques. Le marxiste Darko Suvin (1977), dans *Poétique de la science-fiction*, interprète ainsi l'œuvre de Jules Verne comme la manifestation d'une forme de libéralisme utopique. Ces récits contribuent à représenter le capitalisme technoscientifique en s'inspirant de la réalité des découvertes des ingénieurs et savants.

L'imaginaire institutionnel produit par l'entreprise s'inscrit dans une tentative de contrôler le processus de réalisation des technologies utopiques. Une entreprise a en effet intérêt à créer ses propres fictions, consciente de la possibilité de contrôler le processus de design fiction. Cette méthode de créativité vise à créer des fictions afin de les intégrer dans les processus d'innovation. À la suite de cette étude de l'anthologie *Future Visions*, nous estimons que la science-fiction institutionnelle, créée par les entreprises ou les organisations par exemple, pourrait bien être un courant d'avenir, réactivant la création d'utopisme technologique pour le système productif.

All Nippon Airways et la science-fiction institutionnelle

En 2012, l'entreprise Qualcomm s'associait à la fondation X Prize dans le but de lancer un concours visant à récompenser de dix millions de dollars les participants capables de réaliser le tricorder de la série *Star Trek*. Cette technologie médicale fictionnelle a mobilisé l'attention de participants, sans qu'un lauréat soit désigné. Cette initiative montrait toutefois l'intérêt de cette fondation pour la science-fiction et ses relations avec l'innovation technologique, le but de cette structure étant d'organiser des concours dans la perspective de générer des percées importantes dans certains secteurs à la pointe de l'innovation. Qualcomm, entreprise américaine commercialisant notamment des téléphones portables y a vu une approche intéressante et a sponsorisé cette compétition.

Quelques années plus tard, X Prize réitérait l'expérience avec l'entreprise ANA, une compagnie aérienne japonaise qui avait déjà montré son intérêt pour l'imaginaire. Cette fois-ci, il s'agissait d'un concours de nouvelles sur le thème du futur de la téléprésence accompagnant le projet ANA Avatar X Prize visant à créer un avatar robotique censé révolutionner les transports et les moyens de communiquer entre les humains. Cette partie s'intéressera à l'anthologie issue de ce concours afin d'évaluer dans quelle mesure la science-fiction sert la vision stratégique d'ANA dans le secteur de la téléprésence. Selon les théoriciens du storytelling, les histoires créent des mythes rationnels au sein des organisations. Nous pensons que ces histoires contribuent à créer les représentations du futur de l'entreprise, ce qui a des effets internes, en fédérant les employés autour d'une vision commune, mais aussi à l'extérieur, en médiatisant la dimension innovante de la compagnie. Ce type de science-fiction est institutionnelle, c'est-à-dire qu'elle est produite par une entreprise pour servir sa communication et ses intérêts capitalistes. Cela pose la question de l'intérêt pour une entreprise de se servir de ces récits pour médiatiser sa marque et son discours stratégique. La dimension innovante et futuriste d'ANA dans le champ de la téléprésence justifie le recours à cette esthétique et à un imaginaire incarnant de plus en plus le futur dans les sociétés technoscientifiques.

ANA, précurseur de la science-fiction institutionnelle

Au moment du lancement du concours ANA X Prize, l'entreprise japonaise avait déjà manifesté son intérêt pour la science-fiction. À l'automne 2015, la compagnie aérienne ANA a fait voler un R2D2 Jet, avion repeint aux couleurs du robot éponyme de la saga *Star Wars*. La même année, Brussels Airlines avait fait voler un avion Rackham en hommage au célèbre album de Tintin. ANA n'en est pas à son coup d'essai, puisqu'elle avait déjà proposé un Pokemon Jet, et sa rivale Japan Airline, un Doraemon Jet, au nom d'un héros de dessin animé japonais. En 2016, la compagnie ANA annonçait la signature d'un contrat de cinq ans avec Walt Disney, à l'occasion de laquelle elle a peint quatre avions aux couleurs de la série *Star Wars*. Les responsables de l'entreprise affirmèrent que « du fait des audiences au Japon et dans le monde, ce partenariat avec *Star Wars* est parfait alors que la plus grande compagnie aérienne du Japon veut rapprocher les voyageurs autour du monde grâce à ce projet ».

All Nippon Airways avait déjà proposé une anthologie de nouvelles en 2017. Le projet Seat 14C débuta la collaboration entre ANA et X Prize. Les participants devaient imaginer qu'ils étaient les passagers d'un avion qui passait mystérieusement à l'année 2037. Un voyage à Tokyo était en jeu. De plus, le vainqueur gagnait un siège d'honneur au X Prize Science Fiction Advisory Council, constitué notamment d'auteurs célèbres comme Margaret Atwood (*The Handmaid's Tale*), Paolo Bacigalupi (*The Windup Girl*) ou Nancy Kress (*Mendiants in Spain*). Le but de l'anthologie était de proposer des visions technologiques pour 2037, dans une optique techno-optimiste caractéristique du style des concours résolument innovants X Prize. Cette organisation non lucrative cherche à stimuler l'innovation technologique grâce à des incitations comme des concours dotés de plusieurs millions de dollars pour créer des vaisseaux spatiaux, des automobiles très sophistiquées ou des dispositifs de diagnostic médical inspirés des tricordeurs de *Star Trek*. Le but est de stimuler la créativité des ingénieurs et des scientifiques pour leur permettre de mettre au point les procédés susceptibles de révolutionner les modes de vie à moyen voire long terme. Très inspirés par la science-fiction, les membres de X Prize sont adeptes d'une mentalité à la fois idéaliste et pragmatique, faisant la part belle à l'imaginaire tout en reposant sur les facultés et les connaissances théoriques et pratiques d'experts de domaines aussi variés que le transport, l'énergie, l'éducation, la monnaie, l'emploi ou la communication. Grâce au projet Seat 14C, ANA peut réaliser un placement de produit intelligent. La vidéo qui présentait le projet plaçait le spectateur en position de passager traversant une perturbation spatiotemporelle lors du vol ANA 008 de Tokyo à San Francisco. En atterrissant, le 28 juin 2037, il découvre que les technologies ont progressé de vingt ans. Les auteurs pouvaient donner libre cours à leur imagination pour décrire un futur dans lequel les innovations changeaient radicalement les modes de vie. Grâce à ce concours, ANA trouvait un moyen de sponsoriser un projet innovant, de capter l'attention des leaders d'opinion d'une génération de technologues inspirés par la science-fiction pour élaborer des visions de l'avenir particulièrement influentes dans l'élaboration des désirs collectifs en matière de consommation de biens et services, notamment technologiques. X Prize fait figure de laboratoire d'idées innovantes au niveau global et il est de bon ton de participer à ses initiatives pour se poser en acteur de la réflexion collective sur le futur de l'humanité. La science-fiction est un vecteur de visions du futur souvent utilisé par les organisations et les entreprises dans leurs activités de prospective, comme l'explique Westfahl[80].

Créer une anthologie est particulièrement habile dans le sens où cela permet de sélectionner des textes originaux provenant d'auteurs souvent amateurs pouvant apporter leur approche innovante à des problèmes complexes nécessitant des conceptions sans cesse renouvelées pour assurer la pertinence du propos. Les prospectivistes sont à la recherche de signaux faibles leur permettant de déceler les tendances souterraines susceptibles de construire le futur des organisations et des sociétés. Ils doivent donc avoir recours à des fictions pour détecter les

[80] Wesfahl Gary, *Science Fiction and the Prediction of the Future : Essays on Foresight and Fallacy*, McFarland & Co Inc., 2011.

représentations plus ou moins conscientes d'acteurs à la recherche des idées les plus novatrices possibles. Le prospectiviste doit ainsi s'intéresser aux représentations du futur pour détecter les attentes des consommateurs à venir, mais aussi pour déceler les concepts susceptibles de provoquer leurs désirs. Une entreprise comme ANA a intérêt à capter les tendances futuristes pour adapter ses services. Les voyages du futur seront en effet révolutionnés par les technologies les plus innovantes. L'avion, au centre de l'activité de l'entreprise japonaise, est déjà perçu comme potentiellement obsolète dans un futur à moyen voire long terme alors même que ce moyen de transport était en pleine expansion, avant la crise de la Covid 19. Cette pandémie a révélé l'importance des moyens de communication pour pallier l'impossibilité de se déplacer physiquement d'un endroit à l'autre de la planète. Désormais, le virtuel et Internet sont devenus des moyens incontournables pour les relations sociales, et pour visiter le monde. À long terme, les utopistes des télécommunications, particulièrement actifs dans les années 1990-2000, estimèrent que les transports physiques seraient rendus obsolètes par les TIC, grâce à la virtualisation du monde et la diffusion massive de la téléprésence. Cette technologie est au centre d'un autre concours lancé par ANA et X Prize en 2018, nommé Avatars Inc. En voici le synopsis :

« Fondée en 2038, Avatars Inc. est le premier producteur mondial de systèmes d'avatars robotiques capables de transporter les sens, les actions et la présence d'un être humain vers un endroit éloigné en temps réel. Au cours des prochaines décennies, ils ont développé des centaines de modèles d'avatars et permis des millions d'heures-opérateur. En 2080, une campagne était en cours pour récupérer, conserver et archiver physiquement les souvenirs de leurs unités les plus précieuses. Nous avons cherché dans le monde, et même au plus profond du système solaire, pour acquérir les puces contenant des souvenirs d'avatars couvrant le 21e siècle. Ce sont ces souvenirs ».

Avatar Inc est une entreprise fictionnelle inspirée par le projet réel ANA Avatar X Prize, un concours mondial de quatre ans cherchant à développer un système d'avatars capable de transporter les sens, les actions et la présence d'un humain vers un endroit éloigné en temps réel. En 2022, vingt équipes présélectionnées s'affrontaient dans un concours de technologies et les vainqueurs remportèrent un prix de cinq millions de dollars[81]. Grâce à ce projet, ANA cherche à développer la téléprésence, conçue comme le futur des déplacements humains. La compagnie aérienne développe la vision d'une technologie d'avenir qui remplacera les avions. Les avatars, grâce à l'haptique, et la robotique permettront de téléporter sa présence, sa conscience, ses connaissances et ses compétences vers des endroits éloignés. Cela doit permettre de créer une nouvelle ère d'interconnexions révolutionnaires. Les entreprises de télécommunications comme Orange, anciennement France Télécom, avaient déjà développé de telles visions dans les années 1990 et des films comme *Clones* (2009) furent à l'avant-garde dans la création de cette vision futuriste. Ces technologies de téléprésence doivent assurer la colonisation spatiale sans humains, mais aussi faciliter l'agriculture ou la pêche. Elles devraient aussi révolutionner la médecine, en permettant par exemple aux enfants hospitalisés de continuer à fréquenter l'école, de voir leurs amis et de communiquer avec le monde extérieur. Les avatars doivent aussi permettre aux médecins de diagnostiquer et de soigner des patients à des centaines de kilomètres de distance. Le tourisme sera aussi considérablement modifié

[81] Une équipe allemande, NimbRo a remporté le premier prix de 5 M$, devançant les Bordelais de Pollen Robotics (2 M$) et Team Northeastern de Boston (États-Unis) (1M$).

par cette technologie. Sur son site Internet, ANA s'engage à utiliser les avatars dans le but de faire progresser la paix dans le monde, en permettant aux personnes de partager et d'apprendre mutuellement. Sa vision s'inscrit dans la continuité de l'utopie et de l'idéologie de la communication théorisées par Philippe Breton[82] et Lucien Sfez[83]. La technologie doit permettre une communication pure et parfaite, sans entrave, grâce à laquelle l'humanité atteindra un nouveau stade de son évolution et accédera à des relations pacifiées. ANA voit aussi dans les avatars un moyen pour les personnes en situation de handicap d'accéder au monde professionnel. Ils peuvent ainsi servir dans un café en pilotant un petit robot à distance. Le handicap physique n'est plus une entrave à l'activité dans le monde du futur d'ANA, car la robotique met sur un pied d'égalité tous les individus, qui réalisent leurs tâches par robots interposés. L'utopie de la téléprésence fut d'ailleurs initiée par le roman *Waldo* de Robert Heinlein (1942), décrivant les activités d'un individu né atteint de myasthénie qui a réussi à se construire une maison dans l'espace, où l'absence de gravité lui permet de se déplacer malgré son handicap, grâce à la fortune amassée avec son invention, le « panthographe synchrone par reproduction de mouvement », ancêtre de la téléprésence.

Les fictions de l'anthologie du concours Avatars Inc sont accessibles en japonais et en anglais. Le lecteur est donc invité à se rapprocher du site[84] en accès gratuit pour consulter les 24 histoires sur cet avenir où les individus peuvent habiter des corps robotiques pour explorer la Terre, les océans, et d'autres planètes. L'anthologie permet des réflexions multiples sur les potentialités de

---

[82] Breton Philippe, *Le culte de l'Internet, une menace pour le lien social ?*, La Découverte, Paris, 2012.

[83] Sfez Lucien, *Critique de la communication*, Le Seuil, Paris, 1988.

[84] http://www.avatars.inc/

cette technologie appelée à révolutionner la conception que les individus se font des interactions et de la mobilité dans les cinquante prochaines années. La nouvelle primée met en scène un avatar robotique retrouvé dans l'océan, avec les souvenirs de son utilisateur. Une autre histoire récompensée envisage une visite de la Californie par un robot de téléprésence alors qu'une législation a rendu le territoire inhabitable. Certains auteurs envisagent la colonisation du système solaire par des robots de téléprésence. L'anthologie regroupe des auteurs réputés, comme J.Y Yang, Kelly Robson, James S.A Corey, Ken Liu ou Adrian Tchaikovsky. Ils envisagent de quelle manière la téléprésence impacte la vie quotidienne des personnages, rendant possibles des situations inédites, permettant de résoudre des problèmes complexes. Les histoires sont résolument optimistes, et contribuent à présenter les recherches d'ANA dans le secteur de la téléprésence comme une aubaine pour l'humanité. La science-fiction permet de montrer les applications des technologies, et parfois d'en anticiper les usages. Il peut paraitre exagéré de considérer que cet imaginaire a préconçu bon nombre d'innovations, bien que cette idée ne manque pas de justifications. Télévision, téléphone portable, satellite, fusée, carte bancaire, Internet ne sont que quelques exemples d'innovations préalablement évoquées dans les films et romans. Une véritable mystique de l'innovation apparait dès lors autour de ces histoires de plus en plus appréciées par les scientifiques et les entrepreneurs. Le capitalisme a besoin d'histoires et de storytelling pour générer des technologies et des usages innovants. Le courant de la stratégie comme discours a démontré l'importance de la narration dans l'élaboration des visions du futur et des récits fondateurs des organisations. Une mode relative à l'utilisation de la science-fiction est apparue dans les années 2000-2010 et les entreprises les plus puissantes s'inscrivent dans ce courant en s'arrogeant les services des esprits les plus créatifs pour produire des histoires à la fois populaires et garantes d'une esthétique futuriste et appréciée par les élites du capitalisme. L'imaginaire fédère les esprits autour de grands desseins collectifs, sous la forme d'anticipations dont certaines sont appelées à marquer des lecteurs scientifiques qui y verront une vocation et auront la volonté de réaliser les technologies de leurs histoires favorites. La science-fiction est loin d'être un genre puéril, comme parfois affirmé. Elle a contribué à populariser les technosciences dans la société, à rendre admissibles les innovations qui pourraient sembler terrifiantes ou froides si elles n'étaient pas enrobées par une couche fictionnelle aux vertus pédagogiques et envoutantes pour des millions de consommateurs du futur potentiels. ANA a bien compris cette dimension et investit dans la science-fiction, consciente de ses vertus pour sa politique de communication. Mieux qu'une publicité, la création d'histoires par une entreprise assure l'adhésion à un imaginaire collectif positif partagé par plusieurs générations. Chaque époque crée ses fictions futuristes et les organisations doivent s'inscrire dans ce que Castoriadis[85] nomme un magma imaginaire pour être connectées aux aspirations du plus grand nombre. Mieux, ANA a décidé de créer ces récits autour de technologies en développement dans ses laboratoires. Elle prend le rôle de leader d'opinion, de guide de l'espèce au sens de Timothy Leary[86]. En créant les scénarios du futur, elle se donne une chance supplémentaire d'en être un des acteurs dominants.

---

[85] Castoriadis Cornelius, *L'institution imaginaire de la société*, Le Seuil, Paris, 1975.
[86] Leary Timothy, *Chaos et cyberculture*, Éditions du Lézard, 1996.

L'anthologie, médiatisation de la R&D

ANA n'est pas la première entreprise à utiliser les anthologies pour sa stratégie de communication. De nombreux think tanks ont opté pour cette stratégie, en choisissant des sujets proches de leurs préoccupations, et en donnant la parole à des auteurs plus ou moins réputés pour décrire le futur de leur champ d'investigation. Il s'agit d'une forme de mécénat utile, dans la mesure où contre quelques milliers de dollars, les entreprises créent une partie de leur discours stratégique. Les histoires sélectionnées dans ces anthologies doivent en effet le plus souvent coïncider avec les aspirations et les valeurs de l'organisation qui les finance. Les jurys ne sont pas totalement impartiaux et s'assurent de la dimension positive de l'histoire par rapport aux recherches menées dans les laboratoires. Les anthologies de Microsoft et d'ANA visent à diffuser auprès du grand public les découvertes de leurs R&D. Depuis Jules Verne, la science-fiction est en effet le média de la diffusion des sciences les plus complexes aux masses populaires. Les grandes entreprises ont intérêt à communiquer sur leurs recherches afin de les rendre plus appréciables par le grand public. La science-fiction étant particulièrement appréciée par les individus ayant un intérêt pour la technologie et la science, comme les ingénieurs, il est utile de fédérer leurs visions du futur, ce qui aura comme conséquence d'orienter leurs recherches ultérieures vers des champs communément partagés. Les grandes entreprises comme Microsoft et ANA ont les capitaux pour lancer des projets de R&D ambitieux, qui toutefois ne peuvent pas se développer isolément. Pour créer Internet, il a fallu la conjonction des efforts de nombreux acteurs qui ont œuvré dans une perspective collective de réaliser des visions de science-fiction, comme le cyberespace de Williams Gibson ou le métavers de Neal Stephenson. Les entreprises sont de plus en plus conscientes de ce processus longtemps suspecté, mais aussi largement inconscient. Les technologies utopiques servent souvent de modèles, de prototypes, à des programmes de recherche globaux. Ainsi, l'entreprise qui souhaite diffuser sa vision du futur, de la technologie sur laquelle elle investit massivement en R&D, doit passer par la science-fiction pour diffuser auprès de la communauté scientifique, puis des leaders d'opinion, et enfin du grand public des représentations capables de mobiliser les recherches, mais aussi des capitaux importants, et ainsi générer un cercle vertueux menant à des innovations de rupture vectrices de profits potentiellement colossaux. ANA envisage en effet une diffusion globale de sa technologie de téléprésence quand elle aura atteint une certaine maturité. Pour qu'elle soit désirable, elle doit être suffisamment évoluée et pour cela, ANA seule ne pourra pas la mettre au point. L'entreprise aura besoin d'une collaboration internationale, de dépôts de brevets un peu partout sur la planète, pour espérer accéder à l'innovation ultime, achetable par des millions de consommateurs conscients d'investir dans un objet capable de changer leurs modes de vie. Le passage par l'imaginaire est donc nécessaire à la stratégie de communication d'un grand groupe développant des technologies innovantes. ANA et Microsoft ont conscience de changer le monde grâce à leurs technologies de simulation, qu'elles soient informatiques ou robotiques. Dans le cas d'ANA, on assiste à la création d'un mythe rationnel permettant de fédérer les membres de l'entreprise autour d'une fiction collective.

Le cas ANA : Un mythe rationnel au service de la stratégie organisationnelle.

Meyer et Rowan[87] ont montré que les institutions devaient se conformer à des mythes rationnels, c'est-à-dire des croyances collectives, afin d'être légitimes dans l'environnement dans lequel elles évoluent. La science-fiction constitue une mythologie particulièrement active dans les sociétés technoscientifiques. Elle est de plus en plus diffusée et légitime, au point d'attirer les grandes entreprises, qui y voient une forme de mythologie rationnelle, au sens néo-institutionnaliste. Elle est devenue une fiction instituante de la technique au sens de Sfez[88], et il est de bon ton de s'y référer pour communiquer entre institutions. Utiliser l'imaginaire n'est plus synonyme de marginalité, mais de légitimation auprès d'acteurs du système innovant. Nous assistons à une mutation des mythes rationnels et des codes de légitimation depuis les années 2010. De nouvelles fictions émergent et contribuent à structurer la hiérarchie entre les organisations. Les leaders créent leurs propres fictions pour imposer leurs visions aux autres. Ils créent les mythes rationnels qui orienteront les comportements des autres acteurs, contraints à se conformer à leur mythologie s'ils ne veulent pas se trouver exclus ou marginalisés du système de légitimation et d'institutionnalisation. La science-fiction institutionnelle est devenue la matrice des comportements de bon nombre d'acteurs du capitalisme technoscientifique. Cette mythologie définit les archétypes

---

[87] Meyer John W. et Rowan Brian, « Institutional organizations: Formal structure as myth and ceremony», *American Journal of Sociology*, Vol.83, n°2, 1977, p. 340-363.

[88] Sfez Lucien, *Technique et idéologie, un enjeu de pouvoir*, Le Seuil, Paris, 2002.

imaginaires qui serviront de modèles réflexifs aux innovateurs et aux chercheurs dans les prochaines décennies. Le mythe rationnel fonctionne en interne, en structurant l'imaginaire collectif de l'organisation. Il procède aussi en externe comme le fédérateur des visions des institutions qui entourent, collaborent et concurrencent celle qui en a élaboré la matrice originelle. La vision stratégique est connue comme un élément fondamental du succès d'un leader. Grâce à la science-fiction, les grands groupes dévoilent une partie de leur vision, s'assurent de contrôler la mythologie qui régit l'organisation et l'institutionnalisation de l'écosystème qu'ils dominent. Contrôler l'imaginaire est, dans une perspective néo-institutionnelle un impératif stratégique. Une vision du futur pertinente permet de s'assurer la domination d'autres acteurs moins créatifs qui n'auront d'autres choix que de suivre les aspirations des leaders, sous peine de marginalisation. De la sorte, les investissements dans des technologies émergentes et qui pourraient paraitre initialement risqués sont pérennisés. Utiliser la mythologie dominante pour s'assurer le contrôle des mythes rationnels du système technoscientifique est particulièrement habile. Cette stratégie est de plus en plus suivie par les entreprises, qui voient dans l'adhésion à la mythologie science-fictionnelle une nécessité pragmatique. Produire de la fiction futuriste est un gage d'une forme de conformisme au sens néo-institutionnel. Mais il s'agit d'un conformisme qui permet d'innover, cette mythologie s'étant légitimée en raison de sa faculté à promouvoir une mystique de l'innovation, les technologies utopiques tendant à se réaliser quelques années après leurs publications.

Design fiction et imaginaire organisationnel innovant

Le design fiction et le science fiction prototyping sont des techniques de créativité visant à créer des prototypes fictionnels à l'avant-garde de modélisations plus élaborées. Ils ont pour fonction de créer une science-fiction institutionnelle, d'apporter une identité spécifique aux organisations qui s'engagent dans cette voie. Elle se distingue de la science-fiction traditionnelle, car elle est produite par des institutions à des fins de médiatisation de leurs politiques et stratégies commerciales. Cette médiatisation peut être externe, comme dans le cas du projet *Avatars Inc* ou de *Future Visions*, ou interne, certaines organisations comme l'armée souhaitant garder secrètes leurs productions fictionnelles, jugées stratégiques. En effet, les leaders souhaitent en faire un usage spécifique, propre à valoriser leurs intérêts. L'armée française, avec sa Red Team, composée de dix auteurs renommés, cherche ainsi à anticiper les dangers et enjeux militaires de demain grâce à des scénarios classifiés. Les entreprises faisant appel à l'entreprise de design fiction SciFutures requièrent aussi souvent la confidentialité afin de garantir la pertinence de leurs scénarios. Dans le même temps, de nombreux think tanks et laboratoires de recherche universitaires publient des anthologies ou des notes sur l'imaginaire de leur secteur d'investigation pour montrer l'intérêt de la science-fiction pour capter les nouvelles tendances et expliquer des comportements parfois difficiles à interpréter. Aux États-Unis, le think tank SIGMA met des auteurs à disposition des institutions américaines, notamment l'armée, pour contribuer à l'élaboration des différentes stratégies. Cette tendance de la science-fiction institutionnelle participe à l'innovation et à la dynamique interne des organisations. Nous avons établi qu'elle était devenue une mythologie rationnelle.

Les institutions tendent à s'inscrire dans cet imaginaire collectif en proposant leurs propres récits d'un genre pourtant longtemps en quête de légitimité. Hougron[89] notait à la fin des années 1990 que les lecteurs de science-fiction étaient essentiellement des jeunes hommes immatures que leur passion détournait d'un réel dans lequel ils étaient bien souvent en situation d'échec. Cette vision a considérablement évolué, et bon nombre de psychologues dont Miller[90] voient désormais dans cette passion un moyen d'accéder à la connaissance scientifique, de stimuler une curiosité vertueuse. En une vingtaine d'années, l'imaginaire est devenu une valeur positive, et une mythologie complexe émerge, plaçant en son centre des technologies utopiques qui attisent la curiosité du grand public et l'intérêt des entreprises à la recherche d'innovations révolutionnaires à commercialiser. Créer une telle technologie permet de fabuler sur le potentiel émancipateur du progrès technique. Les scientifiques y voient une culture qui, parallèlement à leurs connaissances, permet de mettre en perspectives leurs recherches, de donner un sens à leurs investigations. Si la science contemporaine s'est selon Clarke[91] construite depuis les Lumières contre la religion catholique, elle ne s'est toutefois pas totalement détournée d'un sens mystique qui semble toucher inéluctablement les zones les plus rationnelles de la science. De même, le monde des affaires trouve dans la science-fiction un moyen d'activer le désir de croyance et d'adhésion à des mythes des consommateurs. Vendre une technologie répond à des

[89] Hougron Alexandre, *Science-fiction et société*, PUF, Paris, 2000.

[90] Miller Gavin, *Science Fiction and Psychology*, Liverpool University Press, 2020.

[91] Clarke Jim, *Science Fiction and Catholicism : The Rise and Fall of the Robot Papacy*, Gylphi Limited, 2019.

pratiques complexes, et la science-fiction institutionnelle permet de connecter les individus à un système de mythes rationnels qui confère une identité aux consommateurs et une légitimité aux organisations qui s'en réclament. Bien loin des clichés d'antan sur la puérilité et la folie douce, l'imaginaire est désormais non seulement légitimé par les plus grandes institutions, mais en plus source de légitimité en étant à l'origine de nombreux motifs mythologiques communs aux multiples acteurs du capitalisme technoscientifique.

L'auteur de science-fiction est devenu le prophète du système productif. Il propose des visions du futur dont certaines se réalisent, alimentant la croyance dans la dimension performative du genre. Le site Technovelgy.com répertorie plus de 3 000 technologies utopiques, dont un grand nombre se sont réalisées dans l'histoire. Cette somme encyclopédique justifie l'investissement des institutions dans un genre qui contribue pleinement à la dynamique du capitalisme depuis la fin du dix-neuvième siècle. La plupart des grands cycles économiques ont eu leur grand récit. Verne annonça la visiophonie et la télévision. *Star Trek* accompagna l'âge spatial, et les cyberpunks la diffusion d'Internet, par exemple. Les nanotechnologies, les biotechnologies, les neurotechnologies, ont trouvé dans ce dernier courant un mode de communication propice à envisager leur futur et à populariser auprès d'abord des investisseurs, puis des consommateurs, les innovations à l'origine de ce qu'il est devenu commun d'appeler la quatrième révolution industrielle. Science, science-fiction et business travaillent dans une perspective commune, de propagation d'un esprit collectif visant à diffuser la technologie auprès du plus grand nombre. Pourtant, cette perspective n'est pas partagée par tout le monde. La scène science-fictionnelle française, par exemple, ne fut pas unanime suite à la désignation des dix auteurs sélectionnés par la Red Team de l'armée. Réputée à gauche et peuplée de nombreux anarchistes, ses réseaux sociaux et de nombreux blogs de fans se sont offusqués de cette collaboration contre nature de leurs membres les plus prestigieux à une entreprise visant à diffuser la mort et la guerre sur Terre. Dans la même veine, de nombreux écrivains et fans considèrent que la participation d'auteurs à des recherches pour le compte d'entreprises du capitalisme est contraire à une forme d'éthique, de pureté d'un genre souvent critique, effectivement, vis-à-vis du progrès technique, comme en témoignent par exemple les romans de Barjavel. Les artistes sont en effet fréquemment récupérés par le capitalisme, qui voit dans cette ancienne culture alternative, voire subversive, un nouvel imaginaire désormais légitime, ce qui provoque la colère d'anciens rebelles en voie de normalisation forcée par leurs leaders les plus charismatiques. Rappelons par ailleurs que le terme design fiction fut forgé par un des maitres du courant cyberpunk, Bruce Sterling, en 2005. Comme souvent, les rebelles sont voués à devenir la norme, voire les leaders de leur société après quelques années d'errance créative.

L'exemple d'ANA montre à quel point la science-fiction institutionnelle a un avenir prometteur à l'heure du design fiction. Il faut d'ailleurs distinguer les deux pratiques. Il peut exister une science-fiction institutionnelle reposant sur du design fiction, mais elle peut aussi s'appuyer sur des pratiques différentes. D'ailleurs, elle existait bien avant ces pratiques, comme en témoignent par exemple les *Chroniques Muxiennes* produites par EDF dans les années 1980. Elle a toutefois intérêt à s'inspirer des approches des designers, très prometteuses en matière de prototypage et de formation des étudiants et des employés des entreprises intéressées par cette nouvelle manière d'appréhender la créativité et l'innovation.

Elle procure aussi une fabulation utopique et constitue le fondement fictionnel de la mythologie rationnelle des sociétés technoscientifiques. Les organisations se structurent autour de mythes qui fédèrent les équipes. Les leaders ont besoin de discours mobilisateurs pour diffuser leurs visions. Le recours à la science-fiction peut faire passer certains pour des suppôts d'une approche d'inspiration néo-scientologue, ce qui peut avoir un caractère péjoratif, surtout dans la société française où cette religion d'origine américaine dont le fondateur est un ancien auteur à succès est considérée comme une secte. La référence à la science-fiction de certaines institutions pourrait donc se heurter à certaines résistances. Les puristes y verront une récupération condamnable, et les opposants considéreront cela comme une fuite en avant délirante vers une croyance puérile néfaste à la rationalité. Pourtant, ANA, comme Microsoft quelques années auparavant et bien d'autres depuis, instrumentalisent ces récits pour promouvoir leurs idées de progrès technique et de développement de la civilisation grâce à leurs innovations. La culture populaire est devenue une culture des élites du capitalisme technoscientifique. Les entrepreneurs comme Elon Musk ou Mark Zuckerberg et Jeff Bezos n'hésitent pas à citer des œuvres de science-fiction pour promouvoir leurs nouveaux projets. Réaliser ces narrations est devenu le crédo des innovateurs de la Silicon Valley. Le transhumanisme est d'ailleurs une idéologie fort répandue dans les centres de décision de ces entreprises et les cénacles intellectuels de think tanks influents. Elle instrumentalise l'imaginaire pour diffuser la vision d'un futur à réaliser. Un programme technopolitique de recherche et développement est élaboré par les institutions en réutilisant les codes de la science-fiction. Ainsi la fiction institutionnelle est devenue une nécessité à l'ère du storytelling. Elle a la spécificité de fonctionner déjà comme une nouvelle mythologie, voire selon Kreuziger[92] comme une nouvelle religion, avec ses croyances et ses rituels. Le capitalisme a besoin de croyances pour alimenter et fédérer ses organisations. Elle les utilise quelques années, le temps d'un cycle, et les crises économiques se chargent de les remplacer après les avoir ringardisées. Comme les innovations, les croyances et les fictions du capitalisme disparaissent aussi vite et mystérieusement qu'elles sont apparues. La science-fiction institutionnelle pourrait bien n'être qu'une mode. Il n'en reste pas moins qu'ANA et le X Prize sont à l'avant-garde d'un courant qui ne demande qu'à s'épanouir avec l'aide d'un design fiction qui prend lui aussi un essor remarquable, conçu notamment comme un outil de *soft power* par des institutions aussi puissantes qu'Hollywood et le Parti communiste chinois. Si le cyberpunk est le dernier grand courant des littératures de l'imaginaire, il se pourrait que la science-fiction institutionnelle soit le prochain. Cela pourrait avoir un impact important sur les organisations et sur la manière de gérer l'innovation dans le système capitaliste global.

Imaginaire et innovation selon des managers de l'innovation des Orange Labs

Dans le livre *Fabrique le futur 2, l'imaginaire au service de l'innovation*[93], Pierre Musso, Laurent Ponthou et Éric Seulliet exposent leur vision de l'entreprise du futur, et

[92] Kreuziger Frederick A., *The Religion of Science Fiction*, The University of Wisconsin Press, 1986.
[93] Musso Pierre, Ponthou Laurent, Seuilliet Éric, *Fabriquer le futur 2, l'imaginaire au service de l'innovation*, Village mondial, Paris, 2007.

développent une approche originale de l'innovation. Ils sont présentés comme les créateurs du Studio Créatif de France Télécom R&D, une structure de l'entreprise dans laquelle sont regroupés des chercheurs de disciplines variées développant des projets de prospective dans le domaine des TIC. Le livre est introduit par Pascal Viginier, Directeur commercial France de l'entreprise, qui explique que « l'imaginaire et l'imagination sont deux moteurs indispensables en amont de toute recherche, surtout lorsqu'elle veut rencontrer un marché et satisfaire un client »[94]. Il justifie la création du Studio Créatif et son utilité pour l'entreprise, comme un lieu d'expérimentation en amont du processus d'innovation. Musso rappelle que l'entreprise s'est intéressée à ce sujet pour définir sa culture interne, et pour analyser les comportements et les attentes des consommateurs et des marchés. Il considère l'imaginaire comme le complément de la rationalité, et non plus son opposé, comme c'était le cas avant le vingtième siècle. Il pense que la science-fiction, apparue au dix-neuvième siècle, vient compléter et remplacer les utopies sociales dont la première fut rédigée par Thomas More en 1516. Le *technological utopianism* américain analysé par Howard Segal[95] est ainsi apparu en même temps que les oeuvres de Jules Verne. Il s'agit d'un des moteurs de la dynamique historique américaine, montrant l'influence de l'utopisme sur un peuple qui développa à cette époque les fondements de son leadership sur le monde à venir. Les innovations seraient ainsi la réalisation de rêves, de mythes, de « techno-discours », dont la science-fiction constitue un des exemples contemporains les plus influents. Musso estime qu'il faut assurer les conditions favorables à « un management de

---

[94] *Ibid*, p. 2.

[95] Segal Howard, *Technological Utopianism in American Culture*, Syracuse University Press, 2006.

l'imaginaire » dans l'entreprise, afin de lui donner toutes les chances de créer des innovations à succès : « Pour anticiper sur le désir instable du client, il faut, dès le début du processus d'innovation, favoriser le développement de l'imaginaire »[96]. Musso ajoute que « l'imaginaire et l'imagerie constituent l'inconscient collectif de l'innovation : une zone obscure, difficile à explorer, pétrie des rêves des ingénieurs et techniciens, de ceux de la SF et des utopies technologiques. Il s'agit en quelque sorte du back-office, en amont de l'invention de l'objet technique ou du service »[97]. C'est à ce niveau que se joue le succès d'un nouveau produit. Musso rappelle que les investissements à ce niveau sont relativement faibles par rapport aux profits qu'ils peuvent générer par la suite. La création de nouvelles idées est un enjeu stratégique crucial. Les investissements d'investigation sont ainsi bien moindres que les investissements de réalisation, mais tout aussi importants dans un processus d'innovation.

Ainsi, plusieurs imaginaires entrent en interconnexion dans le processus d'innovation. Artistes, experts en marketing, publicitaires et stratèges élaborent des représentations différentes et complémentaires qui contribuent à construire les représentations du futur d'une société. Musso évoque l'utilisation de l'imaginaire technologique dans les « laboratoires du futur », dont le symbole est le Media Lab du MIT de Boston. Les centres de R&D orientent certaines de leurs recherches vers l'étude de l'imaginaire, en utilisant notamment des artistes et des designers, pour concevoir de nouveaux produits. De nombreux exemples issus de grandes entreprises sont cités par Éric Seulliet et Laurent Ponthou dans la suite de l'ouvrage. Les trois auteurs montrent que l'utilisation de

[96] Musso et al., *Ibid*, p. 27.
[97] *Ibid*, p. 29.

l'imaginaire appartient aux pratiques courantes de la R&D, et justifient de cette manière leur activité au sein du centre de recherche des Orange Labs. Seulliet cite ainsi le design thinking comme une pratique prometteuse qui accompagne de plus en plus d'innovateurs dans le monde. La science-fiction est intéressante pour concevoir de nouveaux produits, car elle permet de capter les attentes du public et de stimuler la créativité des ingénieurs détenteurs du savoir nécessaire à la réalisation de tels désirs technologiques. Laurent Ponthou développe une approche techno push impliquant l'utilisation d'artistes dans les centres de R&D, ces derniers ayant une influence notoire sur l'imaginaire des concepteurs de produits à introduire sur les marchés. Il évoque la science-fiction : « À la fois décriée et plébiscitée par de nombreux amateurs, la science-fiction influence les laboratoires technologiques et scientifiques. On peut citer par exemple, le terme cyberspace, inventé par William Gibson, dans son livre *Neuromancien*, et abondamment repris comme thème d'étude dans les laboratoires du futur »[98]. Le livre de Musso, Ponthou et Seulliet est intéressant, car il décrit une méthode originale inspirée du design thinking qui s'inscrivait dans un mouvement qui a donné naissance au design fiction quelques années plus tard. En utilisant l'imaginaire dans le cadre du techno push, ils donnaient à leur entreprise les moyens de créer des services futuristes pour des coûts modérés. Ils concevaient la science-fiction comme un imaginaire parmi d'autres, donnant un écho plus important encore aux autres formes d'art et au design. Dunne et Raby donnèrent plus tard au design fiction une fonction de critique sociale et envisagèrent d'utiliser la science-fiction à cette fin, contestant la dimension capitaliste du design. Le design spéculatif s'inscrit toutefois dans la lignée de la vision de Musso, Seulliet et

[98] *Ibid*, p. 117.

Ponthou, montrant à quel point les Orange Labs étaient à l'avant-garde d'un processus créatif plus large qui était aussi expérimenté par des centres comme le Xerox Parc, Nokia, l'Ars Electronica Center, sur le modèle du Bauhaus. Ainsi, les fondateurs du Studio Créatif de France Télécom R&D, futurs Orange Labs, étaient inspirés par l'art pour concevoir les services du futur. La science-fiction est évoquée comme un des multiples imaginaires utilisés par les designers. Nous avons vu qu'elle avait joué un rôle dans la créativité de nombreux ingénieurs et prospectivistes, ce qui montre l'influence du genre sur les représentations du futur des télécommunications, surtout depuis les années 1980 et le courant cyberpunk.

Deux anthologies sur le futur du travail

L'institut Copia est un think tank créé par Mike Masnick et l'équipe qui a fondé le site Techdirt, blog américain traitant des problèmes juridiques relatifs à l'innovation technologique et à la révolution numérique. Il a publié une anthologie sur le futur du travail, *Working Futures* (2019). Les auteurs sont Keyan Bowes, Katharine Dow, Timothy Geigner, Liam Hogan, Christopher Alex Hooton, Andrew Dana Hudson, Randy Lubin, Mike Masnick, Ross Pruden, N.R.M. Roshak, Holly Schofield et James Yu. Les éditeurs sont partis du constat que le monde du travail changeait rapidement et continuerait à muter dans les prochaines années sous l'impact d'innovations comme l'intelligence artificielle, la réalité virtuelle et l'ingénierie génétique. Ils décidèrent de se projeter dans le futur en créant des nouvelles de science-fiction dans le cadre d'une anthologie. Cette publication retient notre attention, car elle s'inscrit dans le cadre de la science-fiction institutionnelle, de plus en plus souvent utilisée par les entreprises et quelques think tanks, particulièrement américains. Les anthologies, sur des sujets variés, établissent souvent un lien avec la prospective des secteurs économiques qu'ils décrivent. Leur but est d'envisager le futur à travers des scénarios créés par des esprits créatifs. Certaines fictions sont optimistes, d'autres moins, et toutes contribuent à envisager le futur différemment, en empruntant des voies pour l'heure peu explorées. L'institut Copia peut ainsi enrichir son approche du travail du futur grâce à un exercice original et de plus en plus pratiqué, s'inscrivant dans une approche créative dans la lignée du design fiction. Pour réaliser ce livre, il a dans un premier temps réuni des experts dans plusieurs domaines liés à la problématique du travail. En utilisant un jeu de cartes personnalisé, le but était de cartographier diverses tendances technologiques, politiques, économiques et sociales. Les experts se sont livrés au jeu de la prospective en élaborant des scénarios permettant de réfléchir à des avenirs possibles. Puis, les scénarios ont été résumés en une page et envoyés à des auteurs expérimentés et amateurs pour servir de cadres à leurs histoires ou comme source d'inspiration. *Working Futures* est le résultat de la fusion des approches des prospectivistes expérimentés avec l'imaginaire des auteurs de science-fiction. Elle offre des pistes intéressantes, orientées initialement par une rationalité d'experts, aidés par la suite par des créatifs. Une anthologie de science-fiction non institutionnelle, en français, sur le même sujet, du futur du travail a été publiée en 2017, coordonnée notamment par Alain Damasio. La maison d'édition La Volte avait déjà publié des anthologies. Avec *Au bal des actifs. Demain, le travail*, elle donne l'occasion de s'exprimer à douze auteurs engagés et reconnus. Malgré ou grâce à cette anthologie, la ministre du Travail Muriel Pénicaud affirma le 29 mars 2018 que « compte tenu de l'évolution de nos emplois avec la robotisation, il serait aussi important que la science-fiction s'empare du thème du travail ». Comparer les diagnostics et solutions imaginaires aux problèmes du travail entre les visions américaine et française permet de mieux cerner les différences culturelles entre ces deux nations. Si les récits sont déjà bien assimilés comme des outils propices à la futurologie aux États-Unis, cette approche est de plus en plus appréciée et recommandée en France par les responsables politiques et les dirigeants d'entreprises, dans le but de faire de la prospective.

Cisco et le futur du travail

« To save tomorrow » est un prototype SF écrit par Brian David Johnson en 2017 pour aider l'entreprise Cisco à penser le futur du travail. En préambule, Kate O'Keefe, Senior Director des Cisco Hyperinnovation Living Labs affirme qu'elle souhaitait avoir recours à un tel outil pour concevoir et planifier le futur. Il s'agit d'un nouvel exemple de science-fiction créée par une entreprise pour envisager l'avenir. Cette méthode permet de se préparer aux enjeux de demain et de mettre en place les stratégies d'innovation adaptées au monde en train d'émerger. Le monde du futur sera selon les auteurs profondément transformé par la technologie. La manière de travailler en sera profondément affectée.

La bande dessinée de quelques pages narre les aventures de Gail, dans un environnement de travail où elle est entourée de robots et d'intelligences artificielles. Elle pénètre dans un laboratoire où elle doit affronter une sorte de cyborg qui envisage de prendre le contrôle des robots et de dominer l'humanité grâce à une force de travail supérieure. Elle est exposée à une nouvelle source d'énergie qui la transforme en super héroïne.

Le science fiction prototype n'est pas une œuvre de prospective, mais rappelle les histoires de super héros, narrant de quelle manière le personnage principal acquiert ses superpouvoirs. Le science fiction prototyping est une manière d'envisager le futur à travers des récits comme des bandes dessinées et des histoires de super héros. Le message de l'héroïne Gail est clair. Lorsqu'elle parvient à vaincre Duncan, le super vilain qui souhaite contrôler les machines et aliéner l'humanité, elle affirme que les robots et les humains peuvent s'unir pour créer un monde meilleur.

Ce type de récit a donc un intérêt de *soft power*. Il s'insère dans le discours stratégique de l'entreprise. Cisco se présente de cette manière comme un groupe défendant un futur dans lequel humains et machines sont appelés à coopérer pour gérer le monde. Il ne s'agit pas d'opposer les deux « espèces », mais plutôt de les unir pour optimiser la productivité. Pour rappel, Cisco Systems est une entreprise informatique américaine spécialisée dans les serveurs. Le titre de la bande dessinée, « sauver demain », résume la philosophie de l'entreprise qui cherchera à préserver l'humain malgré les progrès de la technologie. En effet, dans l'introduction, Kate O'Keefe évoque la crainte d'Elon Musk de voir les intelligences artificielles devenir une menace mortelle pour l'humanité. Cette bande dessinée vise à montrer que Cisco fera tout pour adapter les technologies informatiques à l'humanité, et non pour développer des innovations susceptibles de dominer et de contrôler les travailleurs de demain.

Cette science-fiction institutionnelle est assez métaphorique et vise à faire passer un message subliminal à de potentiels clients effrayés par les innovations dans le secteur de l'intelligence artificielle et de l'informatique. Le storytelling est en effet un moyen de présenter l'entreprise sous un jour favorable, véhiculant des valeurs positives pour l'humanité. Les histoires de super héros sont par ailleurs particulièrement populaires aux États-Unis et dans le monde, comme en témoigne le succès de la franchise Marvel par exemple. S'inscrire dans cette tendance en créant une super héroïne propre à Cisco permet de diffuser un message à un jeune public, mais aussi de communiquer auprès du grand public, des employés et des investisseurs.

La bande dessinée rédigée pour Cisco devait servir de support à des réflexions d'un atelier de prospective pour le Future of Work Living Lab, accueillant de nombreux leaders chargés d'innover ensemble pour créer le monde de demain. Cisco s'est intéressée en 2020 à la nécessaire transformation des lieux de travail devant de nouveaux modes de vie et notamment le développement exponentiel du télétravail. L'informatique joue en effet un rôle important dans l'organisation du travail, et l'entreprise y voit un moyen de vendre de nouveaux services présentés comme révolutionnaires aux consommateurs. Leurs experts ont ainsi développé des vidéos sur l'impact de la pandémie de Covid sur les comportements des professionnels qu'ils ont confrontés à la vision du science fiction prototype « To Save Tomorrow ».

Sony et le science fiction prototyping

L'entreprise Sony a établi une collaboration entre des écrivains et de jeunes designers internes pour concevoir de nouvelles technologies susceptibles d'être développées et commercialisées par la suite. Parmi elles, on trouve un masque permettant de profiter des odeurs synthétisées de la fine cuisine ou une maison flottante pour les personnes déplacées par la montée des eaux liée au réchauffement climatique. La méthode s'appuie sur le science fiction prototyping. Les scénarios reposaient sur des mots clés comme « 2050 », « Tokyo » ou « romance ». Par la suite, les produits et services imaginés ont été exposés dans le quartier de Ginza à Tokyo. Shigeki Ono, haut responsable du Creative Center de Sony, a expliqué qu'au début, la communication n'était pas fluide entre les auteurs et les designers, ces derniers étant bons pour dessiner des images, mais pas habitués à écrire des histoires avec des personnages. Le projet de Sony a été soutenu par le *Wired* Sci-Fi Prototyping Lab. Le chef du laboratoire Tomonari Kotani a déclaré : « Nous espérons que beaucoup de gens apprendront les façons de penser des auteurs de science-fiction et les utiliseront pour les affaires »[99]. Un thérapeute IA a aussi été envisagé pour 2050. Il doit permettre d'apporter un soutien psychologique pour acquérir de la résilience et gérer les changements émotionnels. Un capteur d'émotions (*emotion capturing sensor*), surveillera l'état émotionnel 24h/24. Porté sur la peau, il détectera les niveaux d'hormones sanguines, et émettra de la chaleur et de la lumière lorsqu'un état inhabituel sera détecté. Sony a aussi prototypé un Life Simulator, permettant aux gens de simuler leur avenir avec une grande précision. Il donne l'occasion de visualiser différentes versions de son avenir en calculant toutes sortes de possibilités basées sur des données complexes issues du passé et du présent. Il utilise une IA intégrant des données personnelles comme l'âge, le sexe, la profession et le revenu, mais également des données biologiques, comme le niveau d'hormones, des

---

[99] Traduction de « We hope many people will learn sci-fi writers' way of thinking and utilize them for business ». « Sony turning to science fiction for novel ideas », *The Japan Times*, 4 octobre 2021 : https://www.japantimes.co.jp/news/2021/10/04/business/corporate-business/sony-science-fiction-future-products/

informations génétiques, et des antécédents comportementaux. Nous pouvons déceler dans cette dernière technologie de potentielles intrusions dans les données personnelles et identitaires des individus. Si elle peut permettre aux personnes de visualiser leurs différents futurs et donc de mieux orienter leurs choix de vie, il est à craindre que de telles données soient aussi utilisées par des organisations ou des individus peu scrupuleux des libertés individuelles. De tels récits pourraient donner des idées dangereuses à des entreprises avant tout guidées par l'appât du gain. Les entreprises et les organisations doivent donc utiliser la science-fiction avec un filtre moral, afin d'intégrer les innovations fictives dans une optique éthique, par exemple démocratique et de développement durable.

Le design fiction à la MAIF

Mathilde Renault a étudié l'utilisation du design fiction à la MAIF, une entreprise d'assurance française, dans son mémoire de Master professionnel[100]. S'appuyant sur les travaux de Nicolas Nova, elle affirme que « nos représentations du futur en façonnent la crainte. Souvent associés à une déception ou à une crainte, un risque, ces imaginaires du futur doivent être repensés pour en proposer des alternatives. Le design fiction et notamment les ateliers de design fiction se basent sur ces représentations pour accompagner de nouvelles visions du futur »[101]. C'est ce qui mène l'auteure à émettre

---

[100] Renault Mathilde, *Futur(s) : de la crainte à la réassurance, le design fiction au service du renouveau des imaginaires. Opportunités et limites de la pratique du design fiction en entreprise (étude de cas réalisée à la MAIF)*, Sciences de l'information et de la communication, 2019.
[101] *Ibid*, p. 27.

l'hypothèse que « le design fiction pourrait être une réponse à ces représentations du futur grâce à la prise de pouvoir sur l'élaboration des récits au sein des entreprises ». Le design fiction pourrait même constituer un courant émergent dans le monde industriel réactivant l'utopisme technologique mis à mal par la tendance dystopique de ces dernières années. Le capitalisme serait ainsi capable de régénérer son capital symbolique nécessaire à l'élaboration des visions du futur orientant son processus d'innovation.

Mathilde Renault note que les ateliers de design fiction organisés au sein de la MAIF n'avaient pas pour fonction principale de créer des scénarios prospectifs, mais de faire parler les participants sur leurs craintes du futur. Cette spécificité explique la forte production de dystopies dans certains ateliers, témoignant d'une peur de l'avenir présente aussi bien dans la société que dans les entreprises. L'auteure affirme même que le design fiction permet de réaliser une catharsis dans le groupe concerné. Elle ajoute que « le design fiction a donc la vertu d'aider à la libération de la parole quant aux craintes liées au futur »[102]. Mais elle constate aussi que les séances de design fiction se déroulent sur un temps court, lors de séances de deux heures, ces dernières ne pouvant pas trop interférer avec le temps de travail et la nécessaire productivité des employés. Elles apparaissent comme des « parenthèses enchantées » dans l'activité professionnelle des salariés, qui ne sont pour la plupart pas spécialisés ou connaisseurs de l'imaginaire du futur et de science-fiction. Ainsi, les designers professionnels apparaissent comme des animateurs, de type de centre de vacances face à un public qui conçoit ces séances comme un temps plus ou moins extraprofessionnel, distrayant. L'expérience décrite

---

[102] *Ibid*, p. 42.

par Mathilde Renault fait penser à des séances plus ludiques qu'utiles, participant au bien être au travail des employés, qui peuvent y trouver un moyen d'exprimer leur créativité, ce qui n'est bien souvent pas possible dans leurs tâches habituelles. Elle affirme que « cette approche a le risque de dégrader la pratique du design fiction au point d'en faire un faire-valoir »[103].

Ainsi, nous retiendrons de cette enquête de terrain que le design fiction pourrait à l'avenir faire l'objet d'une vulgarisation du concept en étant utilisé dans des séances d'expression sur le futur visant par exemple à souder le groupe professionnel. La communication collective autour de concepts issus de la pop culture pourrait ainsi s'inscrire dans des pratiques managériales renvoyant au bien être au travail par exemple. Les animateurs de ces séances seraient là pour stimuler les participants pour qu'ils évoquent leurs visions du futur. Toutefois, une telle vulgarisation est éloignée du concept initial de design fiction, reposant sur le développement de concepts devant mener à du prototypage. Il existe donc plusieurs niveaux de sérieux dans les pratiques de design fiction. Un mode expert regroupera des écrivains professionnels et les confrontera à des scientifiques, ingénieurs et experts d'une entreprise pour définir des visions du futur utilisables stratégiquement. De l'autre côté de l'échelle, un mode plus vulgaire consistera à organiser des séances d'expression et de créativité autour des imaginaires du futur, sous une forme ludique ou récréative.

[103] *Ibid*, p. 45.

Chapitre IV

La science-fiction dans les institutions publiques, l'enseignement et les think tanks

Les institutions publiques, comme les agences spatiales, ou les organisations étatiques nationales ou supranationales, ont développé ces dernières années un intérêt accru pour la science-fiction, l'utilisant essentiellement à des fins de prospective. Les universités et institutions pédagogiques ont fait de même. Outre les *science fiction studies*, qui ont connu un véritable essor ces dernières années, les écoles d'ingénieurs, de commerce, mais aussi les universités ont développé des programmes faisant la promotion d'un état d'esprit voué à créer des récits novateurs. De même, plusieurs think tanks, proches d'entreprises ou d'institutions publiques, ont produit leurs propres anthologies. Dans la foulée du manifeste de Bleecker sur le design fiction, on assiste donc à un véritable engouement institutionnel pour cette pratique. Le but est de construire une vision du futur originale, propre à l'institution et qui, bien qu'inévitablement inspirée par la mythologie technoscientifique environnante, contribuerait à l'élaboration de l'identité de son auteur. Nous verrons dans cette partie que la science-fiction participe à la culture institutionnelle. À travers plusieurs exemples, nous montrerons que la tendance des universités et des institutions scolaires à inculquer cet imaginaire aux étudiants tend à légitimer ce genre auprès des futurs décideurs et managers. Il est ainsi probable que ces derniers utilisent ultérieurement les méthodes apprises dans leurs cursus et les appliquent dans leurs projets professionnels. Utiliser la science-fiction pour se projeter dans le futur, évangéliser des collaborateurs ou des clients potentiels, penser le pire pour mieux l'éviter, ou encore développer une vision stratégique sont quelques applications pratiques de cette méthodologie visant à instrumentaliser l'imaginaire pour mieux adapter son institution à son environnement. Il serait erroné de considérer que toutes les institutions pensent que la science-fiction permet de générer des prototypes vecteurs d'innovations commercialisables. En effet, d'autres y voient un moyen de critiquer le progrès technique, en concevant des modes de vie alternatifs, ou en concevant des dystopies critiquant une fuite en avant techniciste potentiellement néfaste aux écosystèmes. Il est intéressant de noter que cette pratique n'est pas propre seulement aux institutions capitalistes, mais que ces récits irriguent aussi les groupes hostiles à ce système productif. De même que l'imaginaire *mainstream* repose sur des obédiences multiples, relayant des opinions politiques et économiques variées, la science-fiction institutionnelle concerne tous les types de structures. Il convient toutefois de noter que la plupart des anthologies, bandes dessinées et nouvelles étudiées interrogent le sens du processus d'innovation, et le progrès technique, à partir des intérêts de l'institution à l'origine de l'œuvre. Ainsi, les entreprises et institutions publiques technophiles auront une approche plus positive à l'égard des nouvelles technologies, alors que des think tanks plus anticapitalistes jetteront un regard plus critique sur un processus d'innovation potentiellement néfaste à l'humanité et aux écosystèmes. Les universités et les écoles ont souvent un regard distant à l'encontre du capitalisme, tout en restant modérées et cherchant avant tout à stimuler l'esprit critique et la créativité des étudiants. Il convient donc de considérer la science-fiction institutionnelle comme un moyen de créer des visions du futur qui entreront inéluctablement en compétition pour s'imposer dans le marché des idées. Créer de la science-fiction pourrait bien être à l'avenir un exercice nécessaire et incontournable pour les institutions si elles veulent conserver l'autonomie et l'originalité de leur imaginaire, qui constitue un capital fondamental dans la société de la connaissance.

Le think tank SIGMA et le Red Teaming

Andrew Fox a rédigé une thèse de master dans laquelle il étudie les pratiques de Red Teaming et l'utilisation des auteurs de science-fiction dans les approches prospectives en matière de sécurité intérieure des États-Unis. Ce mémoire figure sur le site du think tank SIGMA dans la mesure où il résume sa philosophie consistant à regrouper des auteurs réputés pour leur demander leur avis sur le futur du pays, en fonction de leurs différentes spécialités en science et en ingénierie. Fox affirme que :

> « L'« état d'esprit de science-fiction », un mode de pensée qui combine une analyse compétitive du paysage technologique émergent et l'extrapolation des capacités évolutives de la technologie avec un accent commercial sur les conflits passionnants et destructeurs, est d'une utilité particulière pour l'entreprise de sécurité intérieure dans la réalisation d'une analyse du « coffre à jouets du diable », et les auteurs de science-fiction sont un élément clé de l'équipe d'analyse de Pandora's Spyglass »[104].

---

[104] Traduction de : « The "science fiction mindset," a mode of thinking that combines competitive scanning of the emerging technological landscape and extrapolation of technology's evolving capabilities with a commercially-driven focus on exciting, destructive conflict, is of especial utility to the homeland security enterprise in performing a "devil's toy box" analysis, and science fiction writers are a key part of a Pandora's Spyglass analytical team », Fox Andrew J., *Putting the lid*

Ce chercheur estime qu'il s'agit d'étudier et d'anticiper ce qu'il nomme le coffre à jouets du diable, ou la boite de Pandore qui a répandu ses vices sur l'humanité. Pour cela, faire appel aux auteurs de science-fiction peut être utile. En effet, ces derniers ont développé une faculté remarquable à anticiper des catastrophes ou des scénarios apocalyptiques dont certains se sont réalisés dans l'histoire. Arlan Andrews a créé en 1992 le think tank SIGMA, qui regroupe plusieurs dizaines d'auteurs chargés d'aider les institutions américaines à anticiper les dangers à venir. Initialement, seuls les écrivains titulaires d'un doctorat en science ou en ingénierie étaient acceptés. Puis, d'autres auteurs, moins spécialisés, mais tout autant visionnaires, furent conviés à se joindre aux cercles de réflexion de l'organisation. Andrews résume l'état d'esprit du think tank spécialisé en prospective :

« L'avenir est trop important pour être laissé aux futuristes. J'ai entendu des prévisions plus appropriées et réalistes de la technologie et de l'avenir à n'importe quelle convention de science-fiction donnée que dans toutes les réunions de prévision auxquelles j'ai assisté ici à Washington, D.C.,… Nous, les écrivains de science-fiction avons passé notre carrière littéraire à explorer l'avenir, nous devons au reste de l'humanité de revenir et de rendre compte de ce qui se passe »[105].

---

on the devil's toy box : how the homeland security enterprise can decide which emerging threats to address, Monterey, California : Naval Postgraduate School. p. xxi, 2018.

[105] Traduction de : « The Future is too important to be left to the futurists. I have heard more appropriate and realistic forecasts of technology and the future at any given science fiction convention than in all the forecasting meetings I have attended here in Washington, D.C., … (We) science fiction writers have spent our literary careers exploring the future, we owe it to the rest of humanity to come back

En 2007, Jerry Pournelle et six autres écrivains furent invités à une conférence lors de laquelle ils envisagèrent une attaque contre vingt des plus grandes villes américaines, et la riposte à mettre en place par le gouvernement, notamment des détecteurs d'agents biologiques et chimiques sur les téléphones portables. Les expertises de ces spécialistes ne sont que rarement diffusées dans le grand public, mais sont utilisées par les institutions étatiques comme des aides à la décision. La croissance importante du nombre de membres du think tank, passant de 8 en 1992 à 49 en 2017, démontre l'intérêt de l'État américain pour ce type de réflexions sur le futur. Il convient de se demander si cette légitimation de la science-fiction au niveau institutionnel répond à une nécessité stratégique, le monde ressemblant de plus en plus à un scénario de science-fiction, ou si l'État américain est devenu plus paranoïaque et délirant au point de demander l'aide de scénaristes dont les récits se caractérisent par des anticipations souvent très éloignées de la réalité. Le site Internet du think tank affirme qu' :

« Avec un préavis suffisant, SIGMA peut fournir à un groupe d'éminents auteurs de science-fiction une expertise du monde réel couvrant la physique, l'astrophysique, la science nucléaire, l'armement avancé, l'ingénierie, les nanotechnologies, la biomédecine, les facteurs humains et un élément commun de futurisme pratique. D'autres membres peuvent être recrutés au besoin; un gros potentiel de SIGMAniens existe au sein de la communauté professionnelle de la science-fiction. Les membres de SIGMA se sont chacun engagés à consulter les autorités fédérales pour des missions sur des questions nationales vitales pendant plusieurs jours, pour les frais de voyage et d'hébergement uniquement. Pour un effort ou

---

and report on what's out there », Andrews, Sr., "SIGMA: Summing Up Speculation," 39–40.

une recherche prolongés, la rémunération peut être basée sur des contrats individuels, le cas échéant »[106].

Les auteurs sont donc des experts en prospective, qui ont fait preuve de clairvoyance dans leur capacité à anticiper le futur. Il est intéressant de noter que la pratique du Red Teaming évoquée par Andrew Fox renvoie à l'extrapolation de scénarios extrêmes envisageant souvent le pire pour donner à penser des anticipations de dangers potentiels. En se présentant comme l'avocat du diable, cette approche de la prospective est notamment utilisée par l'armée pour penser les futurs conflits. En effet, une partie de la science-fiction développe une vision catastrophiste ou dystopique, imaginant le mal extrême, faisant de certains courants une vision infernale des sociétés industrielles. D'où la référence d'Andrew Fox à une boite à jouets du diable qu'il s'agirait d'étudier afin de mieux connaitre et prévoir les éventuelles malversations à venir sur Terre. Si le Red Teaming envisage le Mal dans nos sociétés, et le moyen de lutter pour préserver le Bien et une certaine moralité, la science-fiction propose aussi une vision plus positive. Elle développe notamment un panel de technotypes particulièrement utiles à l'innovation

---

106 Traduction de : « With sufficient notice, SIGMA can provide a panel of distinguished science fiction authors with real-world expertise ranging over physics, astrophysics, nuclear science, advanced weaponry, engineering, nanotechnology, biomedicine, human factors and a common element of practical futurism. Other members can be recruited as needed; a large pool of potential. SIGMAns exists within the professional science fiction community. SIGMA members have each committed to consult with Federal authorities for taskings on vital national issues for several days, for travel and lodging expenses only. For extended effort or research, compensation may be based on individual contracts, as appropriate ». http://www.sigmaforum.org/?page_id=107.

technologique. La mode des Futures Visions créées par les multinationales illustre cette tendance.

L'intérêt de la Maison-Blanche pour la science-fiction

Le 21 octobre 2015, jour du Back to the Future Day, célébrant le jour où Marty McFly a voyagé dans le futur dans le film *Retour vers le futur 2*, Thomas Kalil, deputy director pour le White House Office of Science and Technology Policy, et conseiller pour la science, la technologie et l'innovation pour le National Economic Council, a publié un blog sur le site de la Maison-Blanche présidée à l'époque par Barack Obama, appelant les citoyens américains à poster des idées permettant d'utiliser la science-fiction comme une source d'inspiration et pour stimuler la collaboration entre les innovateurs. Il rappelait qu'un grand nombre d'objets comme les smartphones ou les satellites de communication furent inspirés par cet imaginaire, ajoutant que de multiples technologies futuristes de *Retour vers le futur 2* se sont réalisées ou sont en cours de développement. Il affirmait que « la créativité, l'imagination et le storytelling peuvent aider à motiver des équipes à travailler sur des problèmes complexes ». Il dressait un état des lieux des initiatives explorant les relations entre ces récits et la réalité scientifique. Des programmes académiques s'intéressent au sujet, comme le Center for Science and the Imagination de l'université d'Arizona, qui regroupe des auteurs, des scientifiques et des ingénieurs pour concevoir des futurs dans lesquels de grandes choses pourraient être réalisées. De plus, le Science and Entertainement Exchange, de la National Academy of Science met en relation des professionnels de l'industrie du divertissement avec des ingénieurs et des scientifiques afin d'accroitre le réalisme des films et des programmes télévisés. De cette manière, la Maison-Blanche montrait son intérêt pour une utilisation accrue de ces récits dans la mise en place de politiques d'innovation. Thomas Kalil évoquait déjà le design fiction comme une pratique de plus en plus répandue et digne d'intérêt. Les plus hauts responsables de la politique scientifique et technologique américaine tendaient la main aux fans, profitant d'un engouement momentané pour le film *Retour vers le Futur 2*, dont la célébration permettait de comparer la réalité de 2015 avec les prévisions du réalisateur en 1989.

La science-fiction dans le projet Europa de la NASA

Janet Vertesi[107] s'est intéressée à l'utilisation de la science-fiction par les ingénieurs de la NASA. Elle estime que bien que ces derniers s'inscrivent dans une exploration réaliste du système solaire et de l'espace, ils maitrisent parfaitement les références de la culture populaire comme *Star Trek, 2001, l'Odyssée de l'espace*, *2010*, ou *Dr Folamour*. Les classiques du genre permettent aux scientifiques et ingénieurs de discuter ouvertement, mais aussi elliptiquement de leur environnement social, politique et interactionnel, tout en conservant leur identité d'experts techniques crédibles et impartiaux. Elle considère la science-fiction comme un artefact culturel qui formule des imaginaires sociotechniques partagés par un grand nombre de personnes unissant le pays derrière de grands projets scientifiques. De même, ces fictions auraient pour fonction de représenter une société plus

[107] Vertesi Janet, « « All these worlds are yours except... » : Science Fiction and folk fictions at NASA », *Engaging Science, Technology, and Society*, 5, 2019, p. 135-159.

juste. La sociologue rappelle que science-fiction et science sont en relation permanente à la NASA. Certains scientifiques conseillent des œuvres comme *Star Trek* ou *Battlestar Gallactica.* Des auteurs comme Ray Bradbury ou Kim Stanley Robinson sont invités par la NASA pour discuter de la colonisation de Mars en compagnie d'ingénieurs et de scientifiques pilotant les rovers martiens, et des membres des équipes de recherche de l'Agence participent régulièrement à des évènements de la culture geek comme ComicCon, DragonCon ou les Conventions *Star Trek.* La maitrise de ces codes permet d'appartenir à une classe sociale élitiste au sein d'une institution technocratique. Ainsi, cette culture s'est particulièrement répandue dans la Silicon Valley et chez les ingénieurs, au point de constituer un socle de représentations collectivement partagées utiles à la reconnaissance et à l'intégration sociale des individus. Le partage de ces références apporte même une forme de crédibilité dans ces communautés. Vertesi décrit les scientifiques et ingénieurs de la NASA comme étant en grande partie blancs, de la classe moyenne, bien éduqués et essentiellement masculins. Ainsi, elle a étudié les discussions des ingénieurs du projet Europa pendant deux ans et en a déduit que leurs références à certaines œuvres n'avaient pas forcément pour but d'organiser leur travail ou d'élaborer des visions du futur de leur projet, mais plutôt de créer un sentiment d'appartenance au groupe à travers des codes culturels partagés. Chaque projet semble reposer sur des codes culturels différents qui soudent l'équipe autour de références communes permettant d'instaurer un dialogue fructueux, quasiment métaphorique, assurant la résolution de problématiques sociopolitiques qui sans la science-fiction n'auraient pas pu être traitées de la même manière. Dans une culture américaine où cet imaginaire est particulièrement répandu et influent, il n'est pas étonnant de constater que la communication s'organise en partie autour de ces références. Cette tendance s'universalise dans les communautés technoscientifiques, à mesure que la culture geek se mondialise. Il n'en reste pas moins que cette dernière demeure largement une spécificité anglo-saxonne, voire américaine, et qu'il n'est pas certain que les pratiques soient équivalentes dans d'autres cultures. La question de son impact sur la communication informelle des ingénieurs d'autres organisations, comme l'ESA, demeure posée et mériterait de plus amples investigations ethnosociologiques.

La science-fiction institutionnelle à l'université

Dan Novy est un superviseur des effets visuels récompensé aux Emmy Awards, devenu chercheur au MIT, qui souhaite révolutionner les modes de connexion des spectateurs aux programmes télévisuels. Sa thèse de doctorat s'intéresse aux « hallucinations synthétiques programmables » permettant de faire croire au cerveau qu'il est transporté dans une réalité alternative. Ces recherches sont inspirées par le *Penfield Mood Organ*, un appareil présent dans le livre de Philip K. Dick *Les androïdes rêvent-ils de moutons électriques ?* Novy enseigne aux étudiants du MIT Media Lab à s'inspirer de la science-fiction pour leur travail de recherche. Il estime[108] que, comme un hallucinogène, elle permet d'élargir l'esprit, mais non chimiquement, d'accéder à une large gamme d'alternatives. C'est ce qui explique son intérêt pour ces récits, dont il vante les vertus pour innover auprès de ses étudiants. Le cours de Novy « Science

[108] https://scioffi.substack.com/p/hallucinations-on-demand-artificial

Fiction-Inspired Prototyping » s'inscrit dans la continuité du cours avec Sophia Brueckner « Science Fiction To Science Fabrication » dans lequel ils demandaient aux élèves de faire des exercices de conception reposant sur la lecture de romans. Il affirme que la première itération consistait à lire des histoires, puis à détecter des éléments impossibles ou peu importants dans le but de les construire. Il souligne d'ailleurs qu'une des causes d'échecs principales d'un projet d'étude consistant à réaliser une technologie imaginaire est liée à un choix de machines trop fantaisistes ou trop éloignées des capacités techniques du moment, comme un sabre laser ou un téléporteur.

Le MIT s'intéresse à la confrontation entre l'art et la science pour élaborer des prototypes au potentiel innovant important. De nombreux chercheurs internationaux se rendent dans ce temple de l'innovation, disposant d'une bibliothèque de science-fiction considérable, pour y puiser de l'inspiration. Les plus grands esprits scientifiques américains y sont formés, et le science fiction prototyping y connait un développement remarquable depuis quelques années. Les Chinois aussi développent leurs cours de design fiction. En Europe, Audencia et quelques écoles d'ingénieurs et de commerce suivent ce courant prometteur. La science-fiction devient non seulement un sujet d'étude, mais surtout un élément de formation, une discipline académique. Les *science fiction studies* participent à l'étude des œuvres à travers différents champs universitaires, de la littérature aux *films studies*, en passant pas les sciences politiques, la sociologie, la philosophie, les sciences humaines en général, mais aussi les sciences dures comme la physique ou l'astronomie, les sciences de l'ingénieur, et même les sciences de gestion.

En formant les étudiants des sciences humaines et managériales à cet imaginaire, les écoles et universités se donnent l'occasion de préparer leurs esprits aux éventualités les plus improbables s'ils se cantonnaient dans un pragmatisme et un rationalisme étriqués. Il permet d'envisager le meilleur comme le pire, les crises politiques et économiques majeures, les risques de dérives totalitaires des systèmes politiques, les périls d'écroulement de systèmes économiques comme le capitalisme en raison de catastrophes majeures. Il initie aussi à l'utopisme technologique d'une époque, se trouvant bien souvent à l'avant-garde des innovations qui s'apprêtent à révolutionner le monde. Dans les années 1990, il était de bon ton de lire les livres de Neal Stephenson *Le Samouraï virtuel* ou *L'Âge de diamant*, pour comprendre les promesses des métavers, des nanotechnologies et de l'impression 3D, technologies qui arriveront à maturité dans les années 2020. Une série comme *The Expanse* dans les années 2020 permet d'anticiper les conditions d'existence dans les mines du système solaire, quand la révolution annoncée de l'exploitation des ressources sur les astres extraterrestres sera lancée. Les étudiants des sciences humaines, politiques et du management, doivent se construire une vision du futur, prospective, susceptible de rendre leurs actions éclairées et conformes aux enjeux et mutations du monde contemporain. Lire les rapports de prospective pourrait sembler quelque peu rébarbatif. Aborder le futur avec la science-fiction est un moyen plus pédagogique et ludique.

Les sciences de l'ingénieur et les sciences dures ne sont pas en reste. Les écoles d'ingénieurs, comme le MIT, ont déjà commencé à inciter leurs étudiants à s'inspirer consciemment de ces fictions pour réaliser leurs projets de recherche. La science-fiction est depuis longtemps un genre consulté par les adolescents et les jeunes adultes, principalement, même si cette tendance est de moins en moins vraie, de plus en plus d'adultes consultant ce genre pour se distraire et accroitre leur culture du futur. Prendre le site Technovelgy.com et organiser des programmes de recherche visant la réalisation des 3 000 technologies qui s'y trouvent permettrait d'alimenter le capitalisme en innovations pour au moins une ou deux générations. Un grand nombre de ces fictions s'est d'ailleurs déjà réalisé, certaines sont en voie de concrétisation, et d'autres sont encore trop idéalistes par rapport à l'état des connaissances scientifiques. Il est donc nécessaire de créer un imaginaire technique adapté à la science, capable de la challenger sans trop ressembler à de la magie. Le design fiction doit être créé en relation avec les ingénieurs afin de la rendre utile à leurs recherches. Les étudiants en sciences doivent être incités à créer des prototypes fictionnels qui ne seraient pas encore brevetables, mais qui mériteraient des investigations plus poussées et des recherches approfondies pour les réaliser à moyen voire long terme. Les ingénieurs devront être aidés de créatifs, d'artistes, pour les aider à représenter des technologies utopiques sous la forme de supports susceptibles d'attirer l'attention, de susciter le rêve, et de motiver des investisseurs, intéressés par des fictions ou des œuvres d'art qui pourraient devenir des produits de consommation courante dans les années à venir. Les centres de recherche et les universités pourraient être le lieu de création d'une nouvelle science-fiction, érigée en véritable discipline à la croisée des savoirs inculqués et développés sur les campus. Il n'est plus tout à fait fantaisiste d'envisager des universités créant leur propre imaginaire, incarnant la dimension spéculative de recherches en cours. Les écoles de design et d'art graphique, audiovisuel, ou autres, viendront à la rencontre des ingénieurs pour les aider à représenter les applications potentielles de leurs recherches théoriques. Dès lors, une vision du futur originale émergera des campus.

En 2018, le LAAS-CNRS, associant Thierry Bosch, enseignant au département d'électronique de l'ENSEEIHT et Jean-Claude Dunyach, docteur en informatique et auteur de romans de science-fiction, a publié une anthologie de ce genre littéraire à l'occasion des cinquante ans du laboratoire. Le livre recueille des nouvelles d'écrivains reconnus traitant des thématiques de recherche développées dans le laboratoire. *Dimension Technosciences @venir* traite de l'état de l'art de la recherche et des réflexions éthiques associées au futur des technologies de l'information, des bio et neurotechnologies, de la robotique, et de l'agriculture du futur. Le livre regroupe des textes de Pierre Bordage, de Sylvie Denis, de Catherine Dufour, de Xavier Mauméjean, de Jean-Louis Trudel, entre autres. Les auteurs ont mis leur art au service d'une anthologie institutionnelle, universitaire. Cette discipline pose bien souvent des questions éthiques, comme dans le *Species Technica* de Gilbert Hottois. Les auteurs s'intéressent par exemple à l'éventualité d'une guerre entre les hommes et les machines, interrogeant le développement de la robotique. Ils questionnent aussi l'éventuelle déshumanisation causée par les neurotechnologies. Enfin, ils se demandent si la conquête spatiale ouvrira une nouvelle ère de colonisation pour l'humanité. La science-fiction contribue à faire prendre conscience à la science de son potentiel, mais aussi des dangers qu'elle peut apporter à l'humanité. La science-fiction universitaire ne cherche pas absolument à louer les vertus d'une innovation en développement, comme le font certaines entreprises. Elle se rapproche plus d'un questionnement fondamental sur les conséquences du progrès technique, d'applications potentiellement négatives des recherches, menant à des réflexions plus proches de l'éthique des technosciences.

Cet imaginaire est ainsi au service d'intérêts parfois divergents. La science-fiction institutionnelle, notamment militaire ou d'entreprise, peut être parfois accusée de dénaturer la vocation critique d'un genre qui initialement, doit avoir pour perspective un monde meilleur, utopique. Elle serait détournée de sa fonction artistique, critique, pour sombrer dans une apologie du profit et de la guerre. Instrumentalisée par les intérêts capitalistes, elle pourrait devenir la pire ennemie de ses propres fans, en servant la promotion du système productif plutôt que sa remise en question systématique par l'imaginaire et la métaphore. La science-fiction universitaire ne se dévoierait pas dans une philosophie capitaliste contraire aux principes fondamentaux de bon nombre d'auteurs, notamment français. Il est en effet flagrant de constater, en lisant l'essai d'Ariel Kyrou, *Dans les imaginaires du futur*[109], ou le numéro spécial de *Socialter*[110] consacré aux imaginaires et coordonné par Alain Damasio à quel point certains Français sont adeptes d'une idéologie anticapitaliste, remettant en cause l'État, les entreprises, dans une perspective parfois revendiquée comme punk et anarchiste. Dans ces conditions, le ralliement des auteurs à des institutions apparait comme une trahison de cette cause, la science-fiction, étant censée questionner en profondeur tout phénomène potentiellement liberticide ou antihumain. On trouve ce mépris pour le capitalisme et pour les appareils idéologiques d'État dans de nombreux cercles universitaires, inspirés par le marxisme et l'anarchisme, qui voient donc dans l'imaginaire un moyen de nourrir leurs réflexions. Si la science-fiction française est en partie marquée par ce courant d'extrême gauche, l'extrême droite était incarnée par Maurice Dantec jusqu'à

---

[109] Kyrou Ariel, *Dans les imaginaires du futur*, Éditions Actusf, Paris, 2020

[110] *Socialter*, Hors-série n°8, mars 2020. « La bataille des imaginaires.

sa mort en 2016. Ce genre polymorphe est capable d'accueillir une multiplicité de points de vue et sa version institutionnelle ne devrait pas faire exception. Les institutions étatiques et capitalistes, ainsi que l'armée, devraient être capables de diffuser leurs idéologies respectives à travers cet imaginaire, malléable à merci grâce aux qualités d'auteurs et de designers qui pourraient prendre leur collaboration avec ces institutions comme une forme de mécénat leur permettant de développer leur art, et de le rendre visible, comme les artistes de la Renaissance étaient hébergés et financés par des princes pour créer des chefs-d'œuvre à la gloire bien souvent de leurs bienfaiteurs et de la religion catholique.

Un cours de design fiction à l'ESCP Business School

Dans un article intitulé « Crafting new imaginaries for sustainability – What can design fiction bring to sustainability education ? », Aurélien Acquier, Valentina Carbone et Martin Lauquin justifient la formation nommée Design Fiction for Sustainability de l'ESCP Business School. Leur but était d'expliquer en quoi le design fiction pouvait contribuer à enseigner le développement durable dans une école de commerce et d'évaluer en quoi cette approche pouvait contribuer à la formation des futurs managers. Les auteurs citent les travaux de Beckert[111] qui explique que les actions individuelles sont motivées par les états futurs imaginés. Ainsi, les représentations du futur jouent un rôle majeur dans l'orientation des activités humaines. Face à la montée des dystopies, Engélibert[112]

---

[111] Beckert Jens, « Imagined futures: fictional expectations in the economy ». *Theory and society*, Vol.42, n°3, 2013, p. 219-240.

[112] Engélibert, Jean-Paul, *Fabuler la fin du monde: la puissance critique des fictions d'apocalypse*, La Découverte, Paris, 2019.

explique que ces œuvres créent une « conscience tragique » qui permet de lutter contre les dérives potentielles de certaines tendances écologiques ou économiques. Le but du design fiction est d'inciter les individus à créer des histoires anticipant le futur dans le but d'établir un dialogue entre les différents acteurs du processus de décision. Le cours de 30 heures conçu par les auteurs avait pour but d'anticiper le futur des océans. Le syllabus était le suivant :

> « La crise climatique mondiale nous rappelle constamment que notre planète est un système fermé et limité, et que nous vivons actuellement bien au-delà de ses frontières. À quoi ressemblerait notre monde si nous respections et vivions réellement dans nos limites planétaires ? Comment ferions-nous organiser nos foyers, nos communautés, nos villes et nos nations ? Dans quelle mesure les entreprises et les marques peuvent-elles déclencher des actions positives et inspirer des changements de modes de vie, de consommation et de travail pour favoriser la transition écologique dans le monde ? »[113].

Les 32 étudiants ont créé des design fictions sous la forme de courts-métrages et de bandes dessinées. Les professeurs ont noté une forte présence de dystopies, ce qu'ils considèrent comme normal dans la mesure où le design fiction inciterait à ce type d'imaginaire, en provoquant une forte réaction émotionnelle et l'élaboration de fictions radicales. De plus, l'utopisme est défini comme plus complexe à développer, et potentiellement naïf et plat. De

---

[113] Traduction de : « The global climate crisis is a constant reminder that our planet is a closed, limited system, and that we are currently living far beyond its boundaries. What would our world look like if we actually respected and lived within our planetary boundaries? How would we organise our homes, communities, cities, and nations? To what extent can companies and brands trigger positive action and inspire changes in lifestyle, consumption and ways of working to promote the ecological transition around the world? ».

plus, le but de cette approche était de sensibiliser les étudiants à l'impact de leurs futures activités de managers sur le développement durable. Un nombre croissant d'universités et d'écoles de commerce ou d'ingénieurs proposent des cours reposant sur cette méthodologie.

L'Arizona State University et la science-fiction appliquée

Le Center for the study of imagination de l'université d'Arizona est très impliqué dans la création d'anthologies à visée prospective, et dans le science fiction prototyping. Son projet intitulé Applied Sci-Fi est un programme de recherche rassemblant des écrivains, des futurologues, des universitaires et des techniciens. Le but est d'étudier les récits de science-fiction pour élaborer des technologies. Selon le site internet de l'université, « il ne fait aucun doute que les futurs imaginaires de la science-fiction ont influencé l'orientation de la technologie, des voyages dans l'espace aux téléphones portables en passant par le cyberespace. Reconnaissant cette « boucle de rétroaction de science-fiction » entre visions spéculatives et innovations du monde réel, un champ multidisciplinaire croissant de praticiens utilise la science-fiction comme un outil pour réfléchir, se préparer et peut-être même façonner notre avenir de plus en plus incertain »[114]. Ils

[114] Traduction de : « There's little question that the imaginary futures of science fiction have influenced the direction of technology, from space travel to cell phones to cyberspace. Recognizing this "Sci-Fi Feedback Loop" between speculative visions and real-world innovations, a growing multi-disciplinary field of practitioners is using science fiction as a tool for thinking about, preparing for, and perhaps even shaping our increasingly uncertain future ». https://csi.asu.edu/applied-sci-fi/

étudient notamment de quelle manière les ingénieurs et les designers utilisent le science fiction prototyping pour innover. Ce projet, apparu en 2022, s'appuie sur des pratiques de prototypage effectuées depuis déjà plusieurs années. Notons que le créateur de la méthode, Brian David Johnson, est devenu futurologue dans cette université.

Cette dernière a commencé à publier des anthologies en 2015, dans la lignée du Tomorrow Project initié par l'entreprise Intel et Brian David Johnson. Puis elle s'est intéressée à la colonisation de l'espace, aux catastrophes environnementales, au réchauffement climatique et a incité des auteurs à concevoir des futurs à propos de sujets divers et variés. L'ASU est une des institutions universitaires les plus prolifiques dans ce secteur, en produisant des fictions, et en étudiant aussi la manière dont ces dernières influent sur le réel.

Elle a aussi créé le Threatcasting Lab, qui comme son nom l'indique cherche à aborder les dangers à venir par le prisme du science fiction prototyping. De nombreuses bandes dessinées ont notamment été rédigées pour l'Army Cyber Institute. Nous en étudions une précisément plus loin dans le livre dans la partie consacrée à la science-fiction institutionnelle militaire. L'ASU a aussi collaboré avec CISCO pour penser le futur du travail par exemple, comme nous avons déjà pu l'analyser. Ainsi, entreprises, armées et États partagent le même souhait d'élaborer leurs visions du futur à travers des bandes dessinées et anthologies.

Le Sci Fi Economics Lab

Les 11 et 12 novembre 2019, le forum Sci-Fi Economics Lab a eu lieu à la Solvay Brussels School of Economics & Management. Le but était de réunir des économistes et des auteurs de science-fiction pour réfléchir à des systèmes économiques alternatifs pour lutter contre le néolibéralisme et ses effets pervers sur l'environnement. Les créateurs de cette initiative partaient du principe que les économies fictionnelles pouvaient servir de modèles à des approches scientifiques et politiques. Le but était de se servir des fictions comme laboratoires. Les organisateurs se définissaient comme « une communauté globale engagée dans la construction d'un monde plus humain, plus juste et plus vert »[115]. Les auteurs Cory Doctorow, Bruce Sterling, Neal Stephenson ou Peter Watts ont par la suite collaboré aux travaux du laboratoire dont le site web publiait ponctuellement les oeuvres de contributeurs provenant de différentes institutions universitaires. Le but était de s'inscrire dans le long terme pour théoriser l'influence de l'imaginaire sur l'économie.

Une telle initiative souligne l'intérêt des économistes pour ces récits. En effet, les processus fictionnels et narratifs à l'œuvre dans les phénomènes économiques, comme l'innovation, les bulles spéculatives et les crises financières constituent un sujet qui mérite une attention particulière. Le prix Nobel d'économie Robert Shiller[116] a déjà consacré un livre à ce qu'il nomme l'économie

---

[115] « « Loin des clichés fantaisistes », auteurs de SF et économistes se réunissent pour penser l'économie de demain », *L'avenir*, 12/11/2019, https://www.lavenir.net/regions/2019/11/12/loin-des-cliches-fantaisistes-auteurs-de-sf-et-economistes-se-reunissent-pour-penser-leconomie-de-demain-C745XXQJUVD6VDWCFBUVTHR7BQ/

[116] Shiller Robert, *Narrative Economics, How Stories Drive Major Economic Events*, Princeton University Press, 2019.

narrative. Ce courant, puisant dans des recherches pluridisciplinaires, historiques, anthropologiques, économiques, psychologiques et littéraires, cherche à établir l'influence des fictions sur la structure économique et sur la dynamique du capitalisme. L'économie comportementale et les théories sur la psychologie des agents économiques peuvent aussi être utiles pour mieux comprendre l'impact des fictions sur la consommation et l'innovation. Déjà en 2018, était publié l'ouvrage *Economic Science Fictions*, aux MIT Press[117], une anthologie cherchant à proposer de nouveaux modèles économiques à travers des histoires de science-fiction. Partant du principe que le système économique actuel n'est pas viable sur le long terme, il mettait en relation des universitaires, des designers et des auteurs pour réfléchir au système productif de demain.

Ainsi, les chercheurs en sciences économiques utilisent cette approche pour penser un système alternatif. Il faut noter qu'un certain nombre d'entre eux sont éminemment critiques du capitalisme libéral qui mènerait à des catastrophes écologiques et à une organisation sociopolitique non viable humainement. La science-fiction, souvent considérée comme un genre subversif, critique du capitalisme et des totalitarismes, est ainsi utile pour imaginer une nouvelle organisation économique, post-capitaliste, plus humaine, et plus saine pour la planète.

---

[117] Davies William (Ed.), *Economic Science Fictions*, The MIT Press, 2018.

La promotion de l'enseignement de la science-fiction par l'Union européenne

Le projet Science Fiction and Education (ScifiEd) vise à rendre la science plus attractive aux yeux des élèves européens en insérant des récits de science-fiction dans l'enseignement des sciences, s'appuyant sur des recherches montrant que l'utilisation de ces récits en sciences de l'éducation accroissait significativement la mémoire, l'intérêt et la compréhension des étudiants. Le projet fournit aux éducateurs d'élèves âgés entre neuf et quinze ans des outils permettant de communiquer d'une manière plus agréable et proche de l'imaginaire des enfants et des adolescents. Les enseignants sont ainsi formés à des techniques pédagogiques permettant de stimuler l'intérêt pour les sciences des jeunes élèves grâce à des extraits des livres *Hunger Games* et *Le guide du voyageur galactique* qui furent utilisés pour introduire aux étudiants les concepts scientifiques et biologiques expliquant les menaces environnementales et pour la vie sur Terre. Certains élèves ont construit des vaisseaux, des tricorders et des phasers inspirés par la franchise *Star Trek*. Les membres du projet ont réalisé un guide prenant plusieurs exemples de romans pour enfants et adolescents pouvant être utilisés pour différents cours, de littérature, de science, mais aussi d'éducation civique, le genre permettant d'aborder des thèmes politiques, mais aussi des sujets comme les dystopies, le réchauffement climatique, les voyages spatiaux ou l'énergie du futur. Ce projet est intéressant, car il montre la prise de conscience de l'Union européenne de l'intérêt de la science-fiction pour stimuler la motivation pour les sciences et la créativité des futurs ingénieurs et entrepreneurs du continent. Il ne mobilise que cinq langues européennes et se veut pour l'instant expérimental, récoltant des données provenant de cas d'études réalisés dans différentes écoles du continent. Il est souhaitable que cette ambition de diffuser ces récits dans les écoles se popularise, pour provoquer la créativité des élèves, afin de les initier dès le plus jeune âge à cette culture et aux joies du design fiction. Les écoles sont des institutions de socialisation importantes, qui pourraient former les jeunes à l'imaginaire à travers l'art, les sciences, et la littérature. Il est même envisageable de créer des concours à travers l'Europe, instituant un design fiction scolaire assurant la constitution d'une mentalité idéaliste dans la jeunesse continentale. Nous pensons en effet que pour assurer une culture de l'innovation, une nation doit éduquer dès le plus jeune âge les enfants à la science-fiction, afin de leur donner les outils nécessaires à l'édification de représentations du futur utopiques. L'enseignement des littératures de l'imaginaire est une nécessité pour l'Europe, car ce genre est déjà inculqué aux États-Unis, et les Chinois ont lancé en 2020 un vaste mouvement de diffusion de cette culture dans leurs écoles, universités et entreprises. L'avenir de la créativité et de l'innovation européenne est en jeu. Il convient de supporter des initiatives comme le projet ScifiEd, qui pourrait toutefois rencontrer quelques résistances de la part d'une culture classique hostile à des représentations du futur qui ne sont pour l'heure pas majoritaires en Europe. Afin d'éviter une américanisation de l'imaginaire européen par la diffusion de la culture de ce pays dans les écoles, il faut aussi créer un corpus d'œuvres continentales enseignables aux élèves, conformes aux idéaux de la « nation » européenne. Les chefs-d'œuvre de demain seront produits par les élèves et étudiants d'aujourd'hui. Il est nécessaire de créer les conditions de leur épanouissement en adaptant la science-fiction aux programmes scolaires. Un véritable mouvement d'institutionnalisation de cet imaginaire par le système pédagogique est souhaitable. Si les entreprises filtrent les récits pour les rendre conformes à leurs visions stratégiques, les écoles et les universités doivent aussi les institutionnaliser pour les rendre conformes aux ambitions pédagogiques nationales. Pour cela, les professeurs devront s'intéresser à ces œuvres comme ils s'attachent aujourd'hui à étudier et à analyser les auteurs classiques comme Zola, Balzac ou Hugo. La création d'une culture science-fictionnelle scolaire est un pari important pour les prochaines décennies. L'enjeu est le succès de la construction de récits pertinents au niveau continental. De la réussite du design fiction dépend en effet le degré d'innovation en Europe dans les prochaines décennies.

Stories from 2050, un projet de la Commission européenne.

Le projet de la Commission européenne *Stories from 2050* visait à regrouper des fictions futuristes alternatives, produites par des citoyens du monde entier, qui diffèrent des récits rédigés par les experts des institutions européennes. Elles devaient permettre de penser le futur de l'Europe et du monde, et d'aider au développement de nouvelles idées pour le Green Deal européen. Les créateurs du projet justifient le recours à la science-fiction en citant des travaux d'universitaires établissant son lien avec l'innovation[118][119]. Pour cela, les contributeurs furent placés dans la situation fictive où ils participaient à une mission spatiale sur d'autres planètes en raison d'une Terre devenue inhabitable. Les participants ont envisagé

---

[118] Miles Ian, « Stranger than fiction. How important is science fiction for futures studies? », *Futures*, Vol.25, n°3, 1993, p. 315-321.

[119] Wright David, Alternative futures: AmI scenarios and Minority Report. *Futures,* Vol.40, n°5, 2008, p. 473-488.

des systèmes et des visions du monde existant sur ces planètes. La communauté de contributeurs a réalisé des *Enriched Planet Narratives*, concevant des situations et des personnages se trouvant sur ces planètes. Puis, des scénaristes professionnels se sont inspirés de ces histoires pour rédiger les récits du projet. Le but était de penser « out of the box » et que le projet « aide à imaginer des futurs différents, radicaux et plus inclusifs »[120]. Dans un chapitre intitulé « Protopian Futures », Monika Bielskyte et Mamiio Mimoso affirment leur volonté de proposer des visuels qui décrivent un monde plus inclusif, éloigné de la société patriarcale. Un de leurs objectifs est de défier l'âgisme, le capacitisme, l'homophobie, la transphobie. L'idée est de s'éloigner de scènes reposant sur la violence et le conflit très présentes dans la science-fiction traditionnelle. La plupart des histoires présentent des technologies utopiques, mais s'appuient aussi sur un socle de valeurs primordiales pour créer un futur meilleur. Le but du recueil est de promouvoir un avenir durable. Les auteurs de l'anthologie en arrivent à se demander quelle stratégie de R&I serait souhaitable, et s'il serait préférable de la développer au niveau du secteur privé ou du secteur public. Pour un peu, le rapport suggérerait que les visions du recueil puissent fonder une politique d'innovation menée par les institutions européennes. *Stories from 2050* est donc une science-fiction institutionnelle européenne, susceptible de provoquer une prise de conscience des décideurs placés au plus haut niveau de la Commission européenne. Il est intéressant de noter l'effort idéaliste de cette institution internationale. Reste à savoir si ce projet contribuera réellement à l'élaboration d'un programme politique écologique et humaniste, ou s'il demeurera une accumulation de rêves sans réelle influence sur une

---

120 Traduction de « help us imagine différent, radical, and more inclusive futures », p. 94.

technocratie qui jusqu'alors n'a pas témoigné un intérêt particulier pour l'imaginaire et la spéculation, préférant le pragmatisme dans son processus de prise de décision.

La Singularity University et la Science Fiction Design Intelligence

L'université de la Singularité est née en Californie en 2008 dans la lignée des travaux de Ray Kurzweil, auteur de *The Age of Spiritual Machines* et directeur de l'ingénierie chez Google. Peter Diamandis en est le co-fondateur. Physicien et créateur de l'International Space University, il souhaite améliorer les conditions de vie de l'humanité grâce aux innovations des technologies NBIC (nanotechnologies, biotechnologies, informatique et sciences cognitives). Cette société américaine est à la fois une université, un groupe de réflexion et un centre d'incubation d'entreprises qui a des antennes dans plusieurs pays. L'organisation, proche de Google, regroupe de nombreux transhumanistes comme Max More ou Nick Bostrom, mais ne revendique pas une affiliation à ce courant de pensée.

Elle s'intéresse aussi à la science-fiction puisqu'elle a publié en 2019 un roman graphique intitulé *SCIFI DI Design Intelligence for the Future*. La méthodologie, nommée Science Fiction Design Intelligence a pour but de développer l'innovation. L'université de la Singularité travaille avec des designers, des auteurs et des futurologues pour créer de nouvelles idées. Les auteurs affirment dans la préface que « Les auteurs de science-fiction créent une vision du futur basée sur des faits scientifiques. Ensuite, les scientifiques, les inventeurs et le grand public consomment du contenu de science-fiction, qui conduit la quête de plus de faits scientifiques »[121]. De plus, l'organisation regrette que la plupart des œuvres proposent une vision négative du futur. Elle souhaite s'inscrire dans une démarche résolument optimiste visant à envisager l'avenir sous un œil positif et plein d'espoir.

La première bande dessinée met en scène la vie de Roda, une héroïne de 101 ans nomade et star du Neural Net. Elle vit des expériences qu'elle télécharge sur cette technologie similaire à Internet, mais qui permet de se connecter directement sur le cortex neural. Elle a réussi à vaincre la maladie d'Alzheimer. Ensuite, l'histoire de Tsai narre les aventures d'un petit garçon atteint d'autisme. Ses parents, au lieu de le traiter comme un handicap, estiment que ses spécificités lui fournissent des compétences uniques. Ils lui procurent des implants neuronaux pour traduire les signaux sociaux et gérer la surstimulation sensorielle dont il est sujet. Le but de cette bande dessinée est de montrer comment la technologie peut permettre à des personnes ordinaires de devenir des surhommes.

Douze concepts principaux sont développés dans les différentes histoires (le Neural OS, le Neural Net, les Neural Implants, la Second Skin, l'EXO System, le Personal Biome, et différents concepts faisant référence à la maison du futur). L'objectif de l'université de la singularité est que ces concepts se réalisent à l'avenir. Elle propose des idées en développement dans les laboratoires des centres de recherche finançant l'organisation. Il est intéressant de constater la volonté de populariser des concepts complexes sous la forme de bandes dessinées, afin de faire germer des attentes dans le grand public et de

---

[121] Traduction de « The authors of science fiction create a vision of the future based on science fact. Then scientists, inventors, and the general public consume science fiction content, which drives the quest for more science fact ». p. 5.

provoquer un enthousiasme autour de ces technologies. Revenons sur quelques-unes afin d'illustrer l'imaginaire technique des dix prochaines années dans la Silicon Valley.

Le Neural OS est la colonne vertébrale de l'informatique personnelle en 2030. Il s'agit d'un système d'exploitation personnalisé accessible via une interface cerveau-machine. Les données sensorielles de chaque utilisateur font fonctionner Neural OS simplement en pensant.

Le Neural Net est la plateforme de médias sociaux du futur. Il permet de gérer et de partager des souvenirs et de vivre les expériences d'autrui. Il amplifie l'empathie et permet de tout apprendre.

Les Neural Implants sont des appareils utilisés comme stimulateurs pour les personnes souffrant de maladies cérébrales, comme Parkinson, Alzheimer, un AVC, l'autisme, ou de troubles mentaux.

Second Skin est un matériau intelligent qui permet d'augmenter les capacités biologiques, physiques et tactiles. Il est composé d'un matériau en silicone flexible et transparent nommé polydiméthylsiloxane.

L'EXO System est de la robotique portable qui se fixe à Second Skin pour augmenter les capacités physiques.

Les robots animaloïdes Drule offrent de la compagnie et une assistance technologique et physique aux humains. Ils font partie de Neural OS pour détecter et anticiper les besoins des utilisateurs. Ils sont dotés d'une puissante intelligence émotionnelle.

Le Personal Portable Biome (PPB) surveille le biome de la personne et apporte tout supplément nécessaire à sa santé. Il informe des menaces environnementales comme des agents pathogènes, des bactéries ou de la pollution.

La Grow Home est une maison adaptée aux modes de vie nomades annoncés pour les prochaines décennies. Elle est générée à partir d'un petit appareil en forme de rondelle et utilise les nanotechnologies. La maison atteint une taille importante après un processus de croissance.

Les Skyburbs sont des quartiers verticaux où toutes les ressources nécessaires sont disponibles. Ils agissent comme des biomes autosuffisants conçus pour assurer la santé des occupants.

Le livre se termine par une présentation de la méthodologie utilisée, dans le but de permettre à d'autres personnes de pratiquer cette approche narrative de la prospective. Le design fiction et le science fiction prototyping ne sont pas cités, mais il est évident qu'ils ont inspiré les auteurs de ce document. Il s'agit d'une science-fiction institutionnelle créant des technologies utopiques dans le but d'alimenter consciemment le processus d'innovation des dix prochaines années. En cherchant à créer des technologies de rupture susceptibles de changer le monde, la Singularity University crée ses propres récits qui alimentent sa vision stratégique à moyen terme.

Une anthologie de l'Insitute for the Future

L'Institute for the Future (IFTF) est un think tank à but non lucratif créé en 1968 comme un spin-off de la RAND Corporation pour aider les organisations à planifier le futur à long terme. Les premières idées de création de cet institut émanèrent d'Olaf Helmer, impliqué dans l'invention de la méthode Delphi. Il est devenu un des leaders mondiaux en termes de prospective, regroupant des experts en sciences sociales, en politiques publiques, en technologie et en arts créatifs. En 2013, il a publié une anthologie intitulée *An Aura of Familiarity : Visions from the Coming Age of Networked Matter*. Elle regroupait des nouvelles d'auteurs réputés comme Rudy Rucker, Warren Ellis, Ramez Naam, Madeline Ashby, Bruce Sterling et Cory Doctorow. Les propos introductifs expliquent qu' « une des lois fondamentales des études sur le futur est qu'il n'existe pas de faits à propos du futur. Seulement des fictions. Notre travail à l'Institute for the Future consiste à explorer les fictions de demain – inspirées par les faits d'aujourd'hui – pour prendre les meilleures décisions dans le présent ». L'IFTF cherche les signaux dans les journaux, les subcultures, etc., pour déterminer les tendances du futur et élaborer des théories prospectives. Il souligne aussi l'intérêt de mélanger la science et l'art pour développer des innovations, comme l'ont fait Léonard de Vinci ou les Bell Labs en 1967 avec les Experiments in Art and Technology (EAT). Ainsi, l'art est considéré comme « une riche source de signaux lors de l'élaboration de scénarios du futur et de l'étude des mythes et des réalités qui façonneront demain ». En 2013, l'IFTF a lancé le programme Technology Horizons, une recherche censée prévoir l'ère à venir de la matière en réseau. Cette révolution annoncée devrait provenir des progrès des sciences physiques, de la biologie, des sciences de la complexité, des nanotechnologies, de la thérapie génique et de la géo-ingénierie. Pour mener à bien ces recherches sur ce sujet prospectif, l'IFTF a interrogé des scientifiques, des ingénieurs, des entrepreneurs et des designers, consultant des revues scientifiques technologiques dans le but de bien comprendre les différentes perspectives offertes par ces innovations attendues. L'Institut a aussi demandé à des auteurs d'écrire des nouvelles liées au thème de recherche. Cette approche permet de faire émerger des pistes de réflexion originales sur des sujets encore peu explorés. Les nouvelles furent par la suite intégrées dans les approches stratégiques de l'Institut. De nombreux think tanks ont développé ce type de supports alimentant leurs études reposant par ailleurs sur des présupposés scientifiques et techniques souvent très rigoureux. Si l'Institut recherche des signaux pour anticiper les tendances du futur, et a ainsi recours parfois à l'art, il franchit avec cette anthologie une nouvelle étape en créant des œuvres à partir d'un sujet de recherche émergent. Le think tank légitime la science-fiction comme un outil de recherche pertinent en élaborant une oeuvre dans les premières heures du design fiction et deux ans avant les *Future Visions* de Microsoft, qui lança par la suite un nombre important d'anthologies institutionnelles. Les recueils de nouvelles de science-fiction ne sont pas nouveaux, mais étaient jusqu'alors produits par des éditeurs ou des collectifs d'auteurs, parfois par des universités, mais rarement par des institutions comme des think tanks ou des entreprises dans le but de légitimer leur activité à travers cet imaginaire du futur. Symboliquement, le fait que l'IFTF, un des leaders mondiaux de la prospective, s'intéresse à la science-fiction, marque un tournant dans l'utilisation du genre par la futurologie américaine, même si nous avons vu que le think tank SIGMA s'était déjà fait une spécialité de la pratique depuis les années 1990. Notons que l'anthologie de l'IFTF est en libre accès sur son site Internet. De cette manière, l'Institut diffuse une vision du futur originale, créée par des auteurs de renom mondial, ce qui est censé apporter de la légitimité à la conception du futur de l'organisation. En s'associant aux auteurs à succès, l'IFTF légitime le genre pour ses facultés prospectives, en même temps qu'il profite de leur réputation de prophètes dont le poids dans la construction des représentations collectives du futur du grand public n'est plus à démontrer. La fiction est devenue dans les années 2010 un outil utilisé sans complexe par la prospective, parfois avec des justifications méthodologiques, la discipline étant consciente des limites des approches hyperrationalistes et quantitatives, sources de nombreuses erreurs et approximations par le passé.

La science-fiction et l'Internet Policy Review[122]

En mars 2020, la revue *Internet Policy Review* publiait un numéro spécial constitué de nouvelles traitant du futur du droit de l'information. Les auteurs, reprenant Gunn, estiment que la science-fiction et le droit de l'information partagent des caractéristiques communes, se préoccupant « du changement scientifique et technologique et concernant généralement des questions dont l'importance est plus grande que l'individu ou la communauté »[123]. Les deux disciplines s'attachent à spéculer sur le futur des TIC, et leur implication sur la société, les marchés et les valeurs. Ils considèrent que la science-fiction est une source d'inspiration pour de nombreux juristes écrivant à propos du droit de l'intelligence artificielle, des algorithmes et des robots. L'éditorial de la revue cite plusieurs articles de juristes montrant cet intérêt pour ces récits, qui transparait dans les titres de certaines publications[124][125]. Les auteurs citent aussi plusieurs

---

[122] Helberger Natali, Joost Poort, Mykola Makhortykh, « Four tales of sci-fi and information law ». *Internet Policy Review*, Vol. 9, n°1, 2020.

[123] Gunn James (Ed.), *The Road to Science Fiction: From Gilgamesh to Wells*. Scarecrow Press, 2002.

[124] Stewart Chip, « Do Androids Dream of Electric Free Speech? Visions of the Future of Copyright, Privacy, and the First Amendment in Science Fiction », *Communication Law and Policy*, Vol. 19, n°4, 2014, p. 433-463.

extraits de discours et de textes émanant de décideurs ou d'institutions européennes témoignant de liens étroits entre une pensée proche de la théorie de la singularité et du transhumanisme. Ces textes expriment la colonisation des esprits des juristes et hommes politiques par une pensée envisageant le futur des technologies de l'information et de la robotique. Le but du numéro était de libérer la créativité de juristes souvent cantonnés au respect de conventions académiques les poussant à réprimer l'expression d'un imaginaire futuriste potentiellement intéressant pour la réflexion sur le devenir des technologies de l'information, voire pour la rédaction de nouvelles lois impactant la vie quotidienne de millions de citoyens. D'ailleurs, les trois lois de la robotique d'Asimov sont un exemple d'intérêt de la science-fiction pour le droit, nécessaire à une insertion harmonieuse et positive des innovations dans la société. Les textes publiés sont les quatre nouvelles qui sont arrivées premières d'un concours organisé à destination des juristes par l'institut de droit de l'information IVIR. L'appel à contributions a touché un large public provenant de nombreux pays, de multiples auteurs y voyant un moyen d'exprimer des idées originales sur les applications futures de leurs objets de recherche, les technologies de l'information. Jonathan Crowcroft dans « The emergent property market », s'intéresse à l'influence des intelligences artificielles sur le système de contrôle des brevets et de la propriété intellectuelle. Dans « Generation Neo Touch », Christine Würth explore les conséquences des progrès de la technologie haptique en 2039, avec notamment les risques d'abus illicites et les conséquences pour le droit à la vie privée. James Danielsen, dans « The Better Storytelling Company »

[125] Waller Spencer Weber, « The Omega Man or The Isolation of U.S. Antitrust Law », *Connecticut Law Review*, Vol. 52, n°1, April 2020.

(TBSC) imagine qu'un système d'écriture créative basé sur la blockchain est capable de prédire les crimes avant qu'ils se produisent, et ce que cela implique pour la définition de la culpabilité des meurtriers.

Design fiction et médecine

Gavin Miller, directeur du Medical Humanities Research Centre de l'université de Glasgow, a supervisé un projet étudiant l'importance de la science-fiction pour les humanités médicales. Il comprenait des workshops, une conférence, mobilisant des chercheurs, des cliniciens et des écrivains, et mena à un numéro spécial de la revue *BMJ Medical Humanities* publié en décembre 2016 intitulé « Science Fiction and the Medical Humanities ». Christopher Gordon Strachan[126] étudie dans quelle mesure le speculative et critical design (SCD) et la science-fiction sont pertinents dans l'élaboration des humanités médicales. Le SCD extrapole à partir des connaissances sociales, économiques, politiques et scientifiques actuelles, en concevant des artefacts et des scénarios proposant des futurs et des réalités alternatives. Le SCD permet d'imaginer et de visualiser des futurs de santé préférables, illustrant des problématiques complexes de cette discipline, notamment relatives à l'impact des biotechnologies sur la médecine. Un concours d'écriture créative a mené à la publication d'une anthologie, *A Practical Guide to the Resurrected* en 2017.

[126] Strachan Chistopher Gordon, « Design, fiction and the medical humanities », *Medical Humanities*, Vol. 42, Issue 4, 2014.

L'utilisation de la science-fiction dans les publications académiques

Menadue et Cheer[127] ont étudié la littérature de recherche qui utilisait les concepts de science-fiction pour décrire la culture humaine. Le processus PRISMA a été appliqué pour aborder une vaste base de données dans plusieurs disciplines et ne se limitait pas aux revues de science-fiction. Cette recherche a montré que le genre est utilisé dans de multiples secteurs, comme la théologie, la sémantique, les sciences naturelles et l'éducation. Il permet une bonne compréhension des phénomènes culturels et se révèle particulièrement efficace pour l'apprentissage et l'enseignement. Les auteurs estiment que :

> « Les chercheurs ont décrit l'efficacité de la science-fiction populaire pour capturer l'imagination du public et créer des représentations irréalistes de la science et des scientifiques. Cela a des effets à la fois positifs et négatifs sur la communication scientifique et peut même affecter les priorités en matière de financement scientifique. Il semble que dans l'imaginaire public, la science-fiction soit étroitement liée à la vraie science, ce qui peut être problématique pour la diffusion de la recherche. Plutôt que d'ignorer ces liens en raison de leurs origines fictives, il est nécessaire de dialoguer avec le public pour connaitre ses espoirs, ses peurs et ses attentes vis-à-vis de la science, et de réfléchir à la manière dont la science-fiction peut être utilisée à des fins diégétiques. Sensibiliser les scientifiques à l'importance de ces facteurs peut renforcer les capacités des chercheurs pour une communication scientifique réussie »[128].

---

[127] Menadue CB, Cheer KD. « Human Culture and Science Fiction: A Review of the Literature, 1980-2016 », *SAGE Open*, July 2017.

[128] Traduction de : « Researchers described the effectiveness of popular science fiction in capturing the imagination of the public, and creating unrealistic portrayals of science and scientists. This has

Les auteurs estiment, en suivant Stableford[129], que ces récits jouent un rôle important dans la construction de la vision du monde des individus, et notamment des représentations du futur des sciences et des technologies. Ils citent aussi Marshall Tymn[130], qui considère que les films et romans préparent le public à accepter le changement comme naturel et inévitable. L'analyse montre que certains auteurs privilégient la thèse d'une influence de la science sur la science-fiction, quand d'autres pensent le contraire et que certains estiment qu'il existe des interactions entre les deux disciplines.

La science-fiction touche donc de plus en plus la sphère académique, les chercheurs et universitaires l'utilisant comme un moyen d'accéder à la connaissance. Si certains étudient l'imaginaire pour mieux déceler les tendances souterraines contribuant à l'évolution et à l'organisation des sociétés, d'autres prennent le parti de créer des fictions pour mieux illustrer les enjeux futurs de leur champ

---

both positive and negative impacts on science communication, and may even affect priorities in science funding. It seems that in the public imagination, science fiction is closely linked to real science, and this can be problematic for the dissemination of research. Rather than ignoring these links due to their fictional origins, it is necessary to engage with the public to learn about their hopes, fears, and expectations of science, and to consider how science fiction may be employed for diegetic purposes. Raising awareness among scientists of the significance of these factors may build researcher capacity for successful science communication. Convergence of research between the humanities and natural sciences may be one route to supporting and encouraging more positive communication with the public, the credibility and efficacy of interdisciplinary science, and consequently more efficient and beneficial outcomes of research ».

[129] Stableford Brian, *The Sociology of Science Fiction,* Thesis submitted for the degree of D. Phil to the University of York, Department of Sociology, September 1978.

[130] Tymn Marshall B., « Science fiction: A brief history and review of criticism », *American Studies International,* 23, 1985, p. 41-66.

disciplinaire. Peut-être faut-il voir dans cette tendance les conséquences de l'entrée de la civilisation capitaliste dans l'ère de la science-fiction et de la post-vérité, c'est-à-dire un système technopolitique régi par un esprit partiellement délirant ne pouvant plus se comprendre que par des références à des œuvres futuristes. Une telle tendance des institutions à stimuler ce type de pensée spéculative répond à une nécessité pragmatique d'adhérer à une nouvelle forme de rationalité collective. À l'heure où le monde semble devenir le théâtre d'une science-fiction réalisée, il convient de se plier à une telle situation en se dotant d'un capital intellectuel adapté et propice à une compréhension optimale de l'environnement politique et économique. Si l'ère postmoderne a donné naissance à une civilisation hyperindividualisée et sans croyances collectives, il se pourrait que l'imaginaire qui en est issu ait généré une mentalité collective délirante menant le monde à la réalisation de délires technoscientifiques, pour le meilleur et pour le pire. Il conviendra donc pour les institutions d'appliquer un cadre rationaliste, un filtrage idéologique et pragmatique à cet imaginaire, afin d'éviter que ce dernier mène à des catastrophes. Toutefois, si la pensée spéculative est la manifestation d'un flux désirant ancestral, au sens de Deleuze et Guattari, il peut s'avérer crucial et nécessaire de la développer rationnellement afin d'assurer le déploiement de nouvelles perspectives utopiques utiles au système économique pour trouver des innovations à commercialiser dans le but de satisfaire les marchés.

Chapitre V

La science-fiction institutionnelle militaire

Imaginer les conflits du futur et les armes de demain constitue l'obsession des états-majors militaires. Des rapports confidentiels sont rédigés régulièrement par des experts chargés de déterminer les futures menaces d'un État, ainsi que les stratégies à mettre en place pour protéger au mieux un territoire. Toutefois, l'imprévu est la hantise de ces spécialistes, souvent surpris par des évènements que rien ne permettait d'anticiper. Les attentats du 11 septembre 2001 en sont l'exemple le plus frappant. Pour anticiper les actes de guerre les plus improbables, les dangers les plus fous, les armées les plus puissantes ont désormais recours à des auteurs de science-fiction. Le but est d'exploiter leur capacité à extrapoler à partir de données très partielles des scénarios réalistes. Les écrivains ont la réputation de capter des bribes du futur, de le dévoiler partiellement avant qu'il survienne.

L'armée est ainsi une des organisations qui dépense le plus d'argent en science fiction prototyping. Winston Churchill a d'ailleurs attribué à H.G. Wells l'idée d'utiliser les avions et les chars avant la Première Guerre mondiale. L'initiative Star Wars de Ronald Reagan a été motivée par Robert Heinlein et Jerry Pournelle, deux écrivains de science-fiction militaire. En 2016, l'OTAN a chargé SciFutures de créer une anthologie intitulée *Visions of Warfare : 2036*.

L'armée canadienne a recruté Karl Schroeder, auteur de *Crisis in Zefra* en 2005, une nouvelle dans laquelle il évoque le maintien de la paix face à un conflit urbain dans lequel seraient engagés des drones, des téléphones portables très perfectionnés et Internet[131]. Aux États-Unis, les auteurs de science-fiction ont aussi aidé l'armée durant l'ère Reagan. Larry Niven et Jerry Pournelle ont créé l'Advisory Council on National Space Policy. Après le 11 septembre 2001, le Pentagone a recruté des écrivains et des réalisateurs pour anticiper les menaces que les États-Unis risquaient d'affronter à l'avenir. En 2020, la Red Team était créée en France, employant plusieurs auteurs, prospectivistes et futurologues pour prévoir les menaces du futur. Le but était de « faire sauter les barrières mentales ».

L'armée ne peut pas se contenter des films et romans *maintream* pour imager le futur du monde. Elle doit créer son propre imaginaire institutionnel, avant de s'assurer qu'il corresponde à certaines données pratiques confidentielles et toutefois divulguées aux auteurs. Créer une science-fiction appliquée aux besoins spécifiques de l'armée est devenu une nécessité. S'avérera-t-elle pertinente ? Permettra-t-elle de réellement mettre le doigt sur des menaces non identifiées ? Ou bien au contraire, ces récits ne risquent-ils pas d'orienter les décideurs vers des visions délirantes, les éloignant de considérations pragmatiques et stratégiques qu'il serait dangereux de perdre de vue en cas de conflit, et notamment de Troisième Guerre mondiale ?

---

[131] Le Directorat of Land Strategic Concepts of National Defense Canada a engagé Karl Schroeder pour rédiger une histoire de 27 000 mots publiée sous la forme d'un petit livre. L'action se déroule dans une cité-État africaine mythique, vers 2025. Un groupe de Casques bleus canadiens tente de préparer la ville à son premier vote démocratique tout en combattant une insurrection. Les soldats de la paix et les insurgés utilisent une gamme de nouvelles technologies semblant fantastiques, et pourtant toutes en développement en 2005.

Invisible Force, une fiction institutionnelle sur la guerre de l'information du futur

La bande dessinée américaine *Invisible Force* est l'illustration de la cybermenace qui pèse sur le monde à l'ère de l'informatique quantique et de l'intelligence artificielle. Ce récit, se concevant comme une prospective à dix ans, s'inspire de la réalité des années 2010 pour prévoir les conflits du futur. L'œuvre est originale dans la mesure où les pages de bande dessinée sont entrecoupées par des textes d'experts qui expliquent les concepts qui ont pu mener à la fiction. Anticipant l'impact des *fake news* et de la manipulation d'Internet et des réseaux sociaux par des forces hostiles aux États-Unis, cette œuvre présente d'une manière pédagogique et illustrée les conditions d'avènement d'un cyberterrorisme et d'une cyberguerre. Après avoir présenté les différents thèmes abordés dans ce texte, nous nous interrogerons sur la réalité du monde décrit dans cette fiction. Plus largement, nous questionnerons l'usage de la science-fiction par l'armée américaine. En effet, *Invisible Force* est une science-fiction institutionnelle, de l'Army Cyber Institute et de l'Université d'Arizona. Son but est de définir les dangers qui pèsent sur le monde, et en particulier sur Internet dans les prochaines décennies, dans le but de médiatiser cette menace auprès du grand public, mais aussi, et surtout au sein de l'armée, pour galvaniser les troupes et diffuser la stratégie militaire aux soldats.

Prototype SF et cybermenace

En introduction, Peter W. Singer et August Cole, auteurs de *Ghost Fleet : A Novel of the Next World War*[132], affirment que les bandes dessinées constituent de nouvelles formes de communication qui ne sont pas seulement utilisées pour la distraction, mais de plus en plus par les armées américaines et alliées, afin d'explorer le futur des conflits. August Cole indique par ailleurs « je n'écris pas de science-fiction pour prédire l'avenir, mais je veux mieux comprendre ce qui m'attend »[133]. Il développe une méthode qu'il nomme FICINT (combinaison de Fiction narrative et d'intelligence) pour créer les scénarios du futur avec une approche ancrée dans la réalité. La méthode FICINT a prospéré dans les services de l'armée américaine. Par exemple, à West Point, le Modern War Institute a publié des romans graphiques et collabore avec des auteurs comme Max Brooks, auteur du bestseller *World War Z.* L'US Naval Institute publie le magazine *Proceedings* depuis 1874, mais il diffuse depuis quelque temps des histoires futuristes et des romans graphiques. De même, le Marine Corps Warfighting Lab illustre ses rapports de prospective avec des histoires de science-fiction et des romans graphiques, ce qui lui permet de gagner plus de lecteurs. Singer et Cole rappellent qu'à l'Air Force University, l'élite est formée à la lecture de

[132] Ce roman décrit une guerre entre Les États-Unis, la Chine et la Russie. Il est pris très au sérieux par les dirigeants américains et par les militaires en particulier. Le but des auteurs n'est pas de prédire une Troisième Guerre mondiale, mais de préparer les décideurs et la population à une telle éventualité, qui pourrait intervenir à tout moment. Or, les États-Unis pourraient ne pas être prêts à une telle opposition. Le roman fait office de donneur d'alerte, utile à la préparation de la guerre.

[133] Traduction de : « I don't write science fiction so I can predict the future, but I want to better understand what's lies ahead ».

romans graphiques pour des applications professionnelles. Dans ce texte introductif, le général Mick Ryan, commandant de l'Australian Defence College est cité. Il affirme : « La lecture de science-fiction offre de la variété pour perfectionner l'intellect d'un officier militaire »[134]. En Europe, l'OTAN et les armées britannique et norvégienne ont aussi utilisé la méthode FICINT pour envisager les futurs conflits en 2030 et 2040.

Les auteurs notent qu'au 21e siècle, la guerre a pris de nouvelles formes. Si la génération précédente fut définie par la cyberguerre, avec des hackers s'attaquant à des réseaux informatiques, les conflits contemporains sont nommés LikeWar. Les ennemis s'attaquent en effet aux réseaux sociaux, rendant des idées virales avec des effets dans le monde réel, sur les élections comme sur le terrorisme.

La fiction montre l'impact des récits dans la construction des représentations des adversaires militaires. La diffusion virale de narrations est un enjeu stratégique pour l'affaiblissement et la déstabilisation de groupes sociaux, voire d'États entiers. La guerre du futur, si ce n'est déjà l'actuelle, implique l'utilisation d'IA pour maitriser les flux d'informations dans le cyberespace et le futur métavers. La réalité est de plus en plus construite par des récits viraux diffusés sur Internet, et leur contrôle est une arme géostratégique cruciale pour les armées. C'est la raison pour laquelle la guerre de l'information est devenue l'objet de fictions, dans la mesure où ce support permet d'envisager les conséquences les plus originales de l'instrumentalisation du récit collectif par d'éventuels hackers. Ces derniers ne visent plus seulement à dérober des données à des multinationales. Ils cherchent désormais

---

[134] Traduction de : «Reading science fiction provides variety in honing the intellect of a military officer »

à structurer l'opinion ennemie par la diffusion d'informations sur les réseaux sociaux.

Dans les conflits du futur, les armes traditionnelles comme les tanks ou les avions n'auront plus qu'un rôle marginal. Le machine learning, l'IA, les réseaux sociaux et l'informatique quantique constituent des enjeux bien plus cruciaux. Il s'agit d'une force invisible, d'où le nom de la bande dessinée, *Invisible Force*. Le but de ce document est de préparer le lecteur à une nouvelle approche des conflits, dans lesquels les logiciels et les IA seront un enjeu de domination bien plus important que le matériel traditionnel. Les armées et les décideurs sont de plus en plus conscients de la nécessité de considérer le champ médiatique comme un terrain de guerre. Cela peut sembler inquiétant dans la mesure où les informations doivent avant tout circuler librement, et éviter l'ingérence de l'armée dans le débat démocratique, sous peine de voir advenir une dictature. L'État doté de l'armée disposant des IA et des hackers les plus évolués détiendrait selon cette nouvelle doctrine militaire le pouvoir de domination. Après le *soft power* et la guerre de l'information, l'armée américaine se prépare dans cette fiction à devoir lutter pour contrôler les *fake news* et les informations pouvant nuire à leur puissance dans le monde.

Le monde en 2030 selon *Invisible Force*

En 2030, le réchauffement climatique et les guerres ont provoqué de nombreuses famines dans plusieurs parties du monde. Les pays les plus riches tentent d'éviter d'être envahis par les migrants en contrôlant leurs frontières. Dans le même temps, le développement de l'informatique quantique permet une meilleure gestion des informations. Les nations sont contrôlées par une élite technocratique qui utilise ces technologies pour protéger ses intérêts, parfois au mépris des données individuelles et de la vie privée. Les auteurs décrivent un monde entré dans une guerre froide numérique, avec un « Iron Firewall » entre les pays qui adoptent les technologies 5G chinoises permettant de contrôler la population, et les autres.

Atropia se trouve aux frontières de l'Europe. Des milliers d'Africains tentent d'y pénétrer, et un virus finit par se déclarer dans un camp de réfugiés. Les troupes françaises et américaines interviennent. La bande dessinée montre une campagne de désinformation visant à déstabiliser la population d'Atropia. Des vidéos sont envoyées par les séparatistes montrant les profanations de temples indigènes par les troupes de l'ONU, et des *fake news* indiquent que les médecins propagent le virus Ebola aux bébés dans les vaccins. La commandante Jessica I. Dawson propose une analyse de ce type de phénomène. Elle considère que les nouvelles technologies génèrent systématiquement des changements culturels et politiques importants. Ainsi, le capitalisme de surveillance pourrait avoir un impact sur la sécurité américaine et occidentale. Ces technologies sont en effet potentiellement déstabilisatrices et posent la question de leur contrôle. Les campagnes électorales américaines sont régulièrement influencées sur les réseaux sociaux par les puissances étrangères hostiles comme la Russie. Le système militaire doit se saisir de ce problème dans la mesure où cette tendance pourrait s'accentuer à l'avenir et menacer les équilibres politiques. L'intérêt de l'armée pour le contrôle du capitalisme informationnel peut faire craindre des manipulations massives, si les réseaux sociaux deviennent des champs de bataille, plus seulement pour les publicitaires, mais aussi par les forces armées, conscientes de la nécessité de contrôler l'opinion publique par ce biais. Dawson affirme que « la capacité à cibler le message tendance vers les personnes les plus susceptibles d'y être réceptives réduit la sécurité nationale et érode encore plus la confiance déjà affaiblie dans les institutions »[135]. Dans ce contexte, Renny Gleeson estime qu'il existe de nouvelles règles dans les conflits à venir. Le « codespace » (espace du code) est le théâtre des opérations et les « storyweapons » (armes narratives) sont les armes qui attaquent les décisions institutionnelles. Dans ce contexte, il faut lutter avec d'autres armes narratives. Toutefois, promouvoir la vérité ne garantit pas le succès de la stratégie militaire, dans la mesure où nous sommes entrés dans une ère de la post-vérité. Ainsi, il est avant tout prôné non pas de dire la vérité, mais une meilleure histoire, susceptible de parvenir aux finalités initiales de la stratégie. Cette ère de la militarisation du système narratif pose la question de qui écrira l'histoire américaine, selon Gleeson. Il convient de contrôler les histoires qui circulent en ligne afin d'éviter que les ennemis imposent leur vision du monde, ce qui leur assurerait un pouvoir supplémentaire sur la réalité.

Bruce Schneier rappelle que tout est un ordinateur dans le monde de l'Internet des objets. Il souligne qu'il existe un risque que des hackers s'attaquent à ces ordinateurs de tous ordres, qu'il s'agisse des voitures, des équipements médicaux, des drones, des systèmes d'armement, des thermostats, des centrales électriques, ou des villes intelligentes. Il estime même qu' « aujourd'hui, la sécurité de votre webcam, réfrigérateur, et enregistreur vidéo numérique affecte la sécurité nationale »[136]. Ainsi, l'armée doit mettre en place un système permettant de sécuriser

---

[135] Traduction : « The ability to target the trending message toward people more likely to be receptive to it reduces national security and further erodes already weakened trust in institutions ».

[136] Traduction de : « Today, the security of your webcam, refrigerator and digital video recorder affect national security ». p. 31.

ces infrastructures et ces appareils. Internet a permis d'interconnecter les individus et il faut désormais envisager sa sécurisation afin d'éviter une éventuelle faillite de la société face à des attaques de hackers. Lee C. McIntyre évoque la post-vérité comme une tactique pouvant être utilisée dans une campagne de désinformation, pour démoraliser la population en indiquant qu'il n'existe pas d'accord sur la réalité des faits. Cette approche est souvent utilisée par les leaders autoritaires dans le but de saper les fondements de la démocratie.

Ainsi, une scène de la bande dessinée montre une attaque du camp d'Atropia par les forces de Donovia. Un sergent est enlevé, et des scènes de sa décapitation sont envoyées sur les réseaux. D'autres vidéos montrent qu'il est encore vivant. Finalement, il n'est pas assassiné, mais cette réflexion montre la difficulté de connaitre la vérité dans un monde où les intelligences artificielles et les réseaux sociaux jouent un rôle sans cesse plus important dans la construction de la réalité. Les représentations sont de plus en plus régies par la technologie, et deviennent un enjeu de pouvoir pour les forces militaires. En effet, la manipulation des informations peut avoir un impact considérable sur un équilibre géopolitique.

Ainsi, la bande dessinée *Invisible Force* est une science-fiction institutionnelle au service de l'armée américaine. Elle montre l'importance de concentrer les efforts non seulement sur les armes traditionnelles, mais aussi sur les armes informatiques et informationnelles. Les terroristes de la bande dessinée ressemblent fortement aux leaders de Daesh et d'Al Quaida qui ont maltraité l'Occident pendant deux décennies, et qui menacent toujours de s'attaquer aux fondements du pouvoir américain. De même, les scénarios font écho à l'actualité américaine, à l'influence croissante des réseaux sociaux et des entreprises technologiques, qui constituent une menace croissante sur la vie privée des citoyens. Le sujet de la manipulation des élections américaines par la Russie est aussi évoqué. Cette œuvre peut être considérée comme une forme de propagande au service de l'armée. Elle porte un regard critique sur les ennemis potentiels des États-Unis et de leurs alliés. Elle n'aborde que peu la question de la sauvegarde des informations privées. Les conflits du futur devront protéger la population des attaques de hackers contre les appareils informatiques régissant de plus en plus la vie privée. Provenant de l'intérieur ou de l'extérieur, ils constituent des menaces de plus en plus importantes. La science-fiction institutionnelle du type d'*Invisible Force* vise à anticiper les menaces à partir de données actuelles. Elle fait acte de prospective et d'alerte à partir de signaux faibles et de grandes tendances déjà présentes dans la société. Il est en effet à craindre que les futurs terroristes s'attaquent à des infrastructures stratégiques que les Américains doivent d'ores et déjà préparer à de potentielles attaques. Les récits, dans ce cas, sont au service du pouvoir institutionnel et visent à protéger la population des conflits contre des ennemis encore imaginaires, mais qui pourraient devenir bien réels à l'avenir.

Science fiction prototyping et communication militaire

L'armée américaine a utilisé la méthode du science fiction prototyping pour communiquer sur les futures menaces envers son pays. Cette méthode de créativité fut créée par Brian David Johnson alors qu'il était futurologue de l'entreprise de microprocesseurs Intel. Il cherchait à l'époque à utiliser la science-fiction pour rédiger des histoires permettant d'anticiper et de prévoir l'utilisation des technologies de son entreprise, et notamment de

l'intelligence artificielle à moyen terme, dans les dix ans à venir. Sa méthode a depuis rencontré un grand succès et de nombreuses organisations l'utilisent comme un outil de prospective, mais aussi de communication pour médiatiser des politiques de R&D ou des stratégies militaires. Ainsi, l'armée américaine utilise cette approche dans le but de toucher plus facilement les esprits des soldats, mais aussi du grand public. S'il est possible de créer des prototypes SF sous la forme de nouvelles, de romans, de jeux vidéo ou de films, l'option choisie par *Invisible Force* est la bande dessinée. Elle permet de visualiser les menaces et de comprendre directement les enjeux de l'action de l'armée à l'avenir. Par exemple, une image montre un bébé contaminé par un virus, servant de propagande antiaméricaine par un opposant politique. Cette *fake news* vise à décrédibiliser l'armée dans le but de retourner la population contre elle. Si les terroristes sont accusés de créer des *fake news* pour contrôler l'esprit des citoyens et de faire des réseaux sociaux et d'Internet une arme de guerre, l'armée américaine pourrait aussi être accusée de détourner la science-fiction de sa dimension distractive pour en faire un élément de sa stratégie de communication. La question renvoie en effet à une critique bien connue de l'instrumentalisation de cet imaginaire sous la forme d'une science-fiction institutionnelle militaire, un genre à part, rejeté par une part du lectorat, mais adulé par une autre, qui y cherche des stratégies et des systèmes d'armement encore inexplorés sur le terrain.

Le Threatcasting Lab de l'université d'Arizona qui a collaboré avec l'Army Cyber Institute pour produire *Invisible Force*, a aussi créé d'autres prototypes SF sur les menaces qui pèsent sur les sociétés contemporaines. Sur son site Internet, il avertit les lecteurs de ces multiples bandes dessinées de ses intentions :

« Les prototypes de science-fiction sont des œuvres de fiction, destinées à inciter les individus à réfléchir aux futures capacités numériques / cybernétiques potentielles qui pourraient nous affecter.

Ce sont des futurs plausibles de science-fiction basés sur nos recherches de Threatcasting qui permettent au(x) créateur(s) et au lecteur d'explorer les impacts éthiques, culturels, politiques et de sécurité sur les personnes. Les évènements spécifiques décrits n'existent que dans l'imagination des auteurs. Les emplacements ont été choisis simplement pour dramatiser les scénarios et pourraient tout aussi bien être n'importe quelle ville ou nation démocratique confrontée à des menaces extérieures. Aidez-nous à innover pour un changement positif »[137].

Comme en France, où l'armée collabore avec l'université Paris Science et Lettres (PSL), l'armée s'arroge les talents de prospective et de visions artistiques d'une université américaine. De cette manière, la force et le savoir unissent leurs efforts pour construire les représentations du futur les plus plausibles, en utilisant par ailleurs un imaginaire populaire, qui à déjà fourni à plusieurs reprises les preuves de sa faculté d'anticipation et de prospective.

---

[137] Traduction de : « Science Fiction Prototypes are works of fiction, intended to spur individuals to think about potential future digital / cyber capabilities that could effect us. They are plausible science fiction futures that are based on our Threatcasting research that allow the creator(s) and reader to explore the ethical, cultural, policy and security impacts on people. The specific events depicted exist only in the imagination of the authors. The locations were selected merely to dramatize the story-lines and could just as easily be any city or democratic nation confronting external threats. Help us innovate for positive change ». https://threatcasting.asu.edu/scifi-prototypes

Cyberguerre et prospective

Dans un article publié sur le site de *Forbes*, Nicolas Minvielle et Rémy Hémez[138] affirment que l'idée de cyberguerre germa dans l'esprit du Président américain Ronald Reagan lorsqu'il regarda le film *War Games* en 1983. Cette anecdote est issue du livre de Fred Kaplan[139]. Le film est un des premiers à décrire le piratage du système de lancement des bombes nucléaires américaines et russes par un jeune passionné d'informatique, qui finit par déclencher une guerre thermonucléaire globale. Internet n'existait pas encore, mais on envisageait déjà le pire à propos d'une utilisation néfaste des technologies informatiques. Par la suite, Internet fut créé et les cyberpunks imaginèrent de nombreuses histoires mettant en scène des hackers et des conflits militaires utilisant les univers numériques comme champs de bataille. Les sociétés sont de plus en plus contrôlées et régies par Internet, et son piratage est devenu un enjeu de pouvoir crucial. Qui contrôle Internet contrôle le monde, et l'armée s'est de plus en plus intéressée au sujet depuis les années 2000, consciente de la nécessité stratégique de se doter de forces d'intervention, offensives et défensives, capables d'agir dans le cyberespace[140]. Ventre[141] pressentait que la guerre de l'information serait un enjeu stratégique majeur

---

[138] Minvielle Nicolas et Hémez Rémy, « Ghost in the Shell, ou la métaphore de la cyberguerre du futur ? », *Forbes*, 12 août 2019, *https://www.forbes.fr/technologie/ghost-in-the-shell-ou-la-metaphore-de-la-cyberguerre-du-futur/*.

[139] Kaplan Fred, *Dark Territory: The Secret History of Cyber War,* Simon & Schuster, 2017.

[140] Arpagian Nicolas, *La cyberguerre : La guerre numérique a commencé,* Vuibert, Paris, 2009.

[141] Ventre Daniel, *Cyberguerre et guerre de l'information : Stratégies, règles, enjeux*, Hermes Science Publications, Paris, 2010.

des prochaines décennies. Le scénario *Invisible Force* confirme cette vision et extrapole que cette lutte pour le contrôle du système narratif n'en est qu'à ses débuts. D'ailleurs, l'économiste américain Robert Shiller[142] a aussi insisté sur l'influence des discours sur la réalité économique et politique dans ce qu'il nomme l'économie narrative. Ainsi, les constellations narratives émergent de discours parfois anodins et se propagent comme une épidémie dans la population, générant parfois des phénomènes massifs comme des crises économiques, des bulles spéculatives, ou dans le cas des conflits militaires, des émeutes, des combats, ou des guerres. L'armée se trouve face à un enjeu majeur. Si elle laisse se développer d'une manière anarchique les discours visant à manipuler la population, elle risque de voir le pouvoir politique basculer du côté des ennemis de la nation. D'un autre côté, si elle intervient, elle risque d'interférer dans la vie démocratique. Armée et démocratie n'ont pas toujours fait bon ménage, et une régulation militaire des flux idéologiques ou discursifs pourrait mener à une dictature.

***Invisible force*, propagande ou réflexion éthique sur l'usage d'Internet ?**

Ainsi, ce prototype SF est davantage une œuvre de propagande militaire visant à justifier l'implication de l'armée dans la régulation des réseaux sociaux. L'utilisation de la science-fiction vise ici essentiellement à promouvoir une vision du futur dans laquelle l'intelligence artificielle et l'informatique quantique rendront les conceptions de la réalité bien plus relatives. Le hacking

---

142 Shiller Robert, *Narrative Economics, How Stories Go Viral and Drive Major Economic Events*, Princeton University Press, 2019.

des esprits par les *fake news* pourra ainsi jouer un rôle de terrorisme dans l'ère des Likewars théorisée par Singer[143]. Dans son livre, Clarke[144], anticipe les conséquences catastrophiques d'une cyberguerre pour l'État américain, les avions s'écrasant, les systèmes de communication se déréglant et les forces militaires devenant inopérantes. Wall[145] explique que les récits dystopiques sur la cybercriminalité contribuent à structurer l'opinion sur ces sujets. Ils renforcent une culture de la peur face à la cybercriminalité, ce qui conditionne l'évolution du droit et l'interprétation ultérieure de la justice. Le prototype SF *Invisible Force* vise donc principalement à diffuser une représentation de la cybercriminalité et de la cybermenace dans le but de justifier l'action de l'armée dans la régulation d'Internet. La science-fiction a souvent tendance à exagérer les menaces et à susciter de la paranoïa, comme le montrent Clara et Julia Kuperberg dans leur documentaire *Science-fiction et Paranoïa, la culture de la peur aux États-Unis* (2010). Sherman[146] a expliqué que le cinéma américain véhiculait des représentations paranoïaques d'ennemis potentiels de la nation comme les communistes, les nazis, les musulmans, les zombies ou les extraterrestres. Ainsi se pose la question de l'impact de la bande dessinée *Invisible Force* sur le grand public. L'armée va-t-elle diffuser de cette manière l'image d'une cybermenace réelle, ou l'exagérer

---

143 Singer P. W., *Likewar : The Weaponization of Social Media*, Eamon Dolan / Houghton Mifflin Harcourt, 2018.

144 Clarke Richard A., *Cyber War : The Next Threat to National Security and What to Do about It*, Ecco, 2012.

145 Wall David S., « CYBERCRIME AND THE CULTURE OF FEAR », *Information, Communication & Society*, Vol.11, n°6, 2008, p. 861-884.

146 Sherman Fraser A., *Screen Enemies of the American Way : Political Paranoia About Nazis, Communists, Saboteurs, Terrorists and Body Snatching Aliens in Film and Television*, McFarland, 2014.

dans le but de justifier un investissement massif dans l'armée dans les prochaines années ? La propagande militaire peut prendre la forme des médias de masse et la science-fiction appartient aux genres populaires pouvant aisément diffuser des idées dans l'imaginaire collectif. D'ailleurs, les oeuvres américaines présentent souvent le sauveur comme un soldat américain. L'armée est héroïsée et permet de venir à bout des pires menaces. La science-fiction militaire ne remet pas en question l'armée, mais l'érige en barrière nécessaire contre les ennemis du bien.

La Red Team de l'armée française

Le 4 décembre 2020, Florence Parly, ministre des Armées, a lancé la Red Team, c'est-à-dire une entité de l'armée constituée de dix auteurs recrutés pour prévoir les futures crises géopolitiques et les ruptures technologiques impliquant les militaires[147]. Le processus de recrutement a rencontré un grand succès, puisque 600 candidatures ont été reçues, provenant du monde scientifique, culturel et universitaire. Le projet avait été lancé en 2019 par Emmanuel Chiva, directeur de l'Agence d'innovation Défense (AID), affiliée à la Direction générale de

---

[147] Le 4 décembre 2020, Florence Parly, ministre des Armées française, affirmait à propos de l'éthique du soldat augmenté au Digital Forum Innovation Défense que : « Nous ne disons pas non au soldat augmenté, mais nous en choisissons les modalités : nous rechercherons toujours des alternatives aux transformations invasives, c'est-à-dire des augmentations qui ne franchissent pas la barrière corporelle. Plutôt que d'implanter une puce sous la peau, nous chercherons à l'intégrer à un uniforme. En résumé, nous disons oui à l'armure d'Iron Man et non à l'augmentation et à la mutation génétique de Spiderman ».

l'armement (DGA). L'université PSL (composée de l'École nationale supérieure des mines, l'ENS, la Femis et l'université Paris-Dauphine) animait cette équipe placée sous la responsabilité de Cédric Denis-Rémis, vice-président de l'université PSL. Parmi les auteurs sélectionnés, on trouve Laurent Genefort, qui a signé le cycle d'*Omale* ou la trilogie *Spire*, Romain Lucazeau, associé au cabinet Roland Berger (qui est notamment connu pour ses études en design fiction) auteur du diptyque *Latium*, l'auteur de polars DOA (*Le Cycle clandestin*, *L'Honorable Société*), le scénariste de BD Xavier Dorison (*Troisième Testament*, *Le Château des animaux*), ou le romancier Xavier Mauméjean. Citons aussi le dessinateur de BD François Schuiten (*Les Cités obscures*) qui était chargé de l'illustration avec la designeuse Jeanne Bergeron. La directrice de recherche au CNRS et auteure de science-fiction (*Civilisation 0.0*) Virginie Tournay s'ajoutait à l'équipe, notamment en raison de ses compétences en science politique. Deux autres écrivains ont préféré garder l'anonymat afin d'éviter que cette expérience nuise à leur réputation dans le microcosme science-fictionnel français, farouchement antimilitariste. Les réseaux sociaux ont généré de nombreux commentaires hostiles au projet depuis le lancement en 2019, les puristes estimant que les auteurs sélectionnés se fourvoieraient en collaborant avec une machine de guerre, mettant leur art au service de la mort et de la destruction, plutôt qu'à la vie et au bien-être de l'humanité. Lors de la présentation de la Red Team, Florence Parly a encouragé l'équipe : « Étonnez-nous, bousculez-nous, faites-nous sortir de nos habitudes et de notre confort. Votre mission est sérieuse, précieuse et exigeante ». L'équipe devra développer les scénarios de menaces pour la France à horizon 2030-2060. Pour la ministre des Armées, « cela n'a rien de superficiel ou de léger ». D'ailleurs, les travaux de la Red Team devraient être classifiés. Toutefois, le but n'est pas d'imaginer de nouvelles armes, ce qui aurait probablement nui à l'image du projet, mais de concevoir les évolutions du monde sous l'impact du changement climatique, du progrès technologique, de l'affirmation de nouvelles grandes puissances, ou de l'explosion démographique. La Red Team a présenté des exemples de travaux dans une saison 0, qui en annonçait plusieurs autres. Deux scénarios imaginent les pirates du futur, tant physiques que cybernétiques, au niveau spatial, terrestre ou maritime. Les prospectivistes envisagent l'émergence de mouvements pirates fortement politisés impliqués dans des conflits asymétriques.

Xavier Dorison, DOA et Xavier Maumejean ont rédigé *Barbaresques 3.0*, dans lequel ils envisagent une mer Méditerranée devenue terrain de chasse des Pirates du Couchant, vers 2050. La Turquie a envahi les îles grecques du Dodécanèse et les États du sud sont balkanisés. Le trafic maritime s'est automatisé, les navires sont équipés de « systèmes de défense létaux autonomes » pour lutter contre les attaques de pirates. Les armateurs emploient aussi des compagnies de sécurité privées. NeTam (pour Neuro TerreAirMer) est une interface neuronale permettant aux cerveaux de militaires de contrôler les équipements à distance. En hackant le NeTam, les pirates vont « contaminer les esprits », et pousser les militaires à attaquer leurs alliés. Ainsi, l'équipage d'un navire français victime du virus tire sur un navire italien, ce qui permet aux pirates de s'emparer de leur cargaison de lithium.

Le second scénario P-Nation, a été conçu par Virginie Tournay, Laurent Genefort et Romain Lucazeau. Il se déroule en 2030, alors que des catastrophes naturelles à répétition rendent les côtes et les continents difficilement habitables, provoquant l'exil de millions de personnes et la montée des totalitarismes. De plus, la généralisation de la surveillance de masse repose sur le puçage forcé des populations. Ceux qui le refusent sont rendus apatrides. Face à cela, la P-Nation prend forme. Des migrants climatiques et économiques occupent des villes flottantes. Elle pratique le rançonnage et la cyberpiraterie et accueille 150 millions d'habitants en 2035. Dans le même temps, les Européens construisent un ascenseur spatial. Le but est d'accéder aux réserves minières des astéroïdes et de conquérir Mars. Le projet est centralisé à Kourou, en Guyane française. En 2042, la P-Nation parvient à abattre la fusée Ariane Heavy et à envahir la Guyane. En 2060, elle est présente sur tout le littoral mondial.

Les auteurs de science-fiction ont donc pour mission d'imaginer le futur des conflits afin d'alimenter les réflexions des stratèges de l'armée française. Reste à savoir si les futurs scénarios classifiés anticiperont des armes ou des technologies potentiellement liberticides qui pourraient tomber à l'avenir entre les mains d'éventuels dictateurs. La question de la fonction de l'auteur est ici ouvertement posée, même s'il devient de plus en plus admis que les esprits les plus créatifs peuvent se mettre sans problème éthique particulier au service des intérêts mercantiles, capitalistes ou guerriers en toute bonne conscience, arguant qu'ils œuvrent pour l'amélioration des conditions de vie ou pour la défense des intérêts de la nation à moyen voire long terme, sans se soucier des éventuelles conséquences négatives de l'instrumentalisation de cet imaginaire fortement performatif par des puissances potentiellement antihumanistes.

Dans ce cas, l'imaginaire est instrumentalisé par une institution, qui exploite son potentiel séducteur auprès de la population. La science-fiction américaine est d'ailleurs souvent patriotique à l'extrême, l'armée étant

fréquemment érigée en sauveuse de l'humanité, face à des dangers majeurs comme une invasion extraterrestre ou toutes sortes de périls, comme des monstres ou des ennemis du bien. La science-fiction militaire, dont un des fers de lance est Robert Heinlein, est d'ailleurs un courant particulièrement apprécié par une partie des fans, qui y trouve une source d'inspiration pour l'élaboration de systèmes d'armements futuristes et de stratégies militaires contre toutes sortes d'ennemis.
La science-fiction française est bien plus critique de l'armée. Nous avons d'ailleurs pu noter une réaction indignée d'un certain nombre d'acteurs influents de la scène nationale lors de l'annonce du lancement du projet Red Team par Florence Parly. Le site Internet des éditions La Volte, relayant notamment les propos d'Alain Damasio, critiquait la décision des Utopiales d'inviter le ministère des Armées dans le but de recruter des auteurs :

> « Est-ce là le rôle d'auteur.e.s de science-fiction que de se faire les promoteurs d'un « genre utile », au service d'un état de guerre permanent, tel que l'a décrit Emmanuel Chiva sur scène ? À utiliser la science-fiction dans un but militaire, cet imaginaire de la guerre risque fatalement d'impacter notre vision du monde. La guerre est-elle un horizon souhaitable et désirable ? D'autres champs sont à investir par les auteur.e.s de SF : qu'il s'agisse de l'accès aux soins et de la santé, de l'éducation, des migrations, du lien au vivant ou encore du travail »[148].

Il n'en reste pas moins que l'initiative de l'armée française est censée inspirer les stratégies militaires de prochaines années. Le but était d'utiliser cet art futuriste pour éclairer les décisions des stratèges. De cette manière, la France s'inspirait d'une pratique déjà ancienne et usuelle aux

[148] « Retour sur la nucléarisation et la militarisation des Utopiales 2019 », https://lavolte.net/militarisation-utopiales-2019/

États-Unis. Il n'en reste pas moins que la question soulevée par la Volte et Alain Damasio est intéressante car elle interroge la vocation de la science-fiction à servir certaines causes. En effet, si elle est performative, il est à craindre que des tyrans ou des êtres mal intentionnés décident de s'approprier des pensées dystopiques afin de les réaliser dans le but de favoriser leurs intérêts. Dès lors, faut-il limiter la production de récits dystopiques afin d'éviter qu'ils ne se réalisent ? Jean-Paul Pinto Morales et Javier Medina Vasquez[149] ont montré que l'utilisation de ce type de récits pouvait être utile à des fins de prospective dans le cadre de pratiques de design fiction. En effet, ils montrent en s'appuyant sur les travaux de Rumpala[150] que les acteurs prennent le plus souvent la décision d'agir contre un danger quand ils sont certains qu'il va advenir. Ainsi, « les visions apocalyptiques ou dystopiques ne paralysent par l'action, mais plutôt multiplient les options possibles, et ceci se fait grâce aux mondes générés par la science-fiction, où les alternatives et les conséquences qui pourraient être générées par certaines décisions sont décrites ». Il convient dès lors de produire des dystopies pour construire les représentations du futur péril de la population et des décideurs, et ainsi d'augmenter les chances d'une prise de conscience et d'une action pertinente face à de potentiels dangers, comme l'arrivée d'un astéroïde, une épidémie, la rencontre avec des extraterrestres, ou des conflits contre des hackers par exemple.

---

[149] Pinto Morales Jean Paul et Medina Vasquez Javier, « La construction de dystopies comme alternatives à l'imagination et matérialisation du futur – l'hybridation entre prospective, science-Fiction et speculative design », *XXXème conférence de l'Association Internationale de Management Stratégique (AIMS)*, 2021.

[150] Rumpala Yannick, *Hors des décombres du monde, Écologie, science-fiction et éthique du futur*, Champ Vallon, Paris, 2018.

Le futur de la guerre selon le Conseil de l'Atlantique et l'US Navy

Le Marine Corps Warfighting Lab, partie de l'US Navy, s'intéresse à la science-fiction pour prévoir les futurs conflits. Il a demandé à trois auteurs confirmés de superviser 17 employés de l'organisation ayant un intérêt et des facultés à rédiger des histoires. Cette équipe avait pour mission d'imaginer à quoi ressemblera le monde dans trente ans. Le but est de permettre aux stratèges d'utiliser ces fictions pour anticiper de futurs combats. Un séminaire d'une journée était prévu pour mener à bien ce projet. Les trois auteurs ont été choisis en raison de leurs œuvres précédentes, qui s'interrogeaient sur les conflits futurs. August Cole a notamment rédigé un thriller futuriste sur un conflit global, *Ghost Fleet*. Max Brooks est le plus célèbre. Il est l'auteur du mondialement connu *World War Z*, adapté au cinéma et qui décrit une épidémie de zombies. Enfin, Charles E. Gannon, qui a écrit *Fire with Fire* et *Trial by Fire*, s'intéresse à la possibilité d'une guerre contre des extraterrestres.

Le général Martin Dempsey affirme pour introduire le projet que « nous pensons que la science-fiction peut être prédictive, sur ce qui nous attend, et peut-être même prescriptive sur la façon dont nous devons faire face aux dangers imminents. Le vrai don du genre réside dans sa capacité à être provocateur, et à son pouvoir de développer l'imagination professionnelle (…) La science-fiction nous permet de modéliser des possibilités futures et d'explorer les possibilités tactiques et pratiques des technologies futures ou émergentes. Elle devrait aussi nous amener à considérer les implications éthiques associées à l'adoption de nouvelles façons d'aborder les conflits ». L'objectif de cette journée était de développer la créativité des employés de l'armée dans le but de créer un récit qui sera utilisé par

d'autres services, notamment stratégiques, dont la fonction est d'optimiser le système militaire.
August Cole est le directeur de l'Art of Future War Project. Il a encadré la publication d'une anthologie développée par l'Atlantic Council (Conseil de l'Atlantique), un think tank fondé en 1961 qui publie des rapports dont le but est d'optimiser la coopération transatlantique et internationale. Il déclare encourager le libre-échange entre les deux continents. L'anthologie de l'Atlantic Council est intitulée *War Stories from the future*[151] et est préfacée par Martin Dempsey, ancien chef d'état-major des armées des États-Unis.
La première nouvelle d'Alec Meden est intitulée « From a remove ». Elle s'intéresse au pilotage des drones lors d'une éventuelle Quatrième Guerre mondiale. Les missiles et drones sont pilotés par l'intermédiaire de simulations, le personnage du récit s'équipant notamment de gants haptiques pour mener à bien sa mission. Le récit anticipe un conflit mondial lors duquel les combattants ne prennent plus de risques sur le terrain. Il s'agit d'une métaphore d'une réalité militaire, les drones jouant un rôle de plus en plus important dans les conflits depuis les années 2010. La réalité virtuelle permet d'entrainer les militaires à différentes situations de combat, mais les simulations permettent aussi de contrôler à longue distance des armes capables de pénétrer dans l'espace. Le thème du contrôle des drones est très présent dans les réflexions géostratégiques, et ce récit confirme cette tendance, principalement au sein de l'armée américaine, qui cherche à mener des guerres sans mort dans son camp depuis la première guerre contre l'Irak.

---

[151] Cette anthologie se trouve à cette adresse : http://www.atlanticcouncil.org/publications/books/war-stories-from-the-future

Dans « Article 1, Section 8, Clause11 », Ken Lu évoque des questions géostratégiques actuelles, comme les tensions entre les États-Unis et la Russie ou la Chine, lançant quelques pistes pour résoudre certains conflits, comme la guerre en Ukraine. Il s'intéresse aussi aux hackers. La guerre dans le cyberespace pourrait en effet prendre une dimension considérable dans les prochaines années. Dans la nouvelle, le sénateur John J. Andersen a proposé une loi controversée autorisant les civils à pirater au nom des États-Unis. Internet est comparé à une mer sans foi ni loi dans laquelle les Russes et les Chinois encouragent leurs citoyens à agir comme des pirates parrainés par l'État pour voler la propriété intellectuelle américaine et les renseignements de sécurité nationale. Face aux pirates, il est nécessaire de trouver des réponses adaptées. Cette nouvelle s'inspire de la réalité des relations internationales, puisque la Chine est régulièrement accusée par les autres puissances, et notamment les États-Unis, d'espionnage et de piratage informatique. La question de la sécurité d'Internet est devenue un enjeu militaire, de sécurité nationale, et les informaticiens les plus doués sont souvent employés par l'armée ou les entreprises du secteur des TIC pour protéger les données et éviter des attaques contre l'infrastructure du cyberespace.

L'OTAN et le science fiction prototyping

Les responsables du projet de l'OTAN *Visions of Warfare 2036*, publié en 2016, expliquent que l'hypothèse de départ consistait à exploiter la tradition futuriste de la science-fiction pour contribuer à une réflexion innovante et transformationnelle. Le but est d'aider les personnes à la pointe de la création technologique et de la réflexion

conceptuelle à envisager les évolutions futures de la technologie militaire. L'entreprise SciFutures a réuni un groupe d'auteurs et les a confrontés à une vaste bibliothèque de travaux de prospective de l'Allied Command Transformation. Jeffrey Lohgren, qui introduit l'anthologie, souhaite que les fictions soient insérées dans les réflexions stratégiques à travers des visions novatrices des soldats du futur. Il cite Sergey Brin, fondateur de Google qui affirme que « si ce que nous faisons n'est pas considéré par certaines personnes comme de la science-fiction, ce n'est probablement pas assez transformateur »[152].
La nouvelle « Skyfall » envisage la victoire des forces ouzbèkes contre les drones kirghizs en écrasant des satellites civils contre des satellites militaires. Le document est original, car il pose des questions stratégiques après chaque fiction. Ainsi, l'OTAN doit ce demander à l'aune de cette histoire comment sécuriser l'infrastructure civile contre la cyber menace afin d'éviter qu'une manipulation par des ennemis entrave le bon fonctionnement du matériel militaire. Le scénario pose aussi la question des limites des véhicules autonomes comme les drones dans un contexte conflictuel.
La nouvelle « Bandwith » envisage l'installation de serveurs par un membre de l'OTAN dans une ville occupée de Lituanie pour permettre de cracker le verrouillage russe des réseaux de télécommunications et d'Internet. Cela pose de nombreuses questions de cyber sécurité dans le cas de conflits impliquant l'OTAN. Ainsi, quelles sont les actions à mener sur le terrain en cas d'attaques dans le cyberespace ? De quelle expertise technique l'OTAN devra-t-elle se doter dans le futur pour se prémunir d'éventuelles cyber attaques ?

[152] Traduction de : « If what we are doing is not seen by some people as science fiction, it's probably not transformative enough ».

Dans « Fear Me », les auteurs mettent en scène un soldat chinois modifié génétiquement émettant des hormones favorisant la peur. Il décrit son rôle dans l'invasion du Pakistan. Ce scénario pousse l'OTAN à s'interroger sur l'utilisation de l'ingénierie génétique dans la création des soldats du futur, si ces derniers constituent un avantage stratégique important. Si ces pratiques sont effectivement déjà envisagées en Chine, elles demeurent confidentielles en Occident. La ministre de la Défense française Florence Parly était d'ailleurs en 2020 d'accord pour créer un soldat augmenté, mais non modifié génétiquement. Jusqu'à quand ce tabou sera-t-il respecté dans les conflits militaires ?
Dans « Discern », un pistolet intelligent conçu pour protéger les civils est hacké pour être utilisé comme un instrument de nettoyage ethnique. Cela pose la question de la gestion et de la diffusion des nouveaux armements sur des territoires alliés, qui pourraient être utilisés à l'encontre de leur usage initial. Par ce biais, l'OTAN se pose des questions éthiques, qui ne sont pourtant pas les premières considérations dans le secteur militaire.
La nouvelle « Northwest passage » envisage une utilisation abusive d'une méthode de rédemption énergétique des biomatériaux, qui provoque une destruction massive dans les océans. L'OTAN pourrait être confrontée au dilemme d'utiliser des armes dangereuses pour l'environnement ou pour les populations dans le cadre de certains conflits. Le scénario pose aussi la question pour l'organisation de prendre part à la protection de l'environnement en s'engageant militairement contre des acteurs hostiles aux écosystèmes.
Dans « Truth Bomb », la question de la manipulation des médias sociaux dans un conflit avec la Russie est posée. Est-il possible d'utiliser les informations d'une manière non éthique dans le cadre d'une guerre ? Dans l'avenir, la

propagande militaire passera par une manipulation habile de ces réseaux, qu'il faut apprendre dès à présent à manier pour orienter la population vers les fins souhaitées par l'armée.

La nouvelle « Rapid Déployment » imagine de quelle manière un groupe de fanatiques modifiés génétiquement s'empare de matériel de l'OTAN pour mener une action hostile. Une fois encore, la question de la manipulation génétique de soldats est posée. L'ennemi modifié fait peur, et ce type de récit a le mérite de poser les fondements d'une réflexion sur l'opportunité de mener des recherches approfondies et appliquées dans ce domaine.

Avec ce recueil de fictions, l'OTAN et SciFutures ont montré leur capacité à anticiper le futur des conflits armés à moyen terme grâce à la science-fiction. Il n'est pas précisé si l'organisation internationale a classifié certaines nouvelles plus stratégiques, ou si elle a décidé de livrer les plus pertinentes au grand public, et à ses potentiels ennemis, dont la Chine et la Russie. L'imaginaire peut donc être au service d'intérêts institutionnels, et notamment militaires, servant à envisager les futurs dangers auxquels sera confronté le monde. Cette science-fiction institutionnelle est nécessairement partisane, Sci-Futures étant rémunérée pour fournir des histoires conformes aux intérêts de l'organisation. Une des nouvelles parle de propagande. L'imaginaire du futur de l'action de l'OTAN vise à médiatiser de façon simple et pédagogique les enjeux du futur auprès d'acteurs qui sinon, n'auraient probablement pas pris le temps de consulter les ouvrages de prospective de l'institution. Car les idées de ces nouvelles ne naissent pas *ex nihilo*. Elles sont inspirées par des rapports d'experts qui ont déjà envisagé les problématiques soutenues à travers un style plus conceptuel. Les scénarios viennent les illustrer. De même que Jules Verne concevait son œuvre comme un moyen de populariser la science, ce type d'anthologie vise à diffuser au plus grand nombre les problématiques militaires. Plutôt que d'attendre que des artistes indépendants se décident à créer des fictions mettant en exergue le rôle de l'OTAN, ce qui serait hautement improbable sous une forme aussi apologétique, l'état-major a pris la décision de prendre les devants et de créer sa propre vision du futur, dans laquelle les auteurs ont pu définir les futurs ennemis et les périls à venir. Ainsi, ces récits ne critiquent pas les pouvoirs institués, mais les légitiment. La critique, quand il y en a une, s'oriente vers les forces hostiles à l'institution. Il s'agit d'un phénomène de légitimation de l'institution, dans le but de renforcer son image de protectrice du monde libre auprès du grand public.

Chez les Anglo-saxons, la science-fiction militariste connait de nombreux adeptes et légitime la guerre comme l'expression de la puissance de l'État. Ce sous-genre décrit en détail des conflits armés, les histoires se déroulant bien souvent sur des planètes ou des galaxies éloignées. Ces récits, dont *Starship Troopers* de Robert Heinlein est un des exemples les plus connus, permettent d'envisager l'impact d'armes futuristes dans des conflits imaginaires qui pourraient devenir réalité. Nous n'avons pas eu écho de projets d'études des technologies de la science-fiction militaire, mais il est probable que de telles analyses soient menées ou doivent l'être dans un futur proche, tant ces récits semblent inspirer les différentes armées du monde depuis un certain temps .Le document *Visions of Warfare 2036* est un exemple d'anthologie militariste et institutionnelle utilisant le science fiction prototyping à des fins de propagande auprès d'un lectorat traditionnellement composé d'un public de leaders d'opinion chargés par la suite de diffuser la vision du futur de l'institution auprès de leurs congénères, et ainsi d'assurer la convergence des visions entre l'armée et les citoyens censés la légitimer et la financer. L'armée est une institution spécifique, qui opère auprès de l'opinion selon des stratégies qui diffèrent sensiblement des entreprises. Il n'en reste pas moins qu'entreprises, armées, et organisations publiques sont de plus en plus souvent charmées par le potentiel enjôleur de la science-fiction, dont la structure narrative a un effet convaincant sur l'opinion, en partie en raison de son aura de fiction anticipatrice érigée au fil du vingtième siècle et qui fonctionne comme une véritable mystique de l'innovation au vingt et unième siècle.

Le projet Soldat du futur de l'armée suisse

Le livre *Soldat du futur*[153] s'inscrit dans le programme de recherche en prospective d'Armasuisse Science et Technologie, aussi connu sous le nom Deftech (Defence Future Technologies). Son but est de déterminer les tendances technologiques potentiellement utiles à l'Armée suisse pour préparer la lutte contre les futures menaces. Un atelier virtuel a été organisé avec le concours de l'agence française de l'innovation de défense (AID). Les auteurs du livre ont inventé une trentaine de néologismes décrivant des technologies utopiques. L'idée était d'imaginer des concepts qui pourraient être utilisés à l'avenir sur le champ de bataille. De cette manière, l'armée suisse se préparait à développer des technologies de pointe dans le but d'adapter le soldat du futur à de nouvelles formes de combat. Emmanuel Chiva, dans un propos introductif,

---

153 Paucot Anne-Caroline, Ladetto Quentin, *Soldat du futur*, Les Propulseurs, 2021.

émet toutefois des réserves relatives à une cyborgisation excessive des soldats : « Que dire alors de l'acceptation sociale d'un Robocop bardé d'électronique et équipé d'un exosquelette ? Le soldat dit « augmenté » doit rester un homme, et la technologie ne doit pas en occulter l'humanité »[154]. Voici quelques exemples de technologies décrites dans l'ouvrage, avec leur description sommaire :

Technologie utopique	**Description**
Actipathie	Commande des machines par la pensée.
Cobrette	Lunettes augmentées adaptées au combat et à l'entrainement.
Dynabotte	Chaussure militaire qui produit de l'énergie.
Nyctascope	Soldat d'élite équipé d'un dispositif de vision nocturne.
Transpacape	Système fournissant l'invisibilité aux hommes et aux objets.
Moustigène	Protection contre les moustiques obtenue par modification génétique.
Propulsin	Dispositif permettant aux fantassins de voler.
Zoobot	Robot animal destiné au combat.
Fabricopétiste	Gestionnaire des imprimantes 3D installées sur le terrain des opérations.
PrévIAteur	Intelligence artificielle stratège spécialisée dans la détection et la prévention des conflits.
Dronille	Drone de très petite dimension.
Virtunette	Lunette de réalité virtuelle pour

154 *Ibid*, p. 15.

	s'entrainer et se former.
Foularme	Arme non létale qui, dans une foule, paralyse des personnes identifiées.

Tableau. Technologies utopiques principales du livre *Soldat du futur*.

Cet ouvrage à la frontière entre la science-fiction et la prospective est donc produit à destination de l'institution militaire. Les technologies imaginaires présentées visent à servir de point de départ à un processus d'innovation devant mener à leur réalisation et à leur application sur le champ de bataille à plus ou moins long terme. Il est intéressant de noter que l'armée suisse et l'armée française se sont intéressées à la science-fiction à peu près à la même période, et qu'Emmanuel Chiva fut un des artisans de ces projets de prospective originaux. Reste à savoir si ces œuvres de prospective des armées visent effectivement à orienter les stratégies militaires, ou si elles ne constituent pas des leurres visant à faire imaginer aux potentiels ennemis les orientations de la R&D des armées. Si le projet *Soldat du futur* est public, d'autres scénarios demeurent classifiés secret défense afin de ne pas éveiller l'attention des ennemis de la nation.

Chapitre VI

L'influence de la science-fiction sur la société

L'hypothèse de la grande migration fantastique

Dans un article pour *The Conversation*, Gavin Miller[155] affirme que la psychologie a souvent soutenu le rejet de la science-fiction. L'argument le plus récent contre ce genre est « the great fantasy migration hypothesis», qui explique que le monde réel du chômage et de la dette est trop décevant pour une génération de narcissiques qui préfèrent s'orienter vers l'imagination où ils peuvent vivre leurs fantasmes grandioses. McCain, Gentile et Campbell expliquent que « bien qu'elle concerne principalement le divertissement et les loisirs, la culture geek est de plus en plus présente dans notre société. Son étude peut nous en dire long sur la manière dont les individus interagissent avec les médias et pour quelles raisons. Nos résultats suggèrent que les médias geeks sont particulièrement attrayants pour les narcissiques, indépendamment des variables démographiques. Étant donné la tendance à la montée du narcissisme aux États-Unis, la compréhension des médias geeks peut éclairer la fonction que jouent les médias dans le processus narcissique. Nous avons également constaté que l'engagement des geeks était lié à la dépression subclinique, ce qui le rend potentiellement pertinent pour les psychologues cliniciens en tant que

---

[155] Miller Gavin, « Fan of sci-fi ? Psychologists have you in their sights », *The Conversation*, 18 février 2020. https://theconversation.com/fan-of-sci-fi-psychologists-have-you-in-their-sights-131342

cause ou remède potentiel pour l'humeur dépressive »[156]. Les auteurs précisent que le narcissisme se développe aux États-Unis depuis les années 1970, mais que les moyens économiques et sociaux pour le soutenir comme les emplois prestigieux et le crédit sont de moins en moins viables pour la majorité des acteurs. Cela provoque un inconfort, ou une dissonance cognitive liée à une différence importante entre le sentiment d'appréciation de soi et la réalité. Un grand nombre de personnes résolvent ce problème en migrant dans un monde fantastique à travers les jeux de rôle, les fandoms et les médias fantastiques. Ces passe-temps donnent l'occasion de vivre un moi grandiose impossible à reproduire dans la réalité. Toutefois, il peut arriver que certains individus connaissent un succès dans ce monde fantastique, par exemple dans des jeux ou des cosplays, qui les mènent au succès dans le monde réel. Les auteurs affirment qu'il est plus facile d'obtenir le statut d'expert sur des sujets geeks comme *Star Trek* car il n'est pas nécessaire d'avoir de certifications et d'éducation. « Ainsi, les individus narcissiques qui sont incapables de recevoir l'admiration et les éloges qu'ils se sentent en droit d'obtenir (que ce soit à cause d'un échec ou parce que leur fantasme

---

[156] McCain Jessica, Gentile Brittany, Campbell W. Keith, « A Psychological Exploration of Engagement in Geek Culture », *PLoS One*, Vol. 10, n°11, 2015. Traduction de : « Although it primarily concerns entertainment and leisure, geek culture is becoming an increasingly prevalent part of our society. The study of geek culture can tell us much about how individuals engage with media and for what reasons. Our findings suggest that geek media is especially attractive to narcissists, independent of demographic variables. Given the trend of rising narcissism in the United States, understanding geek media may shed light on the function media plays in the narcissistic process. We have also found geek engagement to be related to subclinical depression, making it potentially relevant to clinical psychologists as either a cause or a potential remedy for depressed mood ».

grandiose est impossible à vivre dans le monde réel) peuvent se tourner vers un monde imaginaire où un tel éloge est plus facilement obtenu »[157]. Les psychologues qui ont réalisé cette étude ne sont pas loin de traiter les fans de science-fiction et de fantasy de losers. Gavin Miller estime que « bien que la psychologie ne diagnostique pas exactement les fans comme des malades mentaux, l'insinuation demeure: la science-fiction élude, plutôt que confronte, la déception avec le monde réel »[158]. Il fait remonter l'accusation psychologique selon laquelle les littératures de l'imaginaire détournent de la vie réelle aux années 1950, et plus précisément à l'étude du cas « Kirk Allen » par le psychanalyste Robert Lindner en 1954. Ce patient pensait qu'il était à la fois un scientifique sur Terre et un empereur interplanétaire. Il croyait pouvoir entrer dans son autre vie en voyageant mentalement dans un futur lointain où il était respecté et puissant. Lindner expliquait ce cas par un traumatisme enfantin et indiquait que les lecteurs de science-fiction étaient attirés par une vie imaginaire dans laquelle les individus sont puissants, contrastant avec leurs déficiences et déceptions dans le monde réel. Les propos de Lindner étaient à l'époque respectés et il publiait dans des revues à succès, ce qui peut expliquer la diffusion de cette opinion à l'encontre des fans de science-fiction. Il convient donc de s'interroger sur les relations entre des visions du monde très différentes, entre les esprits psychanalysants et les

---

[157] Traduction de : « Thus, narcissistic individuals who are unable to receive the admiration and praise to which they feel entitled (whether because of failure, or because their grandiose fantasy is impossible to live out in the real world) may turn to a fantasy world where such praise is more easily obtained ». *Ibid.*

[158] Miller Gavin, *Ibid*, Traduction de : « But, while psychology may not exactly diagnose fans as mentally ill, the insinuation remains – science fiction evades, rather than confronts, disappointment with the real world ».

esprits fantaisistes, aux perspectives sensiblement éloignées. L'auteur de science-fiction et créateur de la scientologie Ron Hubbard a par ailleurs rejeté la psychiatrie dans son mouvement religieux. La vérité pourrait bien se trouver entre les deux approches, qui finissent par tourner au combat d'insultes, les uns traitant les autres des psychopathes et de losers, quand les fantaisistes traitent les psychiatres de fascistes. Heureusement, les extrémistes n'ont qu'une faible influence sur le développement de la science-fiction et de la fantaisie, qui répondent avant tout à un marché de l'imaginaire en pleine expansion. Si quelques cas de fuite dans une pensée spéculative se révèlent pathologiques, nous n'avons pas trouvé d'enquête de psychologie ou de sociologie révélant des dysfonctionnements collectifs majeurs liés à une culture du narcissisme exacerbée assumée par une fuite en avant dans le fantastique. Bien au contraire, nous préférons nous intéresser aux effets bénéfiques de ces récits sur la créativité des acteurs et l'optimisation du système économique reposant notamment sur l'innovation et la culture technoscientifique.

Un sondage sur l'influence de la science-fiction sur la société française

Un sondage réalisé par Opinion Way du 28 au 29 août 2019 pour FOB Paris a questionné les Français sur leur rapport au temps et au futur. 74% d'entre eux ont le sentiment de vivre en pleine science-fiction. 81% estiment plausible qu'une femme devienne Présidente. Toutefois, 75% jugent peu vraisemblable l'élection d'une présidente musulmane. Par ailleurs, la prise du pouvoir par un dictateur est envisageable pour 45% des sondés. Les idées fantaisistes se diffusent de plus en plus dans la société, au point d'orienter les représentations des personnes interrogées sur l'amour. 30% des Français considèrent que les technologies feront disparaitre les rencontres amoureuses physiques au profit des applications. Ce thème est particulièrement présent dans le courant cyberpunk. Pensons particulièrement à une scène de cybersexe devenue culte dans le film *Demolition Man.* De même, 34% des 18-24 ans pensent que la majorité des rencontres seront numériques à l'avenir. Enfin, 17% estiment que les rapports seront réalisés avec des robots. En matière alimentaire, la science-fiction a eu une influence moindre sur les représentations du futur des Français. Seuls 28% des jeunes de 18-24 ans pensent que la nourriture sera consommée sous forme de pilules. Cette idée s'était propagée dans le but de résoudre le problème de la surpopulation dans les années 1960. De même, elle fut rendue réaliste par les programmes spatiaux, qui cherchaient des manières sûres et économiques de nourrir les astronautes partis dans de longues missions. À l'inverse, 46% des personnes interrogées pensent que l'humanité devra se nourrir davantage d'insectes à l'avenir, 59 % de substituts végétaux à la viande, et 63% d'algues, de fleurs et de graines. Finalement, 62 % des Français estiment que la réalité rattrape la science-fiction en matière d'alimentation. La propagation de cette culture dans la société française est intéressante, la population étant consciente de vivre dans un environnement imaginaire, voire idéologique, structuré par des récits provenant en grande partie des pays anglo-saxons. Face à l'idée d'une nourriture chimique, la société française a toutefois répondu en multipliant les programmes télévisés gastronomiques, faisant l'éloge de produits sains et cuisinés avec talent par les meilleurs chefs. Si la culture SF se diffuse rapidement, elle suscite aussi des réactions, le naturel étant toujours préféré au technologique par une grande partie de la population. Le constat de vivre dans une culture science-fictionnelle est peut-être la preuve d'un certain fatalisme. Il peut aussi provoquer la création de nouvelles pratiques permettant de générer des innovations durables.

Deux sondages sur l'impact de la science-fiction sur le rapport à la technologie des interrogés

Une étude publiée en juillet 2020, menée du 17 au 27 mars 2020 par le National Opinion Research Center et financée par la Fondation Charles Koch et interrogeant 1 900 résidents américains adultes révélait que 67% des Américains qui regardaient fréquemment des programmes et des films de science-fiction pensaient qu'il faudrait faire plus pour développer l'IA. Dans le même temps, 55% de ceux qui n'en regardaient pas souhaitaient la même chose. Les téléspectateurs de ce type de programmes étaient également plus susceptibles de dire que l'IA bénéficierait plutôt que nuirait à la société. Brewer affirme que « nous avons constaté que les fans de science-fiction sont particulièrement favorables au développement de la technologie de l'IA, ce qui est particulièrement fascinant si l'on considère la façon dont l'IA est souvent représentée négativement dans les films de science-fiction ».
Une enquête de 2017 auprès des Britanniques a révélé qu'entre 20 et 50% des personnes pensent que les technologies comme les sabres laser (20%), les hoverboards (40%), la téléportation (24%) et la technologie d'effacement de la mémoire (50%) existent réellement. Un tiers des personnes interrogées pensaient qu'il était possible de déplacer les objets par la seule force de l'esprit. 25% pensent que les capes d'invisibilité

existent et 18% qu'ils pouvaient voir la gravité. 10% pensaient qu'il était possible de faire pousser une paire d'yeux supplémentaire. Cette confusion mentale s'explique par les progrès des effets spéciaux et par une avancée de la crédulité des individus. Pam Waddell, directeur de Birmingham Science City, affirmait pour expliquer ces résultats, que « bien que les films et la télévision puissent être reconnus comme créant de la confusion, il convient également de souligner à quel point la science est devenue avancée et beaucoup de choses considérées comme seulement possibles dans la fiction sont maintenant devenues réalité, ou sont en voie de création en raison des progrès de la science ». Les personnes interrogées seraient donc mues par une forme d'optimisme radical, en avance sur leur temps, influencées par les découvertes scientifiques qui annoncent effectivement la possibilité prochaine de réaliser la cape d'invisibilité ou les hoverboards. Les projets scientifiques cherchant à réaliser la science-fiction sont de plus en plus fréquents, et leur médiatisation virale tend à provoquer une confusion dans l'imaginaire collectif et à créer chez certains individus des opinions éloignées de la réalité.

La science-fiction a-t-elle une influence positive sur les jeunes lecteurs ?

Dans un article publié sur le site *The Conversation*[159], Esther Jones explique que la lecture de romans fantastiques et de science-fiction peut aider les jeunes à faire face à l'anxiété liée à la pandémie de Covid 19. Elle étudie notamment dans son livre *Medicine and Ethics in Black Women's Speculative Fiction* la manière dont la

[159] Jones Esther, « Science fiction builds mental resiliency in young readers », *The Conversation*, 11 mai 2020.

science-fiction favorise la compréhension des différences humaines et la pensée éthique. Ainsi, cet imaginaire pourrait générer des capacités de réflexion critique et une intelligence émotionnelle chez les jeunes lecteurs. Toutefois, les psychologues cognitivistes Dan Johnson et Chris Gavaler ont développé la thèse inverse, qui témoigne d'une opinion aussi largement répandue selon laquelle ces récits rendraient stupide[160]. Pour démontrer cela, ils ont soumis à des individus des textes avec une intrigue semblable, mais différents dans leur style, l'un appartenant au réalisme narratif et l'autre à la science-fiction. Il en ressort que les lecteurs de la deuxième catégorie ont fait moins d'efforts pour comprendre l'esprit des personnages, préférant s'intéresser au monde de l'histoire. Ils ont obtenu des scores inférieurs en compréhension en général et dans les sous-catégories de la théorie de l'esprit, du monde et de l'intrigue. Les chercheurs expliquent ces différences par les constructions sociales antérieures des lecteurs concernant les textes de science-fiction et de réalisme narratif. Ils considèrent que la science-fiction est caractérisée comme étant moins axée sur les relations interpersonnelles. Ils concluent que ses lecteurs s'attendent à une histoire plus simple à comprendre, ce qui déclenche une lecture globale plus pauvre. À la suite des critiques reçues, les psychologues ont réalisé une nouvelle étude deux ans plus tard sur plus de 200 personnes, comparant leurs lectures de deux nouveaux textes, l'un réaliste et l'autre modifiant le personnage par le terme robot. Gavaler estima cette fois que la fiction littéraire et la fiction de genre, en particulier de science-fiction, ne sont pas des catégories distinctes.

---

160 Gavaler Chris, Johnson Dan, « The genre effect: A science fiction (vs. realism) manipulation decreases inference effort, reading comprehension, and perceptions of literary merit ». *Scientific Study of Literature,* Vol. 7, n°1, 2017, p. 79-108.

Cette fois-ci, les lecteurs des deux textes ont obtenu le même score en termes de compréhension, notamment de l'intrigue. Cette nouvelle étude permettait de réhabiliter la science-fiction, qui avait été rabaissée à un sous-genre nuisible à l'intelligence.

Christopher Benjamin Menadue et Susan Jacups[161] ont effectué une enquête en ligne qui a recueilli en 2015-2016 909 réponses. Le but était d'identifier les caractéristiques des lecteurs de science-fiction, leurs connaissances d'œuvres, d'auteurs et de sous-genres, examinant leurs attitudes à l'égard de la science. Ils ont constaté que la consultation de littératures de l'imaginaire peut avoir un rôle dans l'adoption d'une pratique soutenue de la lecture, ce qui est bénéfique chez les jeunes, et que cette pratique est complémentaire et non compétitive d'autres formes de consommation. La science-fiction a aussi une influence importante sur la perception et l'acceptation de la science par le public. Elle contribue au soutien populaire des efforts scientifiques. Les chercheurs qui ont réalisé cette enquête considèrent qu'elle est un outil de recherche précieux pour l'engagement scientifique du public.

Selon Esther Jones, la distance avec le réel offerte par ces fictions donne aux lecteurs un moyen de faire face à la complexité en ayant recours à leur imagination pour envisager différentes façons de gérer les problèmes sociaux. Elle estime que « la pensée critique et les habitudes d'esprit agiles suscitées par ce type de littérature peuvent produire une résilience et une créativité que la vie quotidienne et la réalité ne font généralement pas ». Elle incite donc les parents à laisser leurs enfants s'adonner à leur évasion dans les littératures de l'imaginaire pour les

---

[161] Menadue Chistopher Benjamin, Jacups Susan, « Who Reads Science Fiction and Fantasy, and How Do They Feel About Science? Preliminary Findings From an Online Survey », *SAGE Open*. April 2018.

aider à gérer la pandémie de Covid 19, et les situations de crise en général.
Kevin L. Young et Charli Carpenter se sont interrogés sur l'impact de la science-fiction sur la réalité politique à travers l'exemple des robots tueurs[162]. Ils cherchaient à vérifier si la culture populaire affectait l'opinion publique sur la politique étrangère à travers une enquête sur les attitudes américaines vis-à-vis des armes totalement autonomes. Ils ont interrogé des répondants sur leur consommation de culture populaire et en particulier de films emblématiques mettant en scène l'intelligence artificielle militaire. Il en ressort que la consommation des films avec des intelligences artificielles armées effrayantes génère une plus grande opposition aux armes autonomes. Ils nomment ce phénomène « effet d'alphabétisation de science-fiction », ou effet « sci-fi geek ».
Anette Stimmer[163] a étudié de quelle manière la culture populaire influence les débats sur la politique de sécurité des États-Unis à travers l'exemple de l'utilisation de *Star Wars* dans le débat sur la Strategic Defense Initiative (SDI) de Ronald Reagan. Le terme Star Wars a souvent été utilisé pour désigner la SDI lors des débats dans les années 1980. Stimmer part du constat que les chercheurs soulignent les effets à la fois invalidants et favorables de la culture populaire sur les débats politiques. Elle mentionne un effet neutralisant qui transforme les références de la culture populaire en raccourcis descriptifs. La plupart des décideurs ont perçu le label *Star Wars* comme ayant un effet handicapant, car il jetait un doute sur la viabilité et

---

162 Young Kevin L., Carpenter Charli, « Does Science Fiction Affect Political Fact? Yes and No: A Survey Experiment on "Killer Robots" », *International Studies Quarterly*, Vol. 62, Issue 3, September 2018, p. 562-576.
163 Stimmer Anette, « Star Wars or Strategic Defense Initiative: What's in a Name? », *Journal of Global Security Studies*, Vol. 4, Issue 4, October 2019, p. 430–447.

l'opportunité de la SDI. Les opposants ont joué sur cet effet et les partisans se sont opposés à cette étiquette ou se sont abstenus de l'utiliser. L'introduction du terme professionnel SDI a aidé les promoteurs du projet à atténuer la dimension science-fictionnelle dans un environnement d'experts alors que pour le grand public, l'utilisation généralisée du label Star Wars en a fait un raccourci descriptif.

La fiction est fréquemment accusée de stéréotyper les scientifiques et de sensationnaliser les nouvelles technologies, tout en assurant la promotion des carrières scientifiques. L'enquête de Lindy Orthia[164] vise à étudier le rôle de la série *Doctor Who* sur l'attitude du public à l'égard de la science. Elle souligne que la plupart des études suggèrent que le public traite le contenu fictif de manière critique, conscient qu'il s'agit de fictions, et l'utilise comme une ressource discursive pour enrichir les discussions sur la science. Elle a donc mené une enquête qualitative auprès des téléspectateurs de la série. Il en ressort que *Doctor Who* a incité les téléspectateurs à réfléchir de manière plus approfondie sur un sujet scientifique en leur présentant de nouvelles idées. De même, la science-fiction peut inciter certains téléspectateurs à s'engager profondément dans les débats scientifiques actuels. Toutefois, le public réagit différemment face à de telles fictions, certains individus affirmant ne pas les prendre suffisamment au sérieux pour être influencés.

---

[164] Lindy Orthia, « How does science fiction television shape fan's relationships to science ? Results from a survey of 575 Doctor Who viewers », *Journal of Science Communication*, Vol. 18, Issue 4, 2019.

Science-fiction et croyances

Jean-Bruno Renard a montré dans une enquête de 1985 que les amateurs de SF sont systématiquement plus croyants que les non-amateurs de SF en ce qui concerne les croyances fantastiques notamment relatives à l'existence des extraterrestres, des OVNIS et des phénomènes étranges comme les transmissions de pensée, la radiesthésie, la magie ou la voyance[165]. Renard ajoute qu' « il est intéressant de noter que la corrélation entre la propension envers l'étranger et le goût pour la science-fiction ne concerne pas seulement le plan des opinions et des croyances, mais aussi celui des expériences paranormales : les amateurs de science-fiction sont significativement plus souvent témoins d'apparitions d'OVNI que les non-amateurs de science-fiction ! »[166]. Il souligne la propension des incroyants à croire dans des récits merveilleux, constituant une tentation dans les sociétés technoscientifiques : « De nombreux anthropologues ont montré que les sociétés traditionnelles et les peuples de l'Antiquité ne croyaient pas à leurs légendes et à leurs mythes autant qu'on pouvait le supposer. À l'inverse, la littérature de l'imaginaire est une tentation : de même que le croyant peut douter, de même « l'incroyant n'est jamais à l'abri de la tentation de croire » »[167]. La croyance dans les OVNIS s'est quelque peu estompée depuis les années 2000, mais on constate une nouvelle forme de croyance dans la dimension

---

[165] Renard Jean-Bruno, « Le public de la science-fiction », *Science-Fiction*, n°5, Paris, Denoël, 1985, p. 138-165.

[166] Renard Jean-Bruno, « Science-fiction et croyance », *Sociétés*, 2011/3, n°113, p. 19-27.

[167] De Queiroz Siquiera Paulo F., « Entre croyance et acroyance », *Nouvelle Revue de Psychanalyse*, n°18 (« La croyance »), Automne 1978, p. 193.

prophétique de la science-fiction, notamment sur de nombreux sites Internet de prospective ou scientifiques. Les innovateurs croient de plus en plus dans le pouvoir de prédiction de cet imaginaire. Cette croyance, qui mobilise une population rationnelle et intéressée par les sciences révèle l'adhésion à une vision du futur à la fois fictionnelle et rationnelle, mêlant science-fiction, informations scientifiques et techniques, et données économiques. C'est à ce titre qu'il est possible d'évoquer un imaginaire idéologique qui mobilise de nombreuses croyances dans le monde des affaires et de la prospective scientifique. Une idéologie de la science-fiction tend à s'instituer comme un métarécit dominant[168], qui construit les représentations collectives du futur technologique des acteurs engagés dans les processus d'innovation, aussi bien professionnels que consommateurs. Il est ainsi intéressant d'analyser les processus de croyance à l'œuvre dans ces univers.

Frédéric Vincent affirme qu' « il parait judicieux, comme le souligne Michel Maffesoli, de comprendre la postmodernité naissante comme l'émergence d'un néo-archaïsme. Un univers comme *Star Wars* ne fait pas exception et témoigne de la perdurance de certains thèmes mythologiques que l'on pensait exclusifs aux sociétés de tradition. Si l'initiation telle qu'elle était pratiquée dans les tribus primitives a disparu de nos sociétés contemporaines, la soif d'une quête initiatique semble, par contre, toujours aussi prégnante dans l'esprit de l'homme postmoderne »[169]. Les œuvres de science-fiction permettent de remédier aux carences de la socialisation primaire de l'école ou de la famille en constituant une socialisation secondaire. Frédéric Vincent observe des

[168] Sur le fonctionnement de cette idéologie, voir Michaud Thomas, *Télécommunications et science-fiction*, Éditions Memoriae, 2008.

[169] Vincent Frédéric, « Le sacré et le fan. Étude sur l'univers science-fictionnel de Star Wars », *Sociétés*, 2011/3, n°113, p. 49-61.

phénomènes de croyance qui concernent les fans de *Star Wars*, qui s'opposent parfois violemment aux fans de *Star Trek*. De même, ils s'adonnent à des débats quasi théologiques sur des détails de l'univers de leurs sagas préférées, comme les croyants d'une religion le feraient sur des passages de leurs livres sacrés. Les fans vouent un culte à des statuettes, des figurines, des goodies, des tee-shirts voire des tatouages. Des cars de touristes se rendent aussi en pèlerinage en Tunisie pour visiter les sites de tournage de la saga. Les cosplays permettent aussi de prendre un rôle dans les tribus postmodernes que constituent les communautés de fans de fictions comme *Star Wars* ou *Star Trek*. Vincent conclut que « le ciné-tourisme, le cosplay, ou encore le tribalisme postmoderne impliquent un ensemble de pratiques sociales qui réintègrent le sacré dans la vie quotidienne et où il devient à nouveau possible de partager et d'intégrer autrement un monde imaginaire ».

Il est intéressant de constater que la croyance qui émane de la science-fiction ne concerne plus seulement un public adolescent, mais que ces derniers, devenus adultes, utilisent le corpus d'œuvres qui les a inspirés plus jeunes pour envisager et construire leur avenir personnel et le futur de l'économie et de la société.

Ainsi, ces différentes études témoignent d'un impact de plus en plus important de ces récits sur le grand public. La culture de masse en a fait un système culturel très influent dans l'élaboration des visions du futur de millions d'individus. Il n'est donc pas étonnant que les institutions s'intéressent de près à un phénomène qui contribue autant à structurer les croyances individuelles et collectives. Créer sa propre science-fiction revient à s'insérer dans un mode de pensée qui touche aussi bien les masses populaires que les élites militaires et capitalistes. La science-fiction institutionnelle est produite par des individus conscients qu'un grand nombre d'acteurs s'identifient facilement à cet imaginaire. En octobre 2022, l'auteur de comics Alan Moore a d'ailleurs perçu dans le succès des films de superhéros chez des adultes un processus d'infantilisation annonciateur d'un nouveau fascisme. Il peut paraitre effectivement un peu étonnant de voir des institutions respectables s'adresser à ses consommateurs et à ses investisseurs par le prisme de bandes dessinées ou de nouvelles de science-fiction, parfois peu sérieuses. Mais ce mode d'expression est plus sensé qu'il n'y parait. Il s'agit en effet de s'inscrire dans une mythologie collective, d'apparence simpliste, mais riche d'un sens spirituel complexe. La société technoscientifique a en effet besoin de héros produits par des expériences scientifiques, les superhéros, d'êtres surnaturels, démoniaques ou angéliques, comme les extraterrestres, par exemple, et de technologies utopiques faisant rêver sur l'avenir d'un capitalisme qui, s'il continuait à innover, permettrait de commercialiser des artefacts fabuleux. Quoi de plus naturel, dès lors, que les institutions de ce système économique participent à l'alimentation de cette mythologie en représentations futuristes ? Nous avons vu que certains psychologues et théoriciens réduisent la science-fiction à un délire fascinant les esprits narcissiques déçus par le système. Sa dimension institutionnelle semble prouver qu'elle suscite aussi l'intérêt des leaders de la société, qui n'hésitent pas à investir dans la création de tels récits et à y associer leur réputation et leur vision stratégique. Si ce phénomène est encore récent, il convient d'attendre quelques années pour voir si cette mythologie mènera la civilisation à des réalisations positives ou négatives, à une utopie réalisée, où à des univers dystopiques[170].

---

[170] Espérons que la science-fiction ne devienne pas ce que l'écrivain Maurice Dantec nommait un « laboratoire de catastrophe générale »

titre de son journal métaphysique. Dantec Maurice Georges, *Laboratoire de catastrophe générale – Journal métaphysique et polémique 2000-2001*, Gallimard, Paris, 2001.

Chapitre VII

Design fiction, utopie et protopie

Le futurologue Kevin Kelly a introduit le terme *protopia*[171] résumant une philosophie de vie se trouvant entre l'utopie et la dystopie :

« Je pense que notre destination n'est ni l'utopie, ni la dystopie, ni le *statu quo*, mais la protopie. La protopie est un état qui est meilleur aujourd'hui qu'hier, bien qu'il ne soit peut-être qu'un peu meilleur. La protopie est beaucoup plus difficile à visualiser. Parce qu'une protopie contient autant de nouveaux problèmes que de nouveaux bénéfices, cette interaction complexe de travail et de rupture est très difficile à prévoir. Aujourd'hui, nous sommes tellement conscients des inconvénients des innovations, et tellement déçus des promesses des utopies passées, que nous avons maintenant du mal à croire même à la protopie - que demain sera meilleur qu'aujourd'hui. Nous avons beaucoup de mal à imaginer un avenir dans lequel nous souhaiterions vivre. Nommez un seul avenir de science-fiction qui soit à la fois plausible et souhaitable? »[172]

---

[171] Kelly Kevin, *The Inevitable : Understanding the 12 Technological Forces That Will Shape Our Future*, Penguin Books, 2017.

[172] Traduction de : «I think our destination is neither utopia nor dystopia nor status quo, but protopia. Protopia is a state that is better than today than yesterday, although it might be only a little better. Protopia is much much harder to visualize. Because a protopia contains as many new problems as new benefits, this complex interaction of working and broken is very hard to predict. Today we've become so aware of the downsides of innovations, and so disappointed with the promises of past utopias, that we now find it hard to believe even in protopia — that tomorrow will be better than today. We find it very difficult to imagine any kind of future we would want to live in. Name a single science fiction future that is both plausible and desirable? ».

L'auteur pose la question de la désirabilité de la science-fiction. En effet, bon nombre de ces récits sont violents et décrivent des situations qui bien que plausibles, ne sont pas enviables. Pire bon nombre d'histoires doivent être analysées dans le seul but de comprendre les dangers qui pèsent sur l'humanité afin d'éviter leur réalisation. Ainsi, il faut éviter autant que possible la performativité de la dystopie en souhaitant la réalisation de certaines utopies en s'écartant de leur tendance totalitaire. La science-fiction propose des fictions souvent radicales, présentant des sociétés extrêmes, poussant à leur maximum les tendances de certaines idées en gestation, voire dominantes. Comment donc utiliser ces récits dans une perspective protopique ? Il s'agit d'en extraire le potentiel améliorateur à court terme afin de rendre les lendemains meilleurs, soit en réalisant des parties d'utopies, soit en repoussant les visions dystopiques comme les épidémies, les catastrophes climatiques ou industrielles. La protopie permet une régulation pragmatique d'un imaginaire radical qui pourrait même s'avérer nocif en créant des désirs irréalisables ou des peurs paralysantes. Car tel est le péril d'une science-fiction surabondante. Elle peut couper de la réalité et empêcher les humains d'agir. Les utopies trop lointaines de la réalité peuvent être démotivantes par rapport à une réalité souvent décevante, voire créer un phénomène inverse à l'effet recherché en poussant les individus à renoncer à toute forme d'amélioration de leur quotidien, dégoutés par des perspectives certes réjouissantes, mais inaccessibles. De même, les dystopies peuvent provoquer des angoisses inutiles, voire une forme de fatalisme consistant à abandonner face à un destin certes noir, voire apocalyptique, mais dont la plausibilité peut dans certains cas apparaitre comme une réalité à venir inévitable. La protopie a l'avantage de créer un entre-deux avantageux entre des postures radicales dont les effets sur la santé mentale des individus ne sont pas prouvés. L'individu positif et innovant saura opter pour cette approche. Il y trouvera une source d'inspiration pour cette approche résolument pragmatique du futur. La protopie permet de conserver un potentiel d'activité sur le réel, alors qu'une fuite en avant dans une radicalité peut mener à la stérilité, voire à des comportements négatifs ou contraires au bien individuel et collectif.

Ainsi, le design fiction pourra créer des imaginaires intermédiaires permettant aux acteurs de s'inscrire dans une approche pragmatique et positive. Il s'agit de créer une science-fiction protopique, adaptée à l'amélioration du quotidien, des fictions à court terme permettant des innovations incrémentales et l'optimisation de la société en utilisant la performativité de l'imaginaire d'une manière modérée et rationnelle.

La théorie des six scénarios archétypiques

Alessandro Fergnani et Zhaoli Song[173] proposent une méthode inspirée par le visionnage de 140 films de science-fiction se déroulant dans le futur. Ils les ont classés en six catégories représentant des archétypes imaginaires récurrents. Leur objectif était d'expliquer dans quelle mesure ce cadre conceptuel peut être utilisé dans la prospective organisationnelle pour résoudre des crises. L'imaginaire est ainsi présenté comme une source d'idées intéressantes pour les institutions à la recherche de solutions originales à leurs difficultés. Les auteurs ont distingué six archétypes fondamentaux :

---

[173] Fergnani Alessandro, Song Zhaoli, « The six scenario archetypes framework: A systematic investigation of science fiction films set in the future », *Futures*, Vol. 124, 2020.

1. Croissance et déclin : Ces histoires décrivent un avenir prolongeant la trajectoire de croissance actuelle, avec aussi des éléments de décadence sociale.
2. Menaces et nouveaux espoirs : Un élément remet en question l'équilibre mondial et incite l'humanité à construire de nouvelles formes de résilience.
3. Wasteworld : Une catastrophe transforme l'environnement atmosphérique ou le monde régresse en raison de la rareté des ressources.
4. Le désarroi : L'avenir est chaotique, avec de nombreuses guerres, épidémies et troubles sociaux
5. L'inversion : Un évènement inverse la souveraineté des êtres humains sur Terre.
6. Les pouvoirs en place : Un régime dictatorial ou totalitaire réduit l'action des individus et des organisations dans le monde.

À partir de ces six archétypes, les auteurs ont développé une méthode de prospective, reposant sur l'analyse des forces motrices et problèmes émergents d'un secteur avant de les confronter à ces archétypes. Ils se sont demandé de quelle manière évolueraient les tendances émergentes en fonction des archétypes. Puis, des scénarios furent rédigés afin de donner une vision du futur aux acteurs intéressés par la méthode. Cette approche part de la science-fiction et finit par créer des fictions du futur. Les auteurs estiment d'ailleurs qu'elle doit être combinée avec le science fiction prototyping pour créer des scénarios de prospective pertinents.
Fergnani et Song apportent une étude académique de l'imaginaire science-fictionnel, tout en l'orientant vers une dimension pratique. Leur catégorisation ne prend pas en compte la dimension technoscientifique que nous nommons les technotypes, c'est-à-dire les archétypes technologiques à l'origine des technologies utopiques si

inspirantes pour les innovateurs. Toutefois, ces archétypes sont révélateurs d'une tendance majoritairement dystopique des films étudiés. Il est bien souvent question de catastrophes, de dictatures, de guerres et de violences dans un futur décrit en des termes fréquemment négatifs, comme s'il s'agissait d'une tendance de l'imaginaire contemporain, voire universel. L'apocalypse, conception dominante du futur dans les traditions chrétiennes, ne décrit d'ailleurs pas un avenir joyeux. La mort et la destruction sont le destin funeste, mais inévitable de tout être et de toute civilisation selon les structures fondamentales de l'imaginaire humain inspirées par les cycles de la vie et de la mort. Toutefois, une archétypologie plus positive devrait pouvoir émerger de l'étude d'œuvres plus utopiques. Ainsi, l'inversion des archétypes négatifs doit constituer un antidote à une tendance dépressive de la prospective science-fictionnelle. Tout archétype a son envers ou son endroit. Il s'agit de trouver la face positive d'un archétype pour inverser une vision négative et proposer une fiction prospective optimiste. La prospective doit en effet se doter d'une éthique. Le design fiction doit ainsi éviter de créer des dystopies performatives et se contraindre à concevoir des avenirs radieux, pour les proposer comme des alternatives bénéfiques à des situations réelles problématiques. Ainsi, la tendance à envisager la catastrophe doit faire l'objet d'un effort critique vis-à-vis d'une pensée apocalyptique. L'utopisme doit contrebalancer cette approche afin de ne pas orienter les adeptes de la prospective vers l'autodestruction. L'utilisation de la science-fiction par la prospective et par les services stratégiques des organisations devra avoir un sens bien précis si elle se dote de ce qu'Hans Jonas nomme une « éthique du futur ». La notion de filtrage de la science-fiction[174] est indispensable

[174] Michaud Thomas, *La stratégie comme discours. La science-fiction*

pour parvenir à l'utiliser à des fins constructives. Sans cette étape chez les innovateurs, elle pourrait mener à un véritable chaos sur Terre. Le filtrage des œuvres traditionnelles et du système éditorial grand public est une nécessité afin d'éviter que des desseins sinistres deviennent des réalités. Les *managers de la science-fiction* seront à l'avenir des acteurs cruciaux de la *front end innovation*, analysant les récits grand public pour y détecter les idées pertinentes avant de les extraire d'un contexte potentiellement violent ou pessimiste et de les intégrer dans des discours stratégiques en adéquation avec les intérêts des entreprises ou des organisations. Les managers de la science-fiction travailleront aussi en relation avec les auteurs de design fiction, chargés de créer des récits adaptés à la vision du futur de l'institution qui l'aura commandée. Construire la vision du futur d'une organisation est un travail à la fois scientifique et artistique. La gestion de l'imaginaire dans une entreprise implique une maitrise de son environnement fictionnel, mais aussi des spécificités stratégiques de cette entité, censée se distinguer par une vision du futur originale.

---

dans les centres de Recherche et Développement, L'Harmattan, Paris, 2010.

Chapitre VIII

Prospective et science-fiction institutionnelle

Penser l'avenir, entre l'imaginaire et la rationalité

La prospective concerne la plupart des organisations. Elle contribue à penser l'avenir à partir d'indices trouvés dans le passé et le présent. En utilisant la fiction, cette discipline s'autorise une multitude de mondes possibles, qui servent à définir des stratégies reposant sur des discours parfois performatifs. Les anthologies militaires étudiées sont conçues comme des forces de proposition, comme un moyen d'anticiper les conflits du futur. Elles cherchent aussi à être performatives. La science-fiction institutionnelle ne fonctionne pas de la même manière selon que l'institution qui la diffuse cherche à dénoncer une situation ou à promouvoir une innovation technologique, sociale ou militaire. La diffusion d'anthologies et de recueils de nouvelles répond à un besoin d'anticiper le futur, pour sensibiliser les lecteurs, mais aussi les membres de l'institution. La prospective répond à deux fonctions organisationnelles. Elle contribue premièrement à générer une vision stratégique à laquelle le public doit adhérer en se reconnaissant dans l'imaginaire et les valeurs diffusés. Deuxièmement, elle motive les membres de l'institution, qui peuvent se projeter dans des fictions dont le sujet correspond à leur activité. Les think tanks et les entreprises qui utilisent la science-fiction pour communiquer sur leur activité ont conscience de la nécessité de s'adapter au storytelling, qui constitue un moyen de communiquer efficacement dans les organisations postmodernes.

Si la science-fiction est souvent jugée avant-gardiste au moment de sa diffusion, rares sont les films dans lesquels les designs ne se ringardisent pas après quelques années[175]. L'innovation dans ce secteur est si rapide que seuls quelques chefs-d'œuvre sont érigés en modèles avant-gardistes, ce qui alimente la croyance très répandue, notamment chez les geeks, selon laquelle ces récits anticipent le progrès technologique. En fait, les effets visuels libèrent l'imaginaire des créateurs de fictions. Les experts en effets spéciaux expriment souvent leur créativité indépendamment du réalisateur, même si celui-ci est libre d'interagir avec eux. Les studios sont au centre d'un enjeu technopolitique majeur qui n'apparait pas évidemment au premier abord. Ces créatifs[176] inventent les technologies futuristes qui servent souvent de modèles aux designers et ingénieurs des centres de R&D. Soulignons cependant qu'ils s'inspirent aussi des recherches des scientifiques pour proposer leurs représentations des conséquences de leurs découvertes sur l'innovation. Les courts-métrages institutionnels sont aussi de plus en plus fréquents sur Internet. Ils sont produits par des entreprises, des gouvernements, des think tanks ou des associations dans le but de médiatiser leurs activités et leurs ambitions pour le futur. Ces courts-métrages complètent les anthologies pour médiatiser une stratégie ou les travaux du

---

[175] Shedroff Nathan. et Noessel Christopher, *Make it so: Interaction design lessons from science fiction*, Rosenfeld Media, New York, 2012.

[176] Nous suggérons à titre d'exemple de visionner le court-métrage de présentation de l'entreprise Deep Space Industries (DSI) qui présente un projet d'exploitation minière des astéroïdes proches de la Terre à moyen terme. Elle cherche des investisseurs et à convaincre les hommes politiques de la nécessité d'adapter la réglementation qui rend pour l'heure cette activité difficile, voire impossible. Son activité future est présentée, montrant des vaisseaux spatiaux déplaçant et exploitant des astres dans le système solaire.

service de prospective ou de futurologie d'une organisation. Cinéma et littérature sont des arts complémentaires qui permettent d'exprimer des idées parfois complexes auprès des réseaux des institutions qui les diffusent.

Si la prospective veut rester rationnelle, voire scientifique, doit-elle s'éloigner de la fiction ? À l'inverse, l'utilisation de fictions et de l'imaginaire peut-elle apporter de la valeur ajoutée dans la construction de la vision stratégique d'une organisation ?

L'influence de la science-fiction sur les politiques spatiales dans les années 1960 n'est plus à démontrer[177]. Par ailleurs, le courant cyberpunk initié dans les années 1980 est à l'origine du transhumanisme, une idéologie de plus en plus puissante particulièrement présente dans les entreprises du secteur des TIC comme Google[178]. Faire appel à la science-fiction correspond à une tendance faisant de la pensée du futur une valeur centrale, principalement aux États-Unis. Rappelons que ce pays a une histoire récente, par rapport aux autres continents. Cette courte histoire laisse la place à un imaginaire du futur qui assure le pacte social, alors que les commémorations symboliques jouent ce rôle dans les sociétés à longue histoire. La pauvreté de son passé incite la société américaine à développer une réflexion sur l'avenir très complexe qui est diffusée par la suite sur toute la planète, notamment grâce au *soft power*. Il n'est ainsi pas étonnant de constater que les organisations tendent à inventer leur propre futur sous la forme de récits parfois développés dans un cadre institutionnel. Créer et

---

177 Mc Curdy Howard E., *Space and the American Imagination*, Smithsonian Books, 1998.

178 Hottois Gilbert, « Le transhumanisme dans la science-fiction: La science-fiction à l'avant-garde des questions philosophiques et éthiques ». *Futuribles*, n°420, août 2017, p. 63-77.

diffuser de l'imaginaire du futur permet dans les sociétés à histoire courte d'assurer par la suite un ordre symbolique très utile au bon fonctionnement des organisations. Les entreprises et les think tanks ont tendance à se projeter vers l'avenir, comme l'ont fait de nombreuses sociétés dans l'histoire[179]. Les institutions font de plus en plus confiance à la science-fiction pour produire des discours futuristes vraisemblables et utiles à la construction de la vision du futur collective. Cette tendance pousse les managers et les décideurs, dans une période marquée par le storytelling, à inciter les employés ou les membres des organisations à réfléchir au futur à travers le prisme de l'imaginaire. Si la scientologie n'est pas encore une religion puissante, assimilée à une secte dans certains pays comme la France, le transhumanisme devient une idéologie de plus en plus influente. L'entreprise Google a par exemple employé en 2015 l'idéologue transhumaniste Ray Kurzweil pour développer la vision stratégique de l'entreprise pour les prochaines années. Si la construction du futur est conçue comme un enjeu de pouvoir stratégique, il faut considérer la science-fiction comme un puissant vecteur de représentations de l'avenir totalement assimilées par ce que nous nommerons à la suite d'Althusser l'appareil idéologique d'un État techno-politique global dont la vocation est d'imposer des politiques de recherche et développement, et un mode de vie innovant.

La mode des anthologies de science-fiction suggère une réflexion sur la vocation de ce genre artistique. Des organisations très différentes utilisent ce média pour diffuser des idées les légitimant à travers des récits futuristes. Les représentations du futur sont très fortement influencées par les institutions qui les financent. Ces dernières cherchent à justifier leur existence en s'appuyant

[179] Attali Jacques, *Peut-on prévoir l'avenir?*, Fayard, Paris, 2015.

sur des fictions futuristes dans lesquelles le monde a besoin d'elles. Par ailleurs, il est possible de se demander si la tendance à produire des récits à des fins aussi variées ne mènera pas à la dénaturation du genre. Pourtant, la science-fiction pourrait aussi passer à un autre niveau en dépassant son rôle de vision futuriste pour accéder à celui de proto-idéologie légitimant un système techniciste devenu global.

Les organisations génèrent un imaginaire qui doit être canalisé, filtré, afin de ne pas nuire au discours institutionnel. Il est en effet difficile à gérer, apparait souvent d'une manière anarchique. Il peut aussi être formaté, s'inscrivant dans la continuité d'archétypes dont la fonction sociale a été mise en valeur depuis Jung[180] et Bachelard. Les organisations se trouvent face à deux possibilités quand elles doivent s'intéresser à leur imaginaire. Soit elles décident de lutter contre des schèmes en contradiction avec leurs intérêts. Elles doivent éviter que l'imaginaire suscite le désordre, comme le craignaient les anciens, qui le considéraient souvent comme une folie qu'il fallait réprimer, contrôler. Elles peuvent aussi décider de le reformater pour qu'il corresponde à des représentations positives, en rapport avec l'imaginaire collectif de la société dans laquelle l'organisation est influente. Le recours à la science-fiction correspond à cette dernière volonté, qui consiste à proposer des récits formatés pour correspondre à la pensée dominante, comme les films hollywoodiens très spectaculaires et suivis par un nombre important de spectateurs. En montrant au public ou aux clients potentiels qu'elle est capable de produire de l'imaginaire technique original ou de s'associer à des récits déjà existants et plus ou moins populaires, l'organisation se présente comme un acteur de la culture d'un système. Elle

[180] Jung Carl Gustav, *Présent et avenir*, Le livre de poche, Paris, 1995.

devient instituante de l'imaginaire, qui accompagne en interne les réflexions sur le devenir des différents projets, et en externe qui s'adapte à la pensée dominante. Si l'organisation génère de l'imaginaire et doit s'assurer de son filtrage et de son reformatage, elle s'inscrit aussi dans des systèmes idéologiques. Il est tentant de considérer les représentations comme la conséquence de discours idéologiques ou stratégiques. Elles serviraient à les légitimer, à les représenter, les faisant sortir d'un niveau d'abstraction potentiellement rebutant. Mais elles participent aussi souvent à construire les idéologies, ou les stratégies des organisations, ou institutions. Si l'histoire des techniques de répression des idées subversives permettrait de constater que les groupes dominants cherchent toujours à imposer leur imaginaire dans le but de conforter leur idéologie, il faut aussi constater que les utopies des uns sont aussi presque toujours les dystopies des autres[181]. La science-fiction institutionnelle est intéressante, car elle dévoile la multiplicité de récits qui dépendent le plus souvent de groupes ou d'organisations aux intérêts contradictoires, voire antagonistes. Un retour sur l'histoire de la pop culture permet effectivement de constater qu'il existe des fictions légitimatrices et d'autres critiques qui tendent toutes à légitimer les organisations qui les génèrent. Cette distinction se retrouve dans les anthologies étudiées. Si celles de Microsoft et du Conseil de l'Atlantique légitiment un ordre militaro-industriel dominé par la technoscience américaine, l'anthologie de l'IFTF légitime des groupes qui critiquent certains aspects de la société, comme la volonté de contrôler Internet. D'autres remettent en cause le laxisme face à certains thèmes de santé publique comme la résistance aux

[181] Jameson Fredric, *Archéologies du future. Le désir nommé utopie et autres sciences-fictions*, Amsterdam editions, coll. « Les Prairies ordinaries », Paris, 2021.

antibiotiques. La science-fiction reflète bien le dynamisme d'un débat démocratique traitant de l'utilisation des technosciences dans la société. Des acteurs variés peuvent réfléchir au futur de la société et de leur organisation en utilisant un imaginaire complexe et adaptable à une multitude de situations. La fiction de la technique est donc instituante lorsqu'elle est contrôlée et formatée avant d'être diffusée sur les marchés ou dans le débat public. L'institution imaginaire de la société, pour reprendre le titre du livre célèbre de Castoriadis[182], est valable pour les organisations, qui cherchent de plus en plus souvent à se réaliser en diffusant des schèmes mobilisateurs et performatifs, potentiellement vecteurs de faits réels. Le passage de la fiction à la réalité est souvent un processus complexe qui passe par une phase idéologique, l'imaginaire étant recombiné sous la forme d'un discours institutionnel et instituant. Il passe alors d'un niveau anarchisant, potentiellement source de désordre, à celui de légitimateur d'une idéologie qui finit par le recombiner sous une forme institutionnelle. La science-fiction institutionnelle constitue une forme d'imaginaire idéologique dans le sens où elle est le produit d'organisations conscientes de l'apport de ces récits à leur légitimation socio-économique.

La prospective science-fictionnelle (PSF)

Raven explique que « La science-fiction n'est qu'un des sous-ensembles de ma métacatégorie des récits de futurité, et cela signifie que nous pouvons nous appuyer directement sur la boite à outils critique mise au point pour la SF afin d'étudier les futurs. Les futurs donnent forme au

---

[182] Castoriadis Cornelius, *L'institution imaginaire de la société*, Seuil, Paris, 1975.

désir technoscientifique ; le désir technoscientifique donne forme à la technoscience (par le biais d'une influence culturelle sur les actions individuelles, qui deviennent des forces de marché comme la demande), et la technoscience donne forme au futur immanent »[183]. Il établit le processus menant à la réalisation des idées science-fictionnelles dans la société. Les discours sur le futur jouent en effet un rôle moteur dans l'édification des stratégies d'innovation, mobilisant l'attention des investisseurs et des consommateurs. Les acteurs des marchés technoscientifiques ont ainsi tout intérêt à maitriser la rhétorique sur le futur à l'œuvre sur leur sphère d'influence, afin de contrôler les comportements des acteurs économiques. Un entrepreneur devra ainsi s'insérer dans un projet de société qu'il contribuera à réaliser et qui devra séduire différents acteurs garants du succès de son business. L'auteur de science-fiction constitue un type d'acteur spécifique parmi tant d'autres qui décrivent le futur. L'auteur d'un business plan ou d'un rapport de prospective décrit aussi à sa manière l'avenir. Toutefois, ces discours ont des impacts et des fonctions différents, bien que contribuant tous à l'élaboration des représentations individuelles et collectives du futur. Le futur de l'auteur de science-fiction a-t-il toujours eu le même statut ? Il semblerait qu'il ait acquis en 150 ans d'évolution une forme de légitimité à mesure que les pères fondateurs, puis les auteurs les plus appréciés se sont illustrés dans l'aptitude à anticiper certaines tendances technoscientifiques ou sociétales, conférant au genre une dimension prophétique. La réputation du genre a évolué. Il a été progressivement utilisé par les prospectivistes, conscients de sa capacité à décrire d'une manière métaphorique des futurs qu'ils

[183] Raven Paul Graham, « Rhétorique de la futurité : scénarios, design fiction, prototypes et autres modalités évaporées de la science-fiction », *ReS Futurae* [En ligne], n° 16, 2020.

tentaient depuis les années 1950 de décrire le plus rationnellement possible, à grand renfort, parfois de méthodes quantitatives, qui ont toutefois montré de nombreuses limites, notamment sur le long terme. Raven relativise toutefois la dimension métaphorique de la science-fiction : « Darko Suvin a défini naguère la SF comme la littérature de la distanciation cognitive ; en nous détachant d'un coup de ce qui nous est familier, et de ce fait en nous défamiliarisant brusquement de notre propre monde, la science-fiction dialogue avec la réalité de manière métaphorique. Plus récemment, néanmoins, Seo-Young Chu a proposé une révision de la définition de Suvin qui, quoiqu'elle ne close pas le sujet, apporte une nouvelle manière intéressante de réfléchir à ce que la science-fiction (et de là tout récit de futurité) *fait* vraiment. D'après Chu, la science-fiction n'est pas métaphorique ou antiréaliste ; bien au contraire, c'est « une *mimesis d'objets provoquant de la distanciation cognitive*, une “mise en scène” de choses qui sont réelles en un sens, mais qui pour l'instant ne sont que partiellement concevables par des esprits humains » (Chu, 2010 ; je souligne) »[184]. Prenons le parti d'une science-fiction aux contours variables, tantôt mimesis, tantôt métaphore, qui de toute façon tend à s'institutionnaliser comme un moyen d'anticipation pertinent. La prospective se conçoit en effet chez les institutions qui ont publié de la science-fiction comme une discipline essentiellement fictionnelle, le futur ne pouvant être capté que par cette modalité. Il est ainsi envisageable de considérer la prospective science-fictionnelle (PSF), comme une branche des études sur le futur en gestation, et dotée d'un potentiel intéressant pour les prochaines années. En effet,

---

[184] Paul Graham Raven, « Rhétorique de la futurité : scénarios, design fiction, prototypes et autres modalités évaporées de la science-fiction », *ReS Futurae* [En ligne], n°16, 2020.

le succès des anthologies de science-fiction par les think tanks de prospective, du design fiction dans les entreprises, du science fiction prototyping et du worldbuilding témoigne d'une utilisation de plus en plus fréquente de cet imaginaire par les laboratoires de prospective de nombreuses organisations et institutions. La PSF ne se conçoit pas seulement comme une métaphore du présent, bien qu'elle parte souvent du réel pour se projeter dans le futur. Elle envisage l'avenir à travers la fiction, seule manière de décrire ce qu'il est par définition impossible de connaitre avec certitude. La prospective est une forme d'art appliqué. À travers la fiction, elle décrit des mondes possibles, à la lueur toutefois de données concrètes souvent élaborées par des experts. La PSF est une approche experte, proche de la hard science fiction, capable de décrire précisément des situations qui pourraient se réaliser avec un pourcentage de chance à la hauteur de la faculté des experts scientifiques à anticiper les grandes tendances du futur. La science-fiction apporte une dimension spéculative à des conjectures rationnelles dont on se rend compte qu'elles sont souvent insuffisantes pour décrire précisément le futur. La conjonction des méthodes traditionnelles de la prospective et des facultés créatives et spéculatives permet de créer une discipline innovante et source d'une richesse analytique et anticipatrice potentiellement utile aux décideurs et stratèges de demain.

Vision du futur et dynamique historique

Une vision du futur positive garantit-elle un futur positif à la société qui la produit ? La question a été posée aux débuts de la prospective par Fredrich Polak dans *The*

Image of the future[185], une philosophie de l'histoire qui explique que l'image du futur qu'une société produit est la clé pour comprendre l'expansion et la chute des civilisations. Cela pose la question des conséquences d'une tendance utopique dans les arts pour une société, et *a contrario* d'une évolution dystopique des mentalités. Une société qui produirait essentiellement des discours positifs sur le futur, serait-elle assurée de prospérer, et au contraire, la manifestation de récits négatifs sur l'avenir serait-elle le symptôme d'une société en crise, susceptible de décliner ? La science-fiction a produit à ses débuts et lors de son âge d'or de nombreuses technologies fictionnelles qui ont accompagné le développement industriel en Occident et dans le monde. Un courant comme le cyberpunk est par ailleurs parfois accusé d'être un genre dystopique alors qu'il a aussi développé de nombreuses technologies utopiques, bien qu'insérées parfois dans des environnements sociopolitiques négatifs, les technologies des puissants nuisant à l'épanouissement des plus faibles[186]. Par ailleurs, il est possible de se demander si la science-fiction est un outil au service de la prospective pour concevoir des futurs, ou si elle ne fait que représenter artistiquement les visions du futur des prospectivistes. L'atmosphère sociopolitique, qu'elle soit critique de la technologie ou qu'elle serve à en faire l'apologie imprime une positivité ou une négativité générale au récit. Elle ne doit toutefois pas faire oublier le caractère innovant de la technologie présentée dans le récit. Cette dernière est connotée positivement ou négativement en fonction de son instrumentalisation. Un

---

[185] Polak Fred, *The Image of the Future*, Elsevier Scientific Publishing Company, 1973.

[186] Voir l'analyse de Rumpala Yannick, *Cyberpunk is not dead : Laboratoire d'un futur entre technocapitalisme et post-humanité*, Le Bélial, Paris, 2021.

drone de surveillance peut être utilisé pour lutter contre certains tyrans, dans le meilleur des cas, ou permettre de surveiller les employés d'une grande entreprise, comme dans *Le cercle* (2013)[187] menant certains employés au suicide, dans le pire des cas. Il arrive que ces récits critiquent la technologie en la mettant au service d'intérêts tyranniques. L'étoile noire, dans *Star Wars*, est par exemple au service de l'Empire pour anéantir des planètes contrôlées par la rébellion. Mais une telle arme pourrait aussi être utile dans le cadre d'une guerre avec une espèce extraterrestre hostile à l'humanité. Construire une planète artificielle est ainsi une perspective désirable pour certains ingénieurs dont on trouve les réflexions aisément sur Internet. Il est donc impératif de décontextualiser les technologies utopiques de leur atmosphère sociopolitique, de procéder à une déconstruction du récit, pour en extraire la pure dimension mécanique. Par la suite, elle peut être recontextualisée dans un nouveau scénario, plus positif, afin d'envisager dans quelle mesure la technologie pourrait être un vecteur de progrès et de bienfaits pour l'humanité. Nous suggérons donc une réécriture de la science-fiction dystopique ou critique en procédant à l'extraction de ses technologies afin de les réinsérer dans des environnements positifs et vertueux. Ainsi, la matrice, dans *Matrix*, est une technologie dystopique dans la mesure où elle sert à aliéner l'humanité, réduite au rang de pile énergétique pour les machines. Toutefois, la neuroconnexion est une technologie intéressante, créer un univers virtuel aussi réaliste pouvant permettre de nombreux progrès pour l'humanité. Il serait ainsi possible de vivre mille plaisirs dans des mondes simulés, comme le

[187] Le roman *Le Cercle* de Dave Eggers (2013) dénonce la volonté des GAFAM de créer le synopticon, et de rendre totalement transparente la vie privée. Il fut adapté au cinéma en 2017 par James Ponsoldt.

montrent d'autres œuvres prenant pour sujet le futur de la réalité virtuelle.

L'imaginaire technique est connoté idéologiquement en fonction des groupes d'intérêts qui le produisent. Il peut critiquer ou faire l'apologie des applications d'une innovation. *1984* anticipait les dérives de la surveillance et de la télévision omniprésente. D'autres œuvres ont dès le dix-neuvième siècle vanté les mérites de cette technologie. L'imaginaire critique de la technologie est bien souvent au service de groupes hostiles à l'innovation. Il répond en général aux thèmes défendus par certains courants anticapitalistes, comme les collapsologues[188] depuis les années 2010, ou le marxisme au vingtième siècle. Critiquer une technologie en la mettant au centre d'un récit dystopique revient à la décrédibiliser aux yeux du grand public. Jean-Pierre Andrevon, auteur d'une *Anthologie des dystopies*[189], affirmait en mars 2020 que la science-fiction a un rôle de lanceur d'alerte[190]. S'il est entendable que l'humanité se trouve face à certains périls, notamment climatiques, et que les artistes ont la fonction de s'y opposer et de les dénoncer, il faut toutefois se demander à quels groupes d'intérêts répondent ces

---

188 Sur la question de la collapsologie et de son impact sur la mentalité collective, notamment à l'heure d'un effondrement partiel en raison de l'épidémie de Covid 19, et de la menace d'une guerre nucléaire globale, voir Cary Paul, Garnoussi Nadia, Le Lann Yann (dir.), *Questionner l'effondrement. Reconfigurations théoriques et nouvelles pratiques*, Presses universitaires du Septentrion, Villeneuve d'Ascq, 2022.

189 Andrevon Jean-Pierre, *Anthologie des dystopies. Les mondes indésirables de la littérature et du cinéma*, Éditions Vendémiaire, 2020.

190 « Les auteurs de science-fiction sont des lanceurs d'alerte », explique Jean-Pierre Andrevon, *20 Minutes*, 5 mars 2020, https://www.20minutes.fr/arts-stars/culture/2733387-20200305-auteurs-science-fiction-lanceurs-alerte-explique-jean-pierre-andrevon

imaginaires. Il serait difficile d'accuser Hollywood d'appartenir à un courant critique du capitalisme. Il cherche avant tout à séduire le public, qui dicte ses centres d'intérêt. La montée du genre dystopique depuis quelques années répond à un désir négatif du public de voir ce type d'œuvres, révélant une anxiété vis-à-vis du futur, et une contestation massive vis-à-vis du capitalisme technoscientifique, notamment accusé de mener à une apocalypse environnementale.

Toutefois, si la science-fiction critique et dystopique sert les intérêts et le discours idéologique de groupes d'intérêts antisystèmes et anticapitalistes, certaines œuvres, plus apologétiques de la technoscience, voire militaristes, pourraient bien constituer le socle de l'utopisme contemporain. Face à la critique du système, notamment marxiste, le capitalisme a toujours su s'adapter en créant les conditions de conversion et d'absorption des discours contestataires dans l'orthodoxie après quelques années d'habiles détournements. Cet ancien « mauvais genre »[191], souvent au service d'une critique du système, n'échappera pas à la règle. Moins elle conteste, plus elle sert l'innovation en produisant des technologies utopiques. Plus elle conteste, plus elle incite le capitalisme à s'adapter. Une partie de la science-fiction institutionnelle reprend à sa manière les thèmes d'un genre de plus en plus dangereux, car très critique et de plus en plus populaire, pour créer des récits idéalistes, présentant l'innovation sous un jour positif et vertueux. Il ne s'agit pas d'accepter un monopole de l'imaginaire par les forces critiques. Sinon, le système pourrait finir par vaciller, un grand nombre de personnes concevant le futur d'une manière

---

[191] Voir les analyses du numéro de la revue *Manière de voir, Le Monde diplomatique,* n°111, juin-juillet 2010, consacré aux « Mauvais genres », et notamment l'article de Serge Lehman « La science-fiction, laboratoire du futur ».

négative, ce qui ne manquerait pas de susciter l'écroulement à moyen, voire long terme de la civilisation et du modèle de capitalisme technoscientifique. Pour défendre son modèle, le capitalisme doit donc procéder à un travail de repositivation de l'imaginaire collectif. Il convient donc de financer les auteurs pour produire des récits au service du capitalisme ou de l'armée. Un cercle vertueux s'amorcera, une société reposant aussi sur un socle de fictions collectivement partagées et assurant le lien social. Une société ne peut pas fonctionner en partageant une vision d'un futur dans laquelle elle disparaitra. Mais l'assimilation de cet imaginaire à des discours idéologiques antisystèmes est potentiellement dangereuse, dans la mesure où ces positions souvent peu constructives peuvent aggraver encore la situation, le danger de réchauffement climatique nécessitant une solidarité collective, et non une désunion et une accélération de la critique d'un système qui a déjà montré à de multiples reprises sa capacité à résoudre les crises les plus graves grâce à l'innovation.

Nous interprétons l'apparition de la science-fiction institutionnelle comme une réaction du capitalisme à une tendance dystopique depuis quelques années, le genre n'assurant plus son rôle de créateur d'un utopisme technologique légitimateur du système productif capitaliste. Afin d'éviter une psychose collective liée à une dérive vers des pensées négatives extrêmes (modes des zombies, de la collapsologie climatique, des monstres en tout genre par exemple), le système réagit en créant les conditions de réactivation d'un idéalisme qui a déjà montré sa capacité à créer un progrès technique assurant le bien être de l'humanité. La science-fiction doit sauver sa fonction initiale : faire rêver le public sur le potentiel des technologies les plus innovantes. Les excès d'un imaginaire critique peuvent être symptomatiques d'une psychose collective. Les abus d'utopisme peuvent aussi nuire à la productivité en générant une mentalité spéculative potentiellement délirante. Quand le capitalisme s'emballe et devient dangereux, la critique se manifeste davantage. Quand le dystopisme devient dominant et menace la stabilité et l'équilibre cognitif collectif, il convient aussi de réagir ou réactivant les conditions de réapparition d'une pensée plus positive. Il convient toutefois de préciser que le design fiction ne fut pas créé initialement pour constituer une apologie du capitalisme, mais bien une critique. La pratique fut toutefois allègrement transgressée et adaptée aux nécessités pragmatiques d'optimiser la gestion de la créativité dans les organisations technoscientifiques.

Imaginaire technique et capitalisme

Les technologies sont présentes dans tous les films et romans de science-fiction, et anticipent, ou accompagnent, les mutations du capitalisme depuis le dix-neuvième siècle. Si ces récits contiennent une critique du système productif et de l'industrialisme capitaliste, par exemple à travers des dystopies futuristes, ils n'en restent pas moins un remarquable vecteur d'utopisme technologique. Même dans les circonstances les plus négatives, il est possible d'extraire une machine originale qui pourrait susciter l'intérêt des innovateurs à moyen voire long terme. Prenons un cas particulièrement extrême. Dans le film *Antilife* (2020), un vaisseau quitte la Terre où 19 milliards d'humains sont condamnés par un virus pour rejoindre une colonie parfaite, avant d'être attaqué par un extraterrestre qui finit par tuer tout le monde dans le vaisseau et sur la Nouvelle Terre. Le film est particulièrement nihiliste, et il serait aberrant de considérer que la science-fiction, dans ce cas, est potentiellement source d'inspiration pour les innovateurs. Pire, il serait préférable de lutter contre ce type d'imaginaire afin d'éviter que des entrepreneurs déments décident de le réaliser. Toutefois, le film décrit aussi une technologie de voyage interstellaire par saut quantique et dilatation du temps qui permettrait de voyager à des vitesses élevées. Une telle technologie pourrait retenir l'attention de certains ingénieurs, déjà fins connaisseurs des systèmes de propulsion existants et fictionnels, et éventuellement capables de faire avancer la science et la technologie à l'avenir en créant d'éventuels prototypes. Le film, dans un scénario éminemment négatif, n'en possède pas moins une technologie utopique. Nous pensons que le capitalisme possède une intelligence collective lui permettant de ne sélectionner que l'imaginaire technique des films et romans pour ne réaliser de ces récits que les aspects les plus positifs, faisant fi de l'environnement négatif, violent, et anxiogène, grâce à un système moral lui permettant de filtrer les aspects les moins vertueux et potentiellement subversifs de certaines productions. Ainsi, si le capitalisme a réussi par le passé à s'inspirer d'une science-fiction encore émergente en filtrant son discours pour n'en extraire que les aspects techniques, il tend à institutionnaliser la production de ces derniers à travers le design fiction afin d'en faire un vecteur d'innovation et de progrès technique, moteur de son évolution. Toutefois, il s'agit d'être précis dans les termes. Le design fiction, pour les puristes, désigne une approche critique du système productif par le design. Effectivement, la science-fiction est un genre éminemment critique que ses adeptes cherchent à protéger d'une instrumentalisation par ses ennemis, en l'occurrence, l'armée, la religion, et le capitalisme. Il est toutefois probable que le capitalisme procède à une appropriation de ce système de création d'imaginaire technique dans les prochaines années, afin d'industrialiser la production de nouvelles technologies et de nouveaux technotypes. L'imaginaire est en effet l'origine de l'innovation, elle-même nécessaire au capitalisme pour se perpétuer, comme l'a montré Schumpeter. Créer de nouvelles utopies et les réaliser est une des vocations du système productif. Le capitalisme ne réalise pas de desseins cruels, mais cherche essentiellement à réaliser le bien être de l'humanité. Ainsi, Arendt a décrit l'idéologie du bonheur supportant le capitalisme américain. Ce dernier a longtemps procédé à un filtrage nécessaire des thèmes abordés par la science-fiction. Créer de nouveaux récits, prêts à être utilisés par les entrepreneurs, constitue une nouvelle perspective alléchante, et une réponse appropriée à la critique du capitalisme, qui finit par constituer une idéologie négative, voire nihiliste à l'encontre des adeptes du système productif. Le capitalisme a besoin de nouveaux récits régulièrement, car il réalise grâce à l'innovation les rêves de générations d'entrepreneurs, conscients de devoir œuvrer pour le progrès du genre humain s'ils souhaitent que leurs produits rencontrent un succès important. La télévision, la voiture, le téléphone portable, Internet, sont des exemples de technologies anticipées par la science-fiction qui se sont réalisées car elles ont apporté des progrès considérables pour l'humanité. Certaines œuvres critiquent la technologie en envisageant des usages nuisibles au genre humain. Il s'agit de donneurs d'alertes qui peuvent être aussi utiles pour lutter contre d'éventuelles dérives et maintenir la vigilance des consommateurs vis-à-vis d'entrepreneurs démoniaques qui chercheraient à asservir l'humanité grâce à une technologie, dans une simple quête de profit. Mais généralement, le capitalisme est mû par un élan vital, pour reprendre la terminologie de Bergson, visant à améliorer l'humanité. Son imaginaire est la matrice de ses grandes évolutions. Il est donc crucial d'assurer son évolution favorable au genre humain. Les tendances dystopiques sont dangereuses, car elles pourraient inspirer certaines personnalités négatives vers de mauvaises intentions. Dans ce cas, il faut mettre en place un mécanisme de filtrage, afin de déceler le positif et les aspects techniques potentiellement intéressants dans tous les récits, même les plus rebutants *a priori*. Par ailleurs, la création d'une techno-fiction utopiste[192], dans une perspective inspirée par le design fiction, est favorable à la dynamique positive du capitalisme. Purgée de toute dimension dystopique ou anticapitaliste, elle constitue un prêt à l'emploi pour les ingénieurs, qui cherchent avant tout à visionner des pré-prototypes, un imaginaire technique qu'ils n'auront plus qu'à réaliser, inséré dans des environnements positifs, ne nécessitant pas de procéder à une lecture critique et à un filtrage moral. Les créateurs de science-fiction institutionnelle peuvent être de deux types. Les puristes, dont Dunne et Raby, sont les avocats d'un design critique, leurs productions cherchant avant tout à critiquer le capitalisme. Ceux le défendant envisagent la fiction comme un moyen de créer des perspectives favorables au système productif, à créer des histoires utilisables facilement par les ingénieurs et les innovateurs. La science-fiction capitaliste a pour fonction de créer des visions du futur positives, susceptibles de charmer les clients, les innovateurs et les investisseurs. Elle dénature cette pensée de sa fonction critique, pour la placer au service du pouvoir institutionnel. Il ne s'agit plus de critiquer le capitalisme, comme souvent dans une perspective marxiste, collapsologique, ou islamique, mais de chercher à l'optimiser pour exploiter son potentiel de génération de progrès technique et social au maximum.

---

[192] Lucien Sfez a parlé d'une science-fiction utopiste dans *La santé parfaite, critique d'une nouvelle utopie*, Seuil, Paris, 1995.

L'organisation hyperréelle et le design fiction

Les organisations ont intérêt à créer des mythes pour capter l'attention du public et imposer leur vision stratégique aux autres acteurs du capitalisme. Créer un mythe science-fictionnel est un enjeu de pouvoir dans la mesure où ce dernier s'imposera comme un élément fédérateur alimentant la dynamique interne du capitalisme. Les organisations comme Nvidia, Epic Games, ou même Disney, revendiquent la filiation de leur vision stratégique au monde de la science-fiction grand public. Le design fiction envisage de donner aux entreprises et aux organisations la capacité de créer leurs propres mythes sectoriels, matrices de croyances collectives aux vertus instituantes. Les idéologies, et les fictions participent à la constitution de croyances collectives nécessaires à la structuration d'un pacte social autour de grands projets innovants. La fiction est dotée d'un pouvoir de plus en plus valorisé dans le capitalisme hyperréel. L'hypérréalité théorisée entre autres par Jean Baudrillard et Umberto Eco désigne l'incapacité à distinguer le réel de l'imaginaire. Le design fiction est une manifestation de l'hyperréalité dans la mesure où il institue la science-fiction comme un élément à part entière de la réalité. Le but est de rendre la frontière entre l'imaginaire et le réel la plus floue possible. L'ère de la science-fiction réalisée, rappelant le constat de Baudrillard qui estimait que l'Amérique était une « utopie réalisée » dans *Amérique* (1988), s'inscrit dans l'hyperréalité. L'entreprise hyperréelle est-elle alors victime d'une pathologie psychique, ou l'hyperréalité est-elle une vertu dans le capitalisme technoscientifique dans lequel le storytelling est devenu une pratique centrale dans l'institutionnalisation des pratiques et dans le succès des stratégies de communication des entreprises ? En pratiquant la science-fiction institutionnelle, les entreprises créent des fictions leur permettant de construire une nouvelle réalité. Elles établissent des récits originaux de futurs dans lesquels elles jouent un rôle central, dans lesquels leurs produits modifient les comportements des individus et révolutionnent les modes de vie collectifs. Elles se donnent les moyens d'imaginer de quelle manière elles changeront le monde grâce à l'innovation. De la sorte, elles insèrent leurs employés dans une fiction qui contribue à les manager dans le but de les inciter à créer et à produire les futures technologies qui irrigueront les marchés et assureront leur succès. Les leaders utilisent le design fiction pour créer le prototype d'un monde à réaliser. Une partie des membres de l'organisation est sollicitée pour créer la fiction collective qui institue les trajectoires futures du groupe. L'hyperréalité peut être décrite comme une dérive de la postmodernité, insérant les populations dans une simulation perpétuelle les coupant de la réalité. L'immersion dans des fictions simulant le futur de la société est la caractéristique des acteurs du capitalisme hyperréel. Dans ce contexte, les entreprises hyperréelles consomment des fictions comme le carburant de leurs politiques de communication et d'innovation. Elles imaginent en première instance, puis réalisent ces représentations grâce à la connaissance de leurs ingénieurs. Marianne Chouteau et Céline Nguyen montrent d'ailleurs l'utilité de la science-fiction dans la formation des ingénieurs[193]. Imaginer le futur est la première étape avant de le réaliser, dans le capitalisme hyperréel. Dès lors, l'entreprise est conçue comme une machine capable de créer de l'hyperréalité. Elle est même

---

193 Chouteau Marianne et Nguyen Céline, « La science-fiction pour former les ingénieurs aux liens technique et société. L'imaginaire technologique comme élément de la culture technique », *Technologie et Innovation*, Vol. 4, 2019.

un cerveau[194] concevant les fictions qui serviront à créer cette atmosphère hybride, dans laquelle le réel et l'imaginaire sont en permanente interaction. Les innovateurs doivent maitriser les connaissances techniques, mais aussi l'art de la narration et du storytelling. Entre une connaissance aigüe du réel, et la pratique de l'art subtil de la création de fictions, le capitalisme requiert de plus en plus la fusion des compétences et s'éloigne de la dichotomie d'antan, entre les deux cultures, théorisée par C. P. Snow[195]. Art et science fusionnent, s'influencent mutuellement pour inspirer les discours stratégiques des leaders des entreprises, et de certains décideurs politiques. Les Américains ont conscience depuis longtemps de l'utilité du *soft power* pour mener à bien leur politique étrangère[196], mais aussi pour faire des affaires. Ils instrumentalisent la science-fiction comme un art capable de diffuser leurs intérêts dans le monde plus efficacement que n'importe quel discours stratégique ou politique. L'imaginaire joue le rôle que l'idéologie jouait jusque dans les années 1980. Les films, les romans, les jeux vidéo, véhiculent les visions du futur qui finissent par se réaliser selon des mécanismes qui demeurent énigmatiques. Certaines fictions se réalisent en effet partiellement, en inspirant certains acteurs qui, fascinés par un monde imaginaire ou une technologie utopique, décident de mettre leurs compétences et leur existence au service de leur réalisation. Prenons l'exemple d'Elon Musk, qui semble motivé par le souhait de concrétiser les

---

[194] Voir la métaphore cérébrale pour désigner les organisations dans Morgan Gareth, *Images of Organization*, Sage Publications, 1986.

[195] Snow Charles Percy, *The Two Cultures and the Scientific Revolution*, Cambridge University Press, 1959.

[196] Parmar Inderjeet, Cox Michael, *Soft Power and US Foreign Policy. Theoretical, Historical and Contemporary Perspectives*, Routledge, 2010.

fictions télévisuelles de son enfance. Il souhaite réaliser les voitures autonomes vues notamment dans la série *K2000*, envoyer des hommes sur Mars comme dans de nombreux films, réaliser le neural lace de la série de *La culture* de Iain Banks avec Neuralink, voire réaliser le parc d'attractions de *Jurassic Park*. L'entrepreneur est un des hommes les plus riches du monde. Il se présente comme celui qui réalise la science-fiction. Cette posture fascine autant qu'elle génère des craintes. La culture américaine voit dans ces récits un moyen de concevoir les futurs technologiques et scientifiques qui alimenteront le système productif en innovations.

Le design fiction devient une mode chez les inventeurs des TIC du futur, qui rivalisent d'imagination pour conquérir le pouvoir dans le domaine des fictions dominantes du capitalisme des dix à cinquante prochaines années. Le concept de métavers est devenu dominant chez les inventeurs du futur Internet. Nous pensons que la science-fiction grand public ne suffit plus aux acteurs du capitalisme technoscientifique. Les acteurs dominants décident de créer leur propre imaginaire institutionnel afin de mieux contrôler le discours prospectif qui structure les représentations collectives des TIC. La réalité virtuelle et les neurotechnologies sont ainsi au cœur des œuvres de design fiction que nous avons pu consulter. Notons toutefois qu'une grande partie d'entre elles demeurent certainement secrètes. Ainsi, la Red Team a diffusé gratuitement la première saison des scénarios produits par les auteurs. Toutefois, le reste des récits sera classifié, utilisé pour définir les stratégies militaires. Cette attitude est identique chez une partie des entreprises vis-à-vis du design fiction, qu'elle considère comme un capital imaginaire et symbolique précieux qu'elle ne souhaite pas diffuser, dans la perspective de l'intégrer dans une stratégie confidentielle. D'autres acteurs optent pour une approche différente, en diffusant les design fictions à l'audience la plus large possible, comme un discours publicitaire. Entre culture du secret et médiatisation, la pratique de la science-fiction institutionnelle n'est pas unanime. Il est probable que les œuvres disponibles ne soient que la partie visible d'un imaginaire industriel bien plus complexe jouant un rôle pourtant fondamental dans l'élaboration des stratégies et des politiques d'innovation du capitalisme. Avec cette pratique, nous assistons à l'émergence d'une nouvelle manière de créer des technologies utopiques, de penser le monde du futur, qu'il soit capitaliste ou un autre système productif. Il s'agit d'une nouvelle méthode de créativité, permettant de chercher à mettre au jour de nouvelles idées utiles à l'innovation. Intéressons-nous désormais à la genèse des idées, en nous plongeant dans l'amont fondamental du processus de Recherche et Développement, où il sera question d'utiliser la science-fiction institutionnelle pour développer un imaginaire technique utile par la suite aux ingénieurs pour appliquer leurs connaissances à des archétypes technologiques, les technotypes.

Chapitre IX
Noogenèse et technotypes

Brock Schafer[197] considère que « nous ne vivons pas dans un monde de science, mais de science-fiction ». Le genre, constitué de représentations archétypales au sens jungien, est prédictif des futurs culturels et formate les motivations psychologiques et la moralité. Selon cet auteur, la science-fiction joue un rôle non négligeable dans les processus psychologiques à l'œuvre dans les changements de paradigmes. Nous pouvons prolonger l'analyse en considérant que cela est particulièrement vrai pour l'imaginaire technique, qui assure la construction des représentations collectives des mondes futurs, et donc prépare les innovateurs à concevoir les technologies qui participeront à l'élaboration des sociétés en devenir. La part du rêve et des représentations archétypales doit être prise en compte pour comprendre les processus de construction collective des visions des technologies à réaliser pour satisfaire les consommateurs. Les conditions d'émergence des nouvelles idées sont apparemment anarchiques. Il est bien difficile de les rationaliser et de concevoir des méthodes pragmatiques permettant à coup sûr d'élaborer de nouveaux concepts à succès. Pourtant, nous pensons que l'accès aux archétypes technologiques permet de mieux comprendre une planification inconsciente du dessein technologique humain. Une question se pose alors. Les technotypes appartiennent-ils à un inconscient immuable qui se révèle au fur et à mesure des progrès techniques, ou bien s'ajoutent-ils au fur et à mesure des découvertes à un

---

197 Brock Schafer, « The Media-Dream Model : Science Fiction as Archetypal Représentation », *Media Models to Foster Collective Human Conference in the PSYCHecology*, IGI Global, 2019.

stock de technotypes qui se réalisent progressivement sous la forme d'innovations ? Si l'imaginaire a vocation à se réaliser, et participe à l'action individuelle et collective, il est aussi le résultat de nouvelles expériences et de nouvelles connaissances déterminant l'évolution cognitive des êtres imaginants. Les archétypes au sens jungien assurent la continuité de la psyché humaine dans toutes les cultures, rappelant l'universalité des mythes par exemple. Jung explique que les archétypes sont des manifestations de l'inconscient collectif. Pour autant, pouvons-nous considérer que les technotypes participent de la même logique, se logent dans un inconscient énigmatique, que les scientifiques ont des difficultés à détecter ?

Selon Scott Bukatman[198], la science-fiction serait créée par des paraspaces, espaces psychiques paradoxaux dans lesquels les fictions les plus innovantes se développeraient. Cette conception confirme l'approche selon laquelle certains concepts trouveraient dans les subcultures des milieux favorables à leur émergence et à leur croissance. Les récits de science-fiction sont souvent appréciés par une opinion de gauche en France pour leur fonction de critique sociale. Ils sont ainsi récupérés par des cultures alternatives, parfois contestataires, et considérés avec bienveillance pour leur dimension progressiste. Ainsi, les cyberpunks furent particulièrement populaires dans les milieux de hackers aux débuts de l'informatique personnelle et de l'Internet. Le courant ne remettait pas initialement en question l'ordre technologique, mais contribuait à critiquer le pouvoir des multinationales, accusées de créer de la marginalité et de promouvoir un système technocratique honni des antihéros des récits, à

---

[198] Bukatman Scott, *Terminal Identity : The Virtual Subject in Postmodern Science Fiction*, Duke University Press, 1993.

l'image du Case de *Neuromancien*, exclu du système pour vol du profit. L'esprit punk est un exemple de contreculture dans lequel la science-fiction a prospéré pendant plusieurs années, avant de devenir *mainstream.* D'ailleurs, les fictions cyberpunks ont nourri l'imaginaire de milliers d'informaticiens dont les plus brillants furent à l'origine des multinationales qui firent le succès de la Silicon Valley et de l'industrie américaine depuis les années 1980. Les antihéros de la contreculture punk contribuèrent à la création d'une mentalité subversive et innovante favorable à l'émergence de nouvelles technologies qui révolutionnèrent les relations sociales et l'accès à la connaissance sur toute la planète. Mieux, les cyberpunks préconçurent de multiples technologies, et activèrent des technotypes encore latents. L'utopie du virtuel se développa autour du technotype du simulacre qui trouve son origine dans le théâtre antique et qui muta radicalement pendant la révolution industrielle avec des technologies comme la télévision, puis l'informatique et la réalité virtuelle. L'utopisme technologique est l'état d'esprit d'une époque particulièrement actif à l'égard d'un technotype. Il le stimule et provoque l'émergence de nouveaux concepts, de nouveaux schèmes imaginaires qui à leur tour alimentent la création de sous-technotypes. Il serait toutefois exagéré de considérer que les technologies utopiques apparaissent dans des zones alternatives uniquement, et que l'innovation se créerait essentiellement dans les marges. En effet, Internet et la réalité virtuelle se sont initialement créés dans des laboratoires de recherche financés par les universités voire l'armée. Les grandes technologies ont besoin de capitaux importants pour voir le jour et il serait illusoire de considérer d'une manière romantique que l'innovation est une affaire de marginalité. Toutefois, l'innovation, pour constituer une rupture doit s'affranchir de la norme. Elle doit être subversive, provoquer la remise en cause de conventions sociales, le questionnement de structures institutionnelles normées. C'est pourquoi l'innovation apparait initialement en rupture. Il faut savoir la trouver dans les marges, s'intéresser aux signaux faibles d'une culture, où les inventions les plus improbables peuvent apparaitre. Les artistes sont ainsi des acteurs innovants. Leur regard critique sur leur environnement leur permet de créer des œuvres inspirantes pour les décideurs capables de les interpréter. Une communication entre les leaders, les stratèges et les artistes apparait nécessaire et fait l'objet de multiples dialogues dans les centres de R&D de la plupart des entreprises et organisations innovantes de la planète. L'artiste qui développe une technologie détient la clé d'un processus d'innovation complexe à venir. Il se trouve en amont d'une chaine de décisions qui doit mener à la commercialisation de nouveaux produits censés générer du profit et modifier les modes de vie de millions d'individus. Une culture organisationnelle perméable à l'imaginaire est donc nécessaire pour ne pas passer à côté de cette mentalité si elle veut se donner toutes les chances de stimuler les technotypes. La question de la cartographie et des modalités de stimulation des technotypes se pose dans tous les laboratoires et centres de R&D. Les techniques de créativité multiples et variées cherchent à provoquer l'apparition de nouvelles idées potentiellement révolutionnaires. Les artistes sont recrutés pour créer des prototypes, et le design fiction est un exemple de technique de créativité utilisant la science-fiction dont nous avons vu qu'elle cherche à mettre en place les conditions de développement d'une mentalité innoviste au sein des organisations. En instaurant un dialogue entre les subcultures et la culture organisationnelle, les managers de l'imaginaire doivent provoquer la stimulation de la créativité de leurs collaborateurs. L'entreprise est la première étape de la normalisation et de l'institutionnalisation des innovations de rupture détectées dans la société. Elle devra mettre en place les conditions favorables, par exemple, à la création d'un roman ou d'un film de science-fiction révolutionnaire qu'elle cherchera à réaliser dans le but de devancer ses concurrents dans la mise sur le marché d'une innovation. Partir du principe que les grandes innovations furent initiées dans les subcultures, par des romans ou des films particulièrement inspirés, c'est définir le modèle de développement d'un processus d'innovation que les organisations peuvent aspirer à reproduire à leur propre niveau. Pour autant, si l'entreprise Google parvenait à créer le nouveau *Neuromancien*, aurait-elle intérêt à le diffuser au grand public, au risque de voir son idée fondamentale pillée, ou bien ne serait-elle pas plutôt tentée par l'option de le protéger, de ne le montrer qu'à certains de ses employés, pour entretenir une culture du secret favorable à l'innovation ? Il est probable que si certaines œuvres furent si avant-gardistes, c'est essentiellement parce qu'elles furent massivement répandues, ce qui a rendu leur réalisation plus facile. Ainsi, reproduire au niveau organisationnel un processus d'innovation détecté à l'échelle sociétale parait difficile. Une organisation qui cherche à créer sa propre subculture doit avoir recours à des artistes externes qui de cette manière permettent une communication entre les concepts de la grande société et les préoccupations de la petite société que constitue l'organisation en question, en l'occurrence, parfois une entreprise ou un organisme public.

La technologie utopique constitue donc une forme de normalisation du technotype en même temps que son actualisation. Le technotype appartient à une structure cognitive paraspatiale, qui doit être normalisée pour être compréhensible et instrumentalisable par les processus d'innovation. Le technotype appartient à un système cognitif fondamental et paradoxal duquel émerge l'imaginaire technique. Le paraspace est le lieu d'expression des archétypes identitaires et des technotyes, ainsi que du *novum* cher à Darko Suvin[199]. Ce dernier utilise ce terme pour décrire les innovations scientifiquement plausibles utilisées par les récits de science-fiction. Il a repris le terme à Ernst Bloch, dont le travail est fréquemment cité dans *Metamorphoses of Science Fiction: On the Poetics and History of a Literary Genre* (1979). Suvin explique que la science-fiction se distingue de la fantaisie par le fait que l'histoire est guidée par un novum orienté par une logique qu'il appelle « éloignement cognitif » (*cognitive estrangement*). L'hypothétique chose nouvelle doit ainsi exister par des moyens scientifiques plutôt que par la magie.

L'imaginaire est une partie de la noosphère. Dans le monde des idées, il appartient en effet à une catégorie particulière régie par des systèmes d'émergence qu'il s'agit de déterminer. La noogenèse est en effet une énigme que nous devrons résoudre par deux approches. L'approche matérialiste explique que les nouvelles idées proviennent de la relation à la matière, aux sens, à l'expérience. Le cerveau développe de nouvelles idées en se heurtant au réel. L'approche spiritualiste estime que les idées ont une vie autonome et s'inscrivent dans les individus et les groupes selon une logique à déterminer. L'individu, en optant pour une posture spirituelle, se donnerait plus de chances d'accéder à des idées susceptibles de le satisfaire. Ainsi, les techniques de créativité reposent essentiellement sur cette croyance dans

---

[199] Le *novum* désigne les innovations scientifiques plausibles décrites dans les romans de science-fiction. Ce concept est au cœur du livre de Suvin Darko, *Pour une poétique de la science-fiction*, Presses de l'université de Québec, 1977.

une autonomie du monde des idées qu'il serait possible d'atteindre grâce à des approches spécifiques, dont le brainstorming ou le design fiction sont des exemples. Ainsi, l'avènement d'une nouvelle technologie utopique est l'expression, la révélation d'un technotype. Celui-ci peut avoir été stimulé par la rencontre de son auteur avec un réel qui l'aura inspiré. Il peut aussi avoir reçu la nouvelle idée comme un cadeau quasi divin, ce qui explique en partie la dimension mystique de la créativité. La théologie de l'innovation est ainsi éclairante sur les explications spiritualistes de l'émergence de la nouveauté dans nos sociétés. Le technotype peut donc aussi avoir généré une nouvelle technologie utopique, car il était programmé selon un plan appartenant à la noogénétique. Cette dernière serait l'équivalent d'un ADN des idées, constitutif de déterminismes idéels, d'un plan immanent à l'espèce humaine et qui ne se révèle que selon des modalités à déterminer. Elle se rapprocherait de la mémétique de Richard Dawkins[200] et à la théorie des idées inspirée par la noologie d'Edgar Morin[201]. Les esprits religieux en attribuent la paternité et les finalités à Dieu. Les sciences sociales, sans en exclure totalement la possibilité, doivent tenter une science de ce dessein individuel et collectif en cherchant les modalités rationnelles de l'émergence des idées. Nous prenons le pari d'une évolution de l'imaginaire en interconnexion avec d'autres types d'idées en première intention, avant que celui-ci soit aussi structuré par sa relation au réel. Nous optons pour l'*interactionnisme nooréaliste*, c'est-à-dire pour une explication de l'évolution des idées par les rapports des idées préexistantes au réel, dans un dialogue

[200] Dawkins Richard, *The Selfish Gene*, Oxford University Press, 1976.
[201] Morin Edgar, *Les Idées : Leur habitat, leur vie, leurs mœurs, leur organisation*, t.4, Le Seuil, Paris, 1991.

permanent, l'idée et l'expérience sensible évoluant en interaction constante.

Conclusion

Vers une éthique de la science-fiction institutionnelle

La science-fiction institutionnelle se définit avant tout comme une réappropriation de la science-fiction par les institutions, comme si ces dernières s'étaient rendu compte de son étonnant pouvoir prédictif et de sa faculté à générer des idées novatrices. Ce nouveau courant constitue l'aboutissement d'un processus de légitimation d'un genre jusqu'alors marginalisé par la culture bourgeoise, l'assimilant volontiers à un genre de seconde zone puéril et délirant. Notons toutefois que cet imaginaire s'est essentiellement développé aux États-Unis au vingtième siècle, bien qu'il soit apparu en Europe au dix-neuvième. La mauvaise réputation dont il a longtemps souffert en France est-elle toujours d'actualité ? Sa légitimation par l'armée française en créant la Red Team semble être un premier signe d'une meilleure acceptation de ces idées souvent subversives. Créer de la science-fiction est en effet sain pour le développement de l'esprit scientifique d'une nation. Si l'effort de cartographie de l'imaginaire technique a été réalisé pour une science-fiction essentiellement anglo-saxonne, à l'exception de Jules Verne et de quelques autres, par le site Technovelgy.com, il pourrait être intéressant de faire de même pour les oeuvres francophones, mais aussi de tous les pays de la planète. Cette approche doit permettre une meilleure connaissance de ces fictions, et de les insérer ultérieurement dans des programmes visant à les réaliser, après les avoir filtrées de leurs éléments négatifs, puis intégrées dans des discours institutionnels à visée performative. Irène Langlet nomme d'ailleurs « corporate

SF »[202] l'activité consistant à étudier la science-fiction dans les entreprises dans le but d'effectuer de la prospective et d'en tirer des informations pour le développement de leurs stratégies de R&D. La science-fiction institutionnelle, bien qu'intégrant aussi cette instrumentalisation de l'imaginaire technique par les acteurs socioéconomiques, y ajoute une dimension créative, de génération de spéculations propres à l'institution, définissant de la sorte son identité dans la société de la connaissance.

Les technologies utopiques servent de carburant spirituel au capitalisme. Ce phénomène, finalement méconnu, est toutefois de plus en plus conscientisé ces dernières années, les récits devenant la clé de l'invention technoscientifique. Il faut accéder aux technotypes pour détecter les nouvelles idées à l'origine des projets les plus innovants. La science-fiction institutionnelle a pour vertu principale de créer un imaginaire appliqué. En développant de nouvelles idées fictionnelles à partir de données produites par les centres de recherche, les auteurs ont à disposition les connaissances les plus pointues, pour certaines tenues secrètes du grand public. Ainsi, ils peuvent accélérer encore l'innovation en mettant en perspective la R&D et en proposant des récits insérant des prototypes dans des situations originales et potentiellement inspirantes pour d'autres applications.

Une question, amorcée par Lucien Sfez dans *Technique et Idéologie* (2002), mérite d'être posée à nouveau : la fiction de la technique est-elle instituante ? Le politiste estimait que les fictions produites par les techniciens n'étaient pas dotées d'une fonction symbolique, et que les discours des investisseurs, bien que mobilisés par l'utopie, n'en

---

[202] Langlet Irène, *Le temps rapaillé : Science-fiction et présentisme*, Presses Universitaires de Limoges et du Limousin, 2021.

demeuraient pas moins motivés et raisonnés par le pragmatisme. Sfez nommait science-fiction utopiste (SFU) le courant imaginaire prenant le relai des utopies technologiques, dans une époque caractérisée par « cette hésitation entretenue entre rêve et réalité »[203]. Il affirmait que « c'est un lieu commun que de constater l'emprise et l'empire de l'image sur notre monde contemporain. Mais il faut bien comprendre les effets de cet entassement d'images : il installe un troisième monde entre le réel et l'imaginaire, un « demi-monde » si l'on veut, où il est impossible ou du moins difficile de faire le départ entre nature et artifice (...) Nous vivons alors dans la fiction, dans un univers mi-apparence, mi-réalité ; films, téléfilms et documentaires aidant, nous ne démêlons qu'à grand-peine ce qui appartient à la science ou à la fiction, au réel ou à l'illusion »[204]. Par la suite, il définit les récits de science-fiction d' « utopies technopolitiques »[205]. S'il se demande si la fiction de la technique est instituante, et développe un argumentaire plutôt critique sur les discours des techniciens et des investisseurs, manquant selon lui de symbolicité, il concède toutefois l'immersion de nos sociétés dans une fiction technopolitique à caractère utopique et idéologique. Notons par ailleurs la définition qu'il retient de l'institution, qui pourra éclairer notre propre terme de science-fiction institutionnelle :

« Une institution est une idée d'œuvre ou d'entreprise qui se réalise et dure juridiquement dans un milieu social (...). D'autre part, entre les membres du groupe social intéressés à la réalisation de l'idée, il se produit des manifestations de

---

[203] Sfez Lucien, *Technique et Idéologie. Un enjeu de pouvoir*, Seuil, Paris, 2002, p. 239.
[204] *Ibid*, p. 239.
[205] *Ibid*, p. 242.

communion, dirigées par les organes du pouvoir de l'institution et réglées par des procédures... »[206].

Et effectivement, les entreprises et institutions étudiées créent de la science-fiction pour canaliser l'imaginaire de leurs membres, afin de ritualiser et d'assurer une communion autour de représentations du futur communément partagées. Quel intérêt une institution peut-elle tirer de l'imaginaire ? Il apparait clairement que ces œuvres de science-fiction institutionnelle visent à promouvoir une forme de discours fictionnel officiel, afin de normaliser une dimension imaginaire propre aux individus constituant le groupe en question. La question de l'anarchie générée par la pensée spéculative est ici ouvertement posée. En effet, les pensées et la créativité individuelles peuvent être source de désordre. Promouvoir une vision du futur peut paraitre anodin, mais il n'en est rien. Un véritable enjeu de pouvoir institutionnel se cache derrière cet acte expressif. Une institution qui tolérerait l'expression d'imaginaires individuels d'une manière anarchique s'exposerait à l'affirmation d'un discours flou, potentiellement contradictoire et inaudible pour les investisseurs et les consommateurs. L'entreprise, et les institutions en général, ont donc intérêt à promouvoir une vision du futur uniformisée, créée par des auteurs professionnels, établissant en étant conscients des enjeux de pouvoir, le discours stratégique officiel. Pour cela, il est possible d'avoir recours à des techniques de créativité comme le brainstorming ou le design fiction, visant à stimuler les spéculations d'acteurs présélectionnés, soit pour leur expertise et constituant un panel restreint, soit au contraire pour libérer l'imaginaire d'un socle plus large de la population du groupe. Ainsi, il convient de rationaliser

---

206 « La théorie de l'institution et de la fondation », *Cahiers de la Nouvelle Journée*, n°4, 1925, p. 1-5, cité in Sfez, *Ibid*, p. 255.

l'imaginaire de la population globale, ou d'un groupe restreint de l'institution afin d'éviter une anarchie discursive pouvant mener à un manque de contrôle de la fiction technopolitique régissant l'institution. Cette fiction peut chercher à renforcer les fondements idéologiques et spirituels de l'entreprise. Elle peut aussi avoir pour vocation d'activer un certain changement dans les mentalités, en proposant une forme d'idéalisme susceptible de remettre certains pouvoirs en question afin d'en affirmer d'autres. Fredric Jameson, spécialiste de littérature américain, affirme que l'utopie et la science-fiction auraient une fonction sociale « d'accoutumer leurs lecteurs à l'innovation rapide, de préparer notre conscience et nos habitudes à l'impact, autrement démoralisant, du changement »[207]. L'auteur conclut la première partie de son étude en estimant que l'utopie est idéologique et que sa véritable fonction réside dans sa négativité critique. Il décrit aussi une tendance des sociétés capitalistes et postmodernes à une « dysnéification ». Toutefois, les utopies traditionnelles ont disparu dans les années 1960-70, laissant la place à une vague dystopique qui se prolonge encore aujourd'hui. Les entreprises cherchent à se développer sur la base d'un discours visant à changer positivement la société. Il semble préférable d'utiliser le terme protopique à celui d'utopique dans la mesure où ce dernier renvoie à une dimension critique de l'ordre institué. La science-fiction institutionnelle peut donc être de trois ordres :

1) Utopique, elle critique un ordre institué et promeut une nouvelle forme d'organisation sociale, économique ou technologique.
2) Dystopique, elle envisage le pire à partir de données factuelles. Elle sert à imaginer les

[207] Jameson Fredric, *Archéologies du futur. Le désir nommé utopie et autres science-fictions*, Amsterdam éditions, Paris, 2021, p. 387.

menaces de la société et doit permettre de les contourner.

3) Protopique, elle considère qu'il faut continuer dans la voie actuelle, légitimant l'ordre institué, et envisageant les bienfaits occasionnés par sa perpétuation.

La science-fiction institutionnelle peut aussi chercher à stimuler la culture technique d'un groupe. Lucien Sfez a étudié au sein d'entreprises de télécommunications françaises des projets élaborés sous forme de scénarios. Il a estimé qu'il ne pouvait s'agir de science-fiction,

> « car l'avenir décrit ne donne aucune possibilité d'interprétation, l'imagination ne peut s'évader hors de cette description qui semble alors contraindre le lecteur à adopter en tout et pour tout le projet de vie qui lui est présenté comme réellement à portée de main ; en effet, la description d'objets et d'opérations « prêts à porter » se change insidieusement en prescription. Le prétendument décrit est en réalité un prescrit et n'entraine nullement ce qu'Atlan appelle joliment la « non-croyance efficace »[208]. Dans la science-fiction, une distance est préservée entre ce qui se donne pour vraisemblable dans le récit et le degré de croyance que nous attachons à celui-ci »[209].

Si les techniques de *scenario planning* semblent correspondre aux projets étudiés par Lucien Sfez, il convient de noter que le design fiction et le science fiction prototyping n'existaient pas encore à l'époque de la rédaction de son ouvrage. Il est donc intéressant de constater que la fiction est désormais intégrée en amont du processus d'innovation, les ingénieurs étant non seulement formés dans leurs écoles à cet imaginaire, à travers certains cours spécialisés, mais leur activité

---

[208] Atlan Henri, *À tort et à raison*, Le Seuil, Paris, 1986, p. 329.
[209] Sfez Lucien, *Ibid*, p. 136.

professionnelle étant aussi dans certaines entreprises enrichie par un contact ponctuel avec des auteurs de science-fiction. La science-fiction institutionnelle pourrait donc venir enrichir les pratiques de *scenario planning* en y apportant de la fantaisie. En ce qui concerne le concept de non-croyance efficace de Sfez et Atlan, nous pensons que certains ingénieurs établirent à un moment de leur vie une croyance dans l'avènement prochain de technologies utopiques de romans ou films, ce qui les poussa soit à entreprendre leurs études, soit à développer leurs recherches professionnelles.

Manifestement, l'histoire des techniques est pleine de cas de technologies imaginaires qui ont inspiré des inventeurs, comme nous avons pu le voir dans le livre *De la fiction à l'innovation, ces visionnaires qui ont changé le monde* (2022). Il convient donc de favoriser la thèse d'une origine fictionnelle de la science. Il sera toujours possible d'objecter qu'un grand nombre d'innovations n'ont pas été anticipées par la science-fiction. Nous pensons toutefois que les chercheurs à l'origine de ces projets ont dû en amont procéder à un effort imaginatif. Plus précisément, il est préférable d'affirmer que la science procède par un recours à l'imaginaire ponctuellement. Ainsi, avec la science-fiction institutionnelle, nous assistons à l'affirmation de cette approche dans les entreprises et les centres de recherche. Si certaines époques reposent sur un processus d'innovation recourant à une pure rationalité instrumentale et à un pragmatisme exacerbé, d'autres offrent une plus large place à la fantaisie.

L'ère du capitalisme hyperréel dans laquelle nous sommes entrés avec la prise du pouvoir d'entrepreneurs comme Elon Musk ou Mark Zuckerberg a contribué à légitimer le recours à la science-fiction pour promouvoir de nouveaux projets censés révolutionner la vie sur Terre. L'idéologie transhumaniste, très inspirée par ces récits, fait partie de ce mouvement du capitalisme vers l'affirmation d'une fiction technopolitique qu'elle doit sans cesse alimenter afin d'éviter que la population de consommateurs et de travailleurs se lasse ou réalise le vide de sens de son activité. La science-fiction institutionnelle contribue à créer ces fictions, parfaitement adaptées aux idéaux et à la perpétuation du système productif. Si les ingénieurs sont inspirés par la science-fiction grâce à des cursus de plus en plus influencés par ces récits, ils seront aussi accompagnés par des auteurs, écrivains et réalisateurs, qui prendront connaissance de leurs travaux afin de les mettre en perspective et de créer un imaginaire appliqué susceptible d'optimiser et de transcender le processus d'innovation. En effet, ce dernier a besoin d'être transfiguré par l'imaginaire, afin de créer un phénomène de croyance et d'adhésion, seul susceptible d'assurer lien social et solidarité dans la réalisation de grands projets technoscientifiques.

Le risque d'un imaginaire délirant pour les institutions

Notons aussi le risque pour le système économique de voir se développer une pensée délirante, potentiellement pathologique, pouvant nuire à la pérennité du processus de décision et d'institutionnalisation des innovations. Ainsi, on retrouve dans la pensée complotiste une forme de délire inspiré par cet imaginaire. Il convient de s'interroger sur le risque pour une institution d'alimenter son imaginaire par une science-fiction caractérisée par une telle réflexion sur le futur de l'humanité. L'ère hyperréelle dans laquelle le capitalisme est entré risque en effet de mener à des spéculations sur son avenir inspirées par un imaginaire surabondant pouvant le conduire à oublier le sens des réalités. Ainsi, quand Elon Musk envisage de conquérir

Mars en quelques décennies ou quand Mark Zuckerberg souhaite réaliser le métavers, ne sont-ils pas animés par une forme de délire risquant de les mener à un échec en raison de la rencontre inéluctable de leur utopisme avec le principe de réalité ? De même, les investisseurs et les consommateurs n'ont-ils pas des limites vis-à-vis de l'imaginaire science-fictionnel, les menant à regarder avec scepticisme les entreprises et institutions qui en manifesteraient l'expression ? Mark Zuckerberg a perdu plus de la moitié de sa fortune depuis l'affirmation de son rêve de créer le métavers, comme si les investisseurs ne croyaient pas dans ce qu'ils assimileraient à un délire irrationnel. Ces derniers semblent avoir retenu la leçon de l'explosion de la bulle Internet au début des années 2000, portée massivement par un utopisme technologique inspiré par la cyberculture. Ils sont devenus méfiants vis-à-vis des discours trop enjôleurs, promettant l'avènement d'un réseau immersif ultime à plus ou moins long terme, faisant fi de la réalité du savoir-faire technologique. Ainsi, si la science-fiction a un avenir d'avance, elle peut provoquer le sentiment de l'avènement prochain des innovations qu'elle décrit, sans que cela soit effectivement possible techniquement. Les temps de l'innovation et de ces récits sont en décalage, ce qui peut expliquer des croyances exagérées à certains moments, associées à des désillusions aussi grandes, voire supérieures, au moment de l'explosion des bulles spéculatives liée à l'aspect déceptif de la réalité.

Shiller[210] explique que les phénomènes économiques importants sont créés par des discours se diffusant d'une manière épidémique dans la société, les entreprises, et les acteurs divers, des consommateurs aux investisseurs en passant par les décideurs. Il convient de s'interroger sur

---

[210] Shiller Robert, *Narrative Economics, How Stories Go Viral and Drive Major Economic Events*, Princeton University Press, 2019.

les vertus ou potentiels effets néfastes de la science-fiction dans la vie des institutions économiques. En effet, à l'heure où ces dernières se penchent de plus en plus sur ce mode de création de nouvelles idées, il faut se demander s'il est viable éthiquement de propager dans l'esprit des acteurs de la sphère productive un tel imaginaire. Le transhumanisme, idéologie technologique particulièrement influente dans la Silicon Valley, est ainsi fortement inspiré et issu des représentations du futur du courant cyberpunk[211]. Le bien fondé de ce courant de pensée est régulièrement remis en question par des acteurs, notamment religieux, contestant la fuite en avant techniciste de la civilisation, au mépris des fondamentaux humains. Franck Damour[212] estime que le transhumanisme est une idée chrétienne devenue folle, dans la mesure où elle nie la finitude de la créature humaine et ignore la notion de péché. Ainsi, est-il acceptable de contaminer le capitalisme avec de telles idées, potentiellement contraires aux principes religieux directeurs de notre civilisation ?

Il convient de doter la science-fiction institutionnelle d'une visée profondément éthique et humaniste, éloignée des considérations transhumanistes et délirantes pouvant mener à un capitalisme prométhéen et à la réalisation des nombreuses catastrophes et dystopies hantant cette culture populaire.

---

[211] Hottois, Gilbert. « Le transhumanisme dans la science-fiction. La science-fiction à l'avant-garde des questions philosophiques et éthiques », *Futuribles*, Vol. 420, n°5, 2017, pp. 63-77.

[212] Damour, Franck. « Le transhumanisme, une idée chrétienne devenue folle ? », *Études*, Vol. -a, n°7-8, 2017, pp. 51-62.

Bibliographie

Andrevon Jean-Pierre, *Anthologie des dystopies. Les mondes indésirables de la littérature et du cinéma*, Éditions Vendémiaire, 2020.

Atlan Henri, *À tort et à raison*, Le Seuil, Paris, 1986.

Attali Jacques, *Peut-on prévoir l'avenir?*, Fayard, Paris, 2015.

Austin John Langshaw, *Quand dire, c'est faire*, Le Seuil, Paris, 1991.

Bachelard Gaston, *La formation de l'esprit scientifique*, Vrin, Paris, 1938.

Beckert Jens, « Imagined futures: fictional expectations in the economy ». *Theory and society*, Vol.42, n°3, 2013, p. 219-240.

Bleecker Julian, *Design Fiction ? A Short Essay on Design, Science, Fact and Fiction*, Near Future Laboratory, March 2009.

Boisset Emmanuel, « Le style modal de la science-fiction », *ReS Futurae*, 2/2013.

Boltanski Luc et Chiapello Eve, *Le nouvel esprit du capitalisme*, Gallimard, Paris, 1999.

Bouchard Gérard, « Pour une nouvelle sociologie des mythes sociaux », *Revue Européenne des Sciences Sociales*, Vol. 51, n°1, 2013, p. 63-88.

Breton Philippe, *Le culte de l'Internet, une menace pour le lien social ?*, La Découverte, Paris, 2012.

Brock Schafer, « The Media-Dream Model : Science Fiction as Archetypal Représentation », *Media Models to*

Foster Collective Human Conference in the PSYCHecology, IGI Global, 2019.

Bukatman Scott, *Terminal Identity : The Virtual Subject in Postmodern Science Fiction*, Duke University Press, 1993.

Campbell Joseph, *Le héros aux mille et un visages*, OXUS, Paris, 2010.

Carbonell Javier Sánchez-Esguevillas Antonio, Belén Carro, « The role of metaphors in the development of technologies. The case of the artificial intelligence », *Futures*, Vol. 84, Part B, 2016, p. 145-153

Cary Paul, Garnoussi Nadia, Le Lann Yann (dir.), *Questionner l'effondrement. Reconfigurations théoriques et nouvelles pratiques*, Presses universitaires du Septentrion, Villeneuve d'Ascq, 2022.

Castoriadis Cornelius, *L'institution imaginaire de la société*, Seuil, Paris, 1975.

Chouteau Marianne et Nguyen Céline, « La science-fiction pour former les ingénieurs aux liens technique et société. L'imaginaire technologique comme élément de la culture technique », *Technologie et Innovation*, Vol. 4, 2019.

Clarke Jim, *Science Fiction and Catholicism : The Rise and Fall of the Robot Papacy*, Gylphi Limited, 2019.

Clarke Richard A., *Cyber War : The Next Threat to National Security and What to Do about It*, Ecco, 2012.

Damour, Franck. « Le transhumanisme, une idée chrétienne devenue folle ? », *Études*, Vol. -a, n° 7-8, 2017, pp. 51-62.

Dantec Maurice Georges, *Laboratoire de catastrophe générale – Journal métaphysique et polémique 2000-2001*, Gallimard, Paris, 2001.

Davies William (Ed.), *Economic Science Fictions*, The MIT Press, 2018.

Dawkins Richard, *The Selfish Gene*, Oxford University Press,1976.

De Queiroz Siquiera Paulo F., « Entre croyance et acroyance », *Nouvelle Revue de Psychanalyse*, n°18 (« La croyance »), Automne 1978.

Dunne Anthony, Raby Fiona, *Speculative Everything, Design, Fiction, and Social Dreaming*, The MIT Press, 2013.

Dupuy Jean-Pierre, *Pour un catastrophisme éclairé, quand l'impossible devient certain*, Le Seuil, Paris, 2002.

Durand Gilbert, *Les structures anthropologiques de l'imaginaire : introduction à l'archétypologie générale*, Dunod, Paris, 2016.

Durkheim Émile, *Les Règles de la méthode sociologique*, F. Alcan, Paris, 1919, p. 45.

Engélibert, Jean-Paul, *Fabuler la fin du monde: la puissance critique des fictions d'apocalypse*, La Découverte, Paris, 2019.

Evangelisti Valerio « La science-fiction, métaphore du présent », paru dans *Cycnos*, Vol. 22 n°1, mis en ligne le 15 novembre 2006.

Fergnani Alessandro, Song Zhaoli, « The six scenario archetypes framework: A systematic investigation of science fiction films set in the future », *Futures*, Vol. 124, 2020.

Finn Ed, Cramer Kathryn, *Hieroglyph : Stories and Visions for a Better Future*, William Morrow, 2014.

Fox Andrew J., *Putting the lid on the devil's toy box : how the homeland security enterprise can decide which emerging threats to address*, Monterey, California : Naval Postgraduate School, 2018.

Furr Nathan, Dyer Jeffrey H., Nel Kyle, « Quand vous visez la lune… mais que vos idées ne décollent pas. Comment la science-fiction et d'autres outils peu conventionnels peuvent stimuler l'imagination et générer une croissance innovante », *Harvard Business Review France*, Hors Série, Mai-Juin 2022,

Gavaler Chris, Johnson Dan, « The genre effect: A science fiction (vs. realism) manipulation decreases inference effort, reading comprehension, and perceptions of literary merit ». *Scientific Study of Literature,* Vol.7, n°1, 2017, p. 79-108.

Gomez Pierre-Yves, *L'esprit malin du capitalisme. Comprendre la crise qui vient*, Desclée de Brouwer, 2019.

Gozzi, Raymond. « The cyberspace metaphor », *ETC: A Review of General Semantics*, Vol. 51, n°2, 1994, p. 218-223.

Gunn James (Ed.), *The Road to Science Fiction: From Gilgamesh to Wells*, Scarecrow Press, 2002.

Haraway Donna, *Simians, Cyborgs and Women : The Reinvention of Nature*, Free Association Books, 1991.

Helberger Natali, Joost Poort, Mykola Makhortykh, « Four tales of sci-fi and information law », *Internet Policy Review*, Vol.9, n°1, 2020.

Holton Gerald J., *L'imagination scientifique*, Gallimard, Paris, 1981.

Hottois Gilbert, « Le transhumanisme dans la science-fiction: La science-fiction à l'avant-garde des questions philosophiques et éthiques ». *Futuribles*, n°420, août 2017, p. 63-77.

Hottois, Gilbert. « Le transhumanisme dans la science-fiction. La science-fiction à l'avant-garde des questions philosophiques et éthiques », *Futuribles*, Vol. 420, n°5, 2017, pp. 63-77.

Hougron Alexandre, *Science-fiction et société*, PUF, Paris, 2000.

Inayatullah Sohail et al., « Metaphors in futures research », *Futures*, Vol. 84, part B, 2016, p. 109-114.

Jameson Fredric, *Archéologies du futur. Le désir nommé utopie et autres science-fictions*, Amsterdam éditions, Paris, 2021.

Jarnagin, Chip and Slocum, John, « Creating Corporate Cultures Through Mythopoetic Leadership » (January 22, 2007). *SMU Cox School of Business Research Paper Series No. 07-004, Organizational Dynamics*, Vol. 36, n°. 3, 2007.

Jonas Hans, *Pour une éthique du futur*, Rivages, Paris, 1998.

Jones Esther, « Science fiction builds mental resiliency in young readers », *The Conversation*, 11 mai 2020.

Johnson Brian David, *Science Fiction for Prototyping : Designing the Future with Science Fiction*, Morgan & Claypool, 2011.

Jung Carl Gustav, *Présent et avenir*, Le livre de poche, Paris, 1995.

Kelly Kevin, *The Inevitable : Understanding the 12 Technological Forces That Will Shape Our Future*, Penguin Books, 2017.

Kirby David, « The Future is Now: Diegetic Prototypes and the Role of Popular Films in Generating Real-world

Technological Development », *Social Studies of Science*, Vol.40, n°1, 2010, p. 41-70.

Klein Gérard, « L'invention de l'avenir : prospective et science-fiction », *Futuribles*, n°413, juin 2016.

Kreuziger Frederick A., *The Religion of Science Fiction*, The University of Wisconsin Press, 1986.

Kyrou Ariel, *Dans les imaginaires du futur*, Éditions Actusf, Paris, 2020

Lallement Michel, « L'entreprise est-elle une institution ? Le cas du Familistère de Guise », *Revue française de Socio-Économie*, 2008/1 (n° 1).

Langlet Irène, *Le temps rapaillé : Science-fiction et présentisme*, Presses Universitaires de Limoges et du Limousin, 2021.

Leary Timothy, *Chaos et cyberculture*, Éditions du Lézard, 1996.

Lindy Orthia, « How does science fiction television shape fan's relationships to science ? Results from a survey of 575 Doctor Who viewers », *Journal of Science Communication*, Vol. 18, Issue 4, 2019.

McCain Jessica, Gentile Brittany, Campbell W. Keith, « A Psychological Exploration of Engagement in Geek Culture », *PLoS One*, Vol. 10, n°11, 2015.

Mc Curdy Howard E., *Space and the American Imagination*, Smithsonian Books, 1998.

Menadue CB, Cheer KD. « Human Culture and Science Fiction: A Review of the Literature, 1980-2016 », *SAGE Open*. July 2017.

Menadue Chistopher Benjamin, Jacups Susan, « Who Reads Science Fiction and Fantasy, and How Do They

Feel About Science? Preliminary Findings From an Online Survey », *SAGE Open*, April 2018.

Meyer John W. et Rowan Brian, « Institutional organizations: Formal structure as myth and ceremony», *American Journal of Sociology*, Vol.83, n°2, 1977, p. 340-363.

Michaud Thomas, *Science Fiction and Innovation*, Éditions Memoriae, Paris, 2008.

Michaud Thomas, *Télécommunications et science-fiction*, Éditions Memoriae, Paris, 2008.

Michaud Thomas, *La stratégie comme discours. La science-fiction dans les centres de Recherche et Développement*, L'Harmattan, Paris, 2010.

Michaud Thomas, *L'imaginaire et l'organisation : la stimulation de l'innovation technoscientifique par la science-fiction*, L'Harmattan, Paris 2014.

Michaud Thomas, *L'innovation, entre science et science-fiction*, ISTE Editions, London, 2017.

Michaud Thomas, *De la fiction à l'innovation, ces visionnaires qui ont changé le monde*, Éditions Le Manuscrit, Paris, 2022.

Miles Ian, « Stranger than fiction. How important is science fiction for futures studies? », *Futures*, Vol.25, n°3, 1993, p. 315-321.

Miller Gavin, *Science Fiction and Psychology*, Liverpool University Press, 2020.

Miller Gavin, « Fan of sci-fi ? Psychologists have you in their sights », *The Conversation*, 18 février 2020.

Miller William L., Langdon Morris, *Fouth Generation R&D : Managing Knowledge, Technology, and Innovation*, Wiley, 1999.

Minvielle Nicolas, Wathelet Olivier, Masson Antony, *Jouer avec les futurs : utilisez le design fiction pour faire pivoter votre entreprise*, Paris, Pearson, 2016.

Minvielle Nicolas, Wathelet Olivier, Lauquin Martin, Audinet Pauline, *Making Tomorrow, Un manuel pour apprivoiser le futur avec l'aide du design fiction*, Hold Up Éditions, 2022

Morgan Gareth, *Images of Organization*, Sage Publications, 1986.

Morin Edgar, *Les Idées : Leur habitat, leur vie, leurs mœurs, leur organisation*, t.4, Le Seuil, Paris, 1991.

Murphy, Gregory L., « On metaphoric representation », *Cognition* 60, 1996, p.173-204.

Musso Pierre, Ponthou Laurent, Seuilliet Eric, *Fabriquer le futur 2, l'imaginaire au service de l'innovation*, Village mondial, Paris, 2007.

Musso Pierre, Coiffier Stéphanie, Lucas Jean-François, *Innover avec et par les imaginaires*, Éditions Manucius, Paris, 2014.

Nova Nicolas, *Futurs ? La panne des imaginaires technologiques*, Les Moutons électriques, 2014.

Oustinoff Michaël, « Les machines remplaceront-elles les traducteurs ? », *Hermès, La Revue*, 2019/3 (n° 85), p. 49-54.

Parmar Inderjeet, Cox Michael, *Soft Power and US Foreign Policy. Theoretical, Historical and Contemporary Perspectives*, Routledge, 2010.

Paucot Anne-Caroline, Ladetto Quentin, *Soldat du futur*, Les Propulseurs, 2021.

Pestre Dominique, *Introduction aux Science Studies*, La Découverte, Paris, 2006.

Pinto Morales Jean Paul et Medina Vasquez Javier, « La construction de dystopies comme alternatives à l'imagination et matérialisation du futur – l'hybridation entre Prospective, Science-Fiction et Speculative Design », *XXXème conférence de l'Association Internationale de Management Stratégique (AIMS)*, 2021.

Polak Fred, *The Image of the Future*, Elsevier Scientific Publishing Company, 1973.

Raven Paul Graham, « Rhétorique de la futurité : scénarios, design fiction, prototypes et autres modalités évaporées de la science-fiction », *ReS Futurae* [En ligne], 16 | 2020.

Renard Jean-Bruno, « Le public de la science-fiction », *Science-Fiction*, n°5, Denoël, Paris, 1985, p. 138-165.

Renard Jean-Bruno, « Science-fiction et croyance », *Sociétés*, 2011/3 (n°113), p. 19-27.

Renault Mathilde, *Futur(s) : de la crainte à la réassurance, le design fiction au service du renouveau des imaginaires. Opportunités et limites de la pratique du design fiction en entreprise (étude de cas réalisée à la MAIF)*, Sciences de l'information et de la communication, 2019

Rumpala Yannick, *Hors des décombres du monde : Écologie, science-fiction et éthique du futur*, Champ Vallon Éditions, 2018.

Rumpala Yannick, *Cyberpunk is not dead : Laboratoire d'un futur entre technocapitalisme et post-humanité*, Le Bélial, Paris, 2021.

Saives Anne-Laure, Le Maréchal Edouard, Brayer Gaëlle, « Science-fiction et prospective stratégique : un détour créatif ? », *Entreprises et Histoire*, Septembre 2019, n°96, p. 161.

Segal Howard, *Technological Utopianism in American Culture*, Syracuse University Press, 2005.

Sfez Lucien, *Critique de la communication*, Le Seuil, Paris, 1988.

Sfez Lucien, *La Santé parfaite, critique d'une nouvelle utopie*, Le Seuil, Paris, 1995.

Sfez Lucien, *Technique et Idéologie. Un enjeu de pouvoir*, Le Seuil, Paris, 2002, p. 239.

Shedroff Nathan et Noessel Christopher, *Make it so: Interaction design lessons from science fiction*, Rosenfeld Media, New York, 2012.

Sherman Fraser A., *Screen Enemies of the American Way : Political Paranoia About Nazis, Communists, Saboteurs, Terrorists and Body Snatching Aliens in Film and Television*, McFarland, 2014.

Shiller Robert, *Narrative Economics. How Stories Go Viral and Drive Major Economic Events*, Princeton University Press, 2019.

Singer P. W., *Likewar : The Weaponization of Social Media*, Eamon Dolan / Houghton Mifflin Harcourt, 2018.

Snow Charles Percy, *The Two Cultures and the Scientific Revolution*, Cambridge University Press, 1959.

Socialter, Hors-série n°8, mars 2020. « La bataille des imaginaires.

Stableford Brian, *The Sociology of Science Fiction,* Thesis submitted for the degree of D. Phil to the University of York, Department of Sociology, September 1978.

Stephenson Neal, « Innovation Starvation », *Wired*, 27 oct. 2011.

Sterling Bruce, *Shaping Things*, MIT Press, 2005.

Stewart Chip, « Do Androids Dream of Electric Free Speech? Visions of the Future of Copyright, Privacy, and the First Amendment in Science Fiction », *Communication Law and Policy*, Vol.19, n°4, 2014, p. 433-463.

Stimmer Anette, « Star Wars or Strategic Defense Initiative: What's in a Name? », *Journal of Global Security Studies*, Vol.4, Issue 4, October 2019, p. 430–447.

Strachan Chistopher Gordon, « Design, fiction and the medical humanities », *Medical Humanities*, Vol.42, Issue 4, 2014.

Suvin Darko, *Pour une poétique de la science-fiction*, Presses de l'université de Québec, 1977.

Tournay Virginie, *Sociologie des institutions*, PUF, Paris, 2011.

Tymn Marshall B., « Science fiction: A brief history and review of criticism », *American Studies International*, Vol.23, 1985, p. 41-66.

Vertesi Janet, « « All these worlds are yours except... » : Science Fiction and folk fictions at NASA », *Engaging Science, Technology, and Society*, Vol.5, 2019, p. 135-159.

Vincent Frédéric, « Le sacré et le fan. Étude sur l'univers science-fictionnel de Star Wars », *Sociétés*, 2011/3 (n°113)

Wall Allan, *Myth, Metaphor and Science*, University of Chester, 2009.

Wall David S., « CYBERCRIME AND THE CULTURE OF FEAR », *Information, Communication & Society*, Vol.11, n°6, 2008, p. 861-884

Waller Spencer Weber, « The Omega Man or The Isolation of U.S. Antitrust Law », *Connecticut Law Review*, Vol.52, n°1, April 2020.

Wesfahl Gary, *Science Fiction and the Prediction of the Future : Essays on Foresight and Fallacy*, McFarland & Co Inc., 2011.

Wright David, « Alternative futures: AmI scenarios and Minority Report », *Futures*, Vol.40, n°5, 2008, p. 473-488.

Young Kevin L., Carpenter Charli, « Does Science Fiction Affect Political Fact? Yes and No: A Survey Experiment on "Killer Robots" », *International Studies Quarterly*, Vol.62, Issue 3, September 2018, p. 562-576.

Sommaire

Revue « Marché et Organisations »

Promouvoir la recherche originale sur les relations de plus en plus étroites entre le marché et les organisations. Les acteurs économiques de taille, de puissance et de pouvoir différents dont les intérêts peuvent être convergents, complémentaires ou, le plus souvent, antagoniques, ont tendance à organiser les marchés. La raison du marché, pourtant, est la référence stratégique pour l'entreprise ainsi que pour les institutions publiques de décision économique.

Numéros parus :

N°1 : Artisanat. La modernité réinventée, 2006
N°2 : La petite entreprise, elle a tout d'une grande. De l'accompagnement aux choix stratégiques, 2006
N°3 : Tourisme et Innovation. La force créative des loisirs, 2007
N°4 : Le travail. Formes récentes et nouvelles questions, 2007
N°5 : Les universités et l'innovation. L'enseignement et la recherche dans l'économie des connaissances, 2007
N°6 : Entrepreneuriat et accompagnement. Outils, actions et paradigmes nouveaux, 2008
N°7 : Développement durable des territoires. Economie sociale, environnement et innovations, 2008
N°8 : Développement durable et responsabilité sociale des acteurs, 2009
N°9 : Gouvernance : exercices de pouvoir, 2009
N°10 : Le travail collaboratif. Une innovation générique, 2009
N°11 : Economie sociale et solidaire. Nouvelles trajectoires d'innovations, 2010
N°12 : Relations à la marque et marques de la relation. Regards croisés sur le management relationnel de la marque, 2010
N°13 : Les contrats au service de la recherche ?, 2011
N°14 : Le potentiel économique de l'Afrique subsaharienne, 2011
N°15 : Management de la distribution, 2012
N°16 : Territoire Vert. Entreprises, Institutions, Innovations, 2012
N°17 : Eco-conception, conception et innovation. Les nouveaux défis de l'entreprise, 2013
N°18 : Intelligence économique : entreprises et territoires, 2013
N°19 : La finance globale. Un monde fini, 2013
N°20 : La crise du « développement », 2014
N°21 : La Chine innove. Politiques publiques et stratégies d'entreprise, 2014
N°22 : Go East! Nouvelles Economies de Marché, 2015
N°23 : L'économie du changement, 2015
N°24 : Le temps des artisans. Permanences et mutations, 2015
N°25 : Innovations de proximité et esprit d'entreprise, 2016
N°26 : L'avenir des économies du Maghreb : entre inertie structurelle et envie de rupture, 2016/3 (n° 27)
N°27 : Le sport aux frontières du marché du travail, 2016
N°28 : Dynamiques internationales des entreprises, 2017
N°29 : L'univers du risque, 2017
N°30 : Les petites entreprises dans l'histoire industrielle, 2017
N°31 : Economie sociale et *social business* ? Au défi d'entreprendre et se financer, 2018
N°32 : Éducation et fertilisation des économies africaines, 2018
N°33 : L'entrepreneuriat innovant dans les pays du Maghreb, 2018
N°34 : L'entrepreneuriat scientifique : institutions et innovation, 2019
N°35 : Le champ économique de la culture, 2019
N°36 : Economie sociale et solidaire ? Modèles d'innovation et modes de gouvernance, 2019
N°37 : Rethinking Luxury Business, 2020
N°38 : La santé connectée. Nouvelles technologies et réorganisation des soins, 2020
N°39 : Options stratégiques et systèmes complexes d'innovation, 2020
N°40 : Les services : intégration des systèmes productifs et lien social, 2021
N°41 : Crise pandémique, crise globale. Réalité et controverses théoriques, 2021
N°42 : La crise de la covid-19. Le marché et les organisations en perspective, 2021
n°43 : (Re)faire système. *Bug & reset*, 2022
n°44 : Aléas du marché et management du risque, 2022
n°45 : Le renouveau du transport et de la logistique : les systèmes d'information, 2022

Collection « L'esprit économique »
fondée par Sophie Boutillier et Dimitri Uzunidis en 1996

Dernières parutions

► ***Série Economie et Innovation***
S. MONNERIE, *L'économie digitale révolutionne le monde. Innovation et total design*, 2019.
T. MICHAUD, *Le projet spatial européen, entre pragmatisme et imagination*, 2020.
J.-P. SCHMITT, N. RAVIDAT, *Management conjoint de la technologie et de la personne. Pour performer et croitre*, 2020.
Y. EL YAHYAOUI, *Economie des plateformes numériques. Captation de la valeur, pouvoir de marché et communs collaboratifs*, 2021.
G. DUTHIL, *Handicap et insertion professionnelle*, 2022.
► ***Série Le Monde en Question***
H. AGOURRAME, *La règlementation bancaire internationale. Genèse, évolution et impact sur le « business model » des banques*, 2021.
A. AMINE, C. GALLOUJ, *Consommateurs et pratiques de consommation au Maroc*, 2021.
T. MARINOVA, *Economie sociale et solidaire dans les pays des Balkans. Bulgarie, Roumanie, Serbie : quels enseignements ?* 2021.
T. GARCENOT, *La finance contre le dérèglement climatique. Politiques monétaires et enjeux géopolitiques de la finance verte*, 2021.
A. VALLERAY, *Mondialisation mon amour. Avatars d'une utopie*, 2021.
I. BEN ABDELKADER, *La microfinance dans la région du Moyen-Orient et de l'Afrique du nord (MENA). Aperçu global et enjeux actuels*, 2022.
C. GALLOUJ, *Grande distribution alimentaire au Maroc. Acteurs et stratégies*, 2022.
J. PIERRE-JUSTIN VIRAPATIRIN, *La petite économie insulaire de la Guadeloupe. Bilan, enjeux et perspectives*, 2022.
K. ESSAF, *Les Sukuk : aspects théoriques, rendement et risques*, 2022.
► ***Série Krisis***
J.-C. MOREL, *La nécessaire valorisation de la richesse ou intégrer le capital humain au bilan*, 2020.
V. LAURE VAN BAMBEKE, *La valeur du travail humain. Essai sur la refondation de l'expression monétaire de la valeur-travail*, 2021.
A. FONTAINE, *L'économie est l'opium du peuple. Une fausse science*, 2021.
A. RODRIGUEZ-HERRERA, Travail, valeur et prix. Reprise et clôture d'un débat centenaire (1885-1985) a la lumière des textes marxiens, 2021.
R. DELORME, *La complexité autrement. Une réponse nouvelle à la pandémie et à d'autres phénomènes sociaux complexes*, 2022.
V. YEFIMOV, *L'ordre social monétaire. L'économie discursive défit le courant dominant et l'économie narrative*, 2022.
► **Série *Clichés***
S. BOUTILLIER, D. UZUNIDIS (dir.), *La Russie européenne. Du passé composé au futur antérieur*, 2008.
R. VOLPI, *La négociation. Pain, paix, liberté*, 2009.
► ***Série Cours Principaux***
R. SANTENAC, *Le cycle des crises financières. Une étude approfondie des causes, des impacts et de la fréquence*, 2020.
B. LANDAIS, *Macroéconomie efficace. Croissance et crises*, 2020.
A. MBULI LANDU, *Le memo d'un comptable. Approche par le SYSCOHADA révisé*, 2021.
M. EL KARRIM, *Introduction à l'économétrie appliquée*, 2022.
Z. FIRANO, *Fondements de la finance de marché. Théories et applications*, 2022.
► ***Série L'économie formelle***
H. AMAAZOUL, *Responsabilité sociétale des entreprises et performance financière. Étude appliquée aux entreprises marocaines*, 2021.
M. BERTONECHE, *Chroniques économiques de notre temps*, 2021.
E. CARREY, H. LANDIER, *Après la guerre contre la Covid : de l'économie financière a l'entrepreneuriat social*, 2021.
J. LATREILLE, *Sale temps pour l'économie marchande*, 2021.
J. LATREILLE, *Escronomistes ! Ces théories qui abîment le monde*, 2022.

Structures éditoriales du groupe L'Harmattan

L'Harmattan Italie
Via degli Artisti, 15
10124 Torino
harmattan.italia@gmail.com

L'Harmattan Hongrie
Kossuth l. u. 14-16.
1053 Budapest
harmattan@harmattan.hu

L'Harmattan Sénégal
10 VDN en face Mermoz
BP 45034 Dakar-Fann
senharmattan@gmail.com

L'Harmattan Cameroun
TSINGA/FECAFOOT
BP 11486 Yaoundé
inkoukam@gmail.com

L'Harmattan Burkina Faso
Achille Somé – tengnule@hotmail.fr

L'Harmattan Guinée
Almamya, rue KA 028 OKB Agency
BP 3470 Conakry
harmattanguinee@yahoo.fr

L'Harmattan RDC
185, avenue Nyangwe
Commune de Lingwala – Kinshasa
matangilamusadila@yahoo.fr

L'Harmattan Congo
219, avenue Nelson Mandela
BP 2874 Brazzaville
harmattan.congo@yahoo.fr

L'Harmattan Mali
ACI 2000 - Immeuble Mgr Jean Marie Cisse
Bureau 10
BP 145 Bamako-Mali
mali@harmattan.fr

L'Harmattan Togo
Djidjole – Lomé
Maison Amela
face EPP BATOME
ddamela@aol.com

L'Harmattan Côte d'Ivoire
Résidence Karl – Cité des Arts
Abidjan-Cocody
03 BP 1588 Abidjan
espace_harmattan.ci@hotmail.fr

Nos librairies en France

Librairie internationale
16, rue des Écoles
75005 Paris
librairie.internationale@harmattan.fr
01 40 46 79 11
www.librairieharmattan.com

Librairie des savoirs
21, rue des Écoles
75005 Paris
librairie.sh@harmattan.fr
01 46 34 13 71
www.librairieharmattansh.com

Librairie Le Lucernaire
53, rue Notre-Dame-des-Champs
75006 Paris
librairie@lucernaire.fr
01 42 22 67 13

www.ingramcontent.com/pod-product-compliance
Lightning Source LLC
LaVergne TN
LVHW011310061026
849535LV00005B/1494

* 9 7 8 2 1 4 0 3 1 8 8 7 0 *